21 世纪高职高专经管类专业立体化规划教材

U0367928

商 务 礼 仪

李 博　王晓娟　主 编

郑佳晨　易晶怡　副主编

清华大学出版社

北 京

内 容 简 介

本书紧紧围绕职场交际和商务活动，基于商务人员礼仪交往的工作过程编写。全书主要内容包括认知礼仪、商务人员形象塑造、商务场合基本礼仪、商务职场礼仪、商务宴请礼仪、商务会议礼仪、商务仪式礼仪、商务求职礼仪、中外民俗礼仪九个项目。本书的策划设计独具匠心、特色鲜明，在体例设计上采用"项目模块"，在内容设计上形式多样，设置有情境导入、案例评礼、温馨贴士、补充阅读、模拟演练、实训设计等栏目，突出了高职教育的"教、学、做"一体化。

本书既可作为高等院校人文类、管理类、财经商贸类专业学生学习商务礼仪的教科书，也可作为社会活动人员、政务活动人员、服务人员等各阶层人士提高自身礼仪修养及交际能力的自我训练手册和参考读本，还可作为各级各类组织进行商务人员礼仪岗位培训的创新型教材。

图书在版编目(CIP)数据

商务礼仪/李博，王晓娟主编. —北京：清华大学出版社，2019（2022.1 重印）
（21 世纪高职高专经管类专业立体化规划教材）
ISBN 978-7-302-52224-9

Ⅰ. ①商… Ⅱ. ①李… ②王… Ⅲ. ①商务—礼仪—高等职业教育—教材 Ⅳ. ①F718

中国版本图书馆 CIP 数据核字(2019)第 014987 号

责任编辑：刘秀青
装帧设计：杨玉兰
责任校对：吴春华
责任印制：丛怀宇
出版发行：清华大学出版社
　　　　网　　　址：http://www.tup.com.cn，http://www.wqbook.com
　　　　地　　　址：北京清华大学学研大厦 A 座　　　邮　　　编：100084
　　　　社 总 机：010-62770175　　　　　　　　邮　　　购：010-62786544
　　　　投稿与读者服务：010-62776969，c-service@tup.tsinghua.edu.cn
　　　　质量反馈：010-62772015，zhiliang@tup.tsinghua.edu.cn
　　　　课件下载：http://www.tup.com.cn，010-62791865
印 装 者：三河市龙大印装有限公司
经　　　销：全国新华书店
开　　　本：185mm×260mm　　印　　张：16.75　　字　　数：404 千字
版　　　次：2019 年 3 月第 1 版　　　　　　印　　次：2022 年 1 月第 3 次印刷
定　　　价：48.00 元

产品编号：077542-02

前　言

商务礼仪是在商务活动中体现相互尊重的行为准则，是商务活动中对人的仪容仪表和言谈举止的普遍要求。现代社会所需求的人才，不仅要具备扎实的专业知识、娴熟的专业技能，还要具备良好的综合素质和能力。商务礼仪修养已经成为现代企业发展的竞争砝码，也越来越受到人们的普遍重视。

本书从认知礼仪、商务人员形象塑造、商务场合基本礼仪、商务职场礼仪、商务宴请礼仪、商务会议礼仪、商务仪式礼仪、商务求职礼仪、中外民俗礼仪等方面，介绍了商务礼仪的相关知识和运用技巧，内容上做到专、新、趣、浅、博，形式活泼、新颖，体例多样。通过对本书内容的学习，可提高学生的礼仪修养和商务礼仪运用能力，使学生能够娴熟地进行商务交往，逐步形成良好的气质、风度和涵养。本书具有以下特点。

(1) 体例新颖、形式多样。

各项目开始都列出了知识目标、技能目标和知识结构图，方便读者了解项目内容，明确学习目标。同时，以情景导入展开任务，正文内设置情境导入、案例评礼、温馨贴士等多种形式知识补充，有助于读者理解、掌握和运用相关的礼仪知识和技能。

(2) 突出教、学、做一体化。

本书在编写时既考虑了学生的认知和学习规律，又考虑了商务礼仪使用的场合和特点。注重理论与实践相结合，突出了操作性和实用性，强调学、做、行一体化。每个项目都针对知识点配合强化演练和实训设计，让学生在学中做、在做中学，便于读者对项目知识点巩固和思考。

(3) 系统性、操作性强。

本书所选的教学内容严格贯彻"必需、够用"的原则，以应用为目的。知识点和技能点力求简练、易懂，突出基础理论知识的应用和实践技能的培养，实训设计针对知识点，操作性强。

本书由杨凌职业技术学院李博和王晓娟担任主编，陕西青年职业学院郑佳晨和陕西交通职业技术学院易晶怡担任副主编。具体分工为：李博拟定编写大纲和体例，对全书进行了校对及统稿工作，并编写项目一、项目二、项目三、项目五和项目九；王晓娟编写项目四；郑佳晨编写项目七；易晶怡编写项目六和项目八。

本书在编写过程中引用了部分书、报、杂志和网络上的文章，并参考了大量礼仪方面的文献和资料，在此谨向相关作者表示衷心的感谢！

由于作者水平所限，书中难免有不妥之处，敬请广大读者批评指正。

编　者

目　　录

21世纪高职高专经管类专业立体化规划教材

· V

项目一

认 知 礼 仪

【知识目标】

- 了解礼仪的起源与发展。
- 理解商务人员学习礼仪的重要作用。
- 掌握礼仪的含义、特征和功能。
- 掌握商务礼仪的内涵、功能和原则。
- 熟悉商务人员应具备的职业素质。

【技能目标】

- 能够运用博大精深的中华传统礼仪文化精髓指导自身礼仪修养的提升。
- 具备职业道德、增强职业能力、拓展职业知识、提升职业气质。
- 能够运用商务礼仪知识指导商务活动。

【知识结构图】

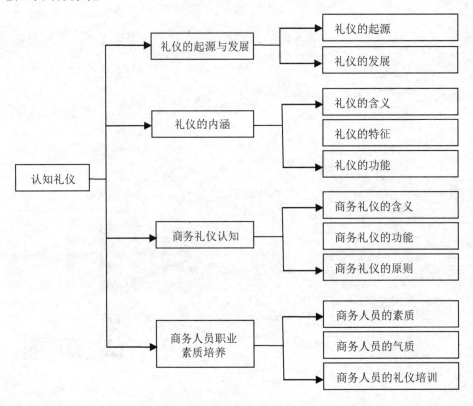

【情景导入】

程 门 立 雪

相传，一日杨时、游酢来到嵩阳书院拜见程颐，正遇上程老先生闭目养神，坐着假睡。这时外面开始下雪。这两个人求师心切，便恭恭敬敬侍立一旁，不言不动，如此等了大半天，程颐才慢慢睁开眼睛，见杨时、游酢站在面前，吃了一惊，说道："啊，啊！他们两位还在这儿没走？"这时门外的雪已经积了一尺多厚，而杨时和游酢并没有一丝疲倦和不耐烦的神情。后来人们常用"程门立雪"的成语表示求学者尊敬师长和求学心诚意坚。尊师是我国传统的美德，老师承担着向学生传道授业解惑的重任，被称为全人类的灵魂工程师。而中国素以"礼仪之邦"著称于世。

礼仪是人生的必修课，是现代人成功之路的通行证，讲究礼仪、遵从礼仪规范，可以有效地展现一个人的教养风度与魅力，更好地体现一个人对他人、对社会的认知水平和尊重程度，从而使个人的学识修养和价值得到社会的认可和尊重。

任务一 礼仪的起源与发展

中华民族是举世公认的"礼仪之邦"，人们在日常生活中有众多的规矩。翻开中华民族的历史长卷，人们会发现几千年有文字记载的历史可以用"礼仪"贯穿始终。"礼仪"不仅仅是一种仪式，更重要的是它背后的文化底蕴，透过"礼仪"，可以感受到一个国家、一个地区或者一个人的文化素养。解读礼仪文化，了解礼仪的基本知识，思考学习礼仪的作用和意义有助于我们考其源流，获得正确的礼仪学习理念。

一、礼仪的起源

礼仪的起源现在认同度很高的说法是，礼仪起源于宗教祭祀活动，目的是协调人类生存和发展过程中面临的主、客观矛盾。

(一)礼仪起源于原始社会的宗教祭祀活动

礼的繁体字写法为"禮"，左边的"示"部，是"祇"的本字，专指地神；右边部首指古代祭祀使用的食器，形似高足盘，是行礼之器。原始人类的祭祀活动非常频繁，礼仪也格外隆重和复杂，祭祀之礼就成为最初形成的也是最为重要的礼仪形式。从造字法的角度也可以揭示"礼"起源于宗教祭祀活动。

人类学家指出，原始先民认为世界上有某种超自然的"神秘力量"存在于普通事物和现象之中，他们认为"万物有灵""灵魂不灭"。这种原始宗教观念的产生是由于社会生产力水平低下，人们对大自然的认识模糊，无法解释人与自然的关系。当山崩地裂、风雨雷电、月食星殒、四季交替等自然现象发生时，原始先民迷惑不解，束手无策，从而对自然界产生神秘莫测感和恐惧敬畏感。因此，原始先民通过虔诚地祭祀、祈祷、赞颂等行为来讨好和感化神明和祖先，祈求神明和祖先保佑风调雨顺，祈祷降福免灾。于是，原始的"礼仪"便由此产生了。正如东汉许慎在《说文解字》中所说："礼者，履也，所以事神而致福也"。

(二)礼仪起源于协调人类社会矛盾的需要

人类为了生存和发展，不仅要和自然抗争，而且也要妥善解决人类的内部关系。因此，礼仪起源于人类协调主、客观矛盾的需要，起源于人类寻求满足自身欲望和实现欲望的条件之间动态平衡的需要。

1. 为维持"人伦秩序"而兴礼

荀子曰："人，力不若牛，走不若马，而牛马为用，何也？曰：'人能群，彼不能群也'。曰：'人之生也，不能无群。'"(《荀子·王制》)。群体生活是人类得以生存和发展的基本前提和条件。在群体生活中，"男女有别，父子有亲，老少有异"既是人伦秩序，又是社会秩序，需要被认定、被保证、被维护。所以，"夫礼者，所以定亲疏，决嫌疑，别同异，明是非也"。(《礼记·曲礼上》)。"人性有男女之情，嫉妒之别，为制婚姻之礼；有交接长幼之序，为制乡饮之礼；有哀死思远之情，为制丧祭之礼；有尊尊敬上之心，为制朝觐之礼"(《汉书·礼乐志》)。人们逐步积累和自然约定出一系列"人伦秩序"，成为最初的礼仪。

2. 为进行"止欲制乱"而制礼

人的欲望是无止境的，对欲望的追求是人的本能，人们在追求和实现自身欲望的同时，

21世纪高职高专经管类专业立体化规划教材

难免会与他人产生矛盾和冲突,造成社会的混乱,就需要为"止欲制乱"而制礼。荀子曰:"古者圣王以人之性恶,以为偏险而不正,悖乱而不治,是以为之起礼仪,制法度,以矫饰人之性情而正之,以扰化人之性情而导之也,使皆出于治,合于道也"(《荀子·性恶》)。"先王恶其乱也,故制礼义以为分之,使有贫富贵贱之等,是养天下之本也"(《荀子·王制》)。《周礼·天官·太宰》中也有记载:"礼典以和万邦,以统百官,以谐万民。"

随身课堂

图腾崇拜

二、礼仪的发展

在历史的长河中,礼仪的演化和发展蕴含特有的规律,按照社会进化的观点,中华礼仪的发展大致可以分为五个阶段。

(一)原始社会的礼仪(约公元前 21 世纪以前)

原始的政治礼仪、宗教礼仪、婚丧礼仪等在这一时期均显雏形。

1. 原始社会的早期——旧石器时代

这个时期的原始先人,生活的主题是果腹和蔽体,学会了运用碰撞、敲击、刮削等方法对石块进行简单加工。距今约 50 万年前的北京人,就有了礼的观念和实践,他们利用"禽兽之皮"来缝制衣物以遮羞御寒;把贝壳串起来挂在脖子上作为装饰;给死去的族人举行宗教仪式,并在其身上撒上红色赤铁矿粉。

2. 新石器时代晚期

家庭礼仪逐渐形成。半坡遗址和姜寨遗址提供的民族学资料表明,当时人们已经开始注重尊卑有序、男女有别了。在房子里,家庭成员按照长幼之序席地而坐,老人坐上边,小辈坐下边;男人坐左边,女人坐右边。他们用两根中柱把主室分为两个半边,左边中柱是男柱,右边中柱是女柱,男女成年时在各自的柱子前举行成年仪式。

3. 原始社会的后期——炎黄、尧、舜、禹时期

私有制和阶级初现端倪,国家也渐具雏形。原始氏族社会的交际礼仪向阶级社会的交际礼仪逐步过渡。束缚人们数千年之久的"三纲五常"的礼法思想在此时粉墨登场。

(二)奴隶社会的礼仪(公元前 21 世纪至公元前 211 年)

1. 夏商周时期

夏、商、周三代礼仪的思想基础是对鬼神、天命等迷信,内容和形式与尧、舜时期的礼仪一脉相承,突出了君臣、父子、夫妻、兄弟、长幼、亲疏、贵贱、尊卑的等级关系,

形成了典制传统。

周礼在中华礼仪文化源流中占有举足轻重的地位。周公制礼，在原始的待人敬天之礼中融入了"德"的内容，使礼首次被纳入伦理道德的范畴。

周礼分为五礼，即吉礼、凶礼、宾礼、军礼和嘉礼。祭祀之事为吉礼，丧葬之事为凶礼，宾客之事为宾礼，军旅之事为军礼，冠婚之事为嘉礼。"以吉礼敬鬼神，以凶礼哀邦国，以宾礼亲宾客，以军礼诛不虔，以嘉礼合姻好，谓之五礼"（《隋书·礼仪》）。

传世的《周礼》《仪礼》与其释文《礼记》统称"三礼"，是关于礼制的百科全书。《周礼》分为天官、地官、春官、夏官、秋官、冬官，包罗万象，涉及社会政治的各个方面，偏重政治制度；《仪礼》分为冠、婚、丧、祭、射、乡、朝、聘八礼，多是指礼俗，偏重行为规范；《礼记》的主要内容是阐述礼仪的作用和意义，则偏重对礼的各个分支理论说明。

2．春秋战国时期

春秋战国时期，诸侯混战，礼崩乐坏，诸子百家争鸣，礼仪也发生了深刻的变革。以孔子、孟子为代表的儒家学者对礼的起源、本质和功能等问题进行了系统阐述。

孔子是周公思想的继承者和发扬者，主张复兴周礼，并在此基础上为礼注入了"仁"的思想。他认为，仁就是约束自己的行为使其符合于礼的规范。"克己复礼为仁。一日克己复礼，天下归仁焉"（《论语·颜渊》）。同时，仁是一种全面的道德行为，一个仁人应具备五种基本品德："恭、宽、信、敏、惠。恭则不侮，宽则得众，信则人任焉，敏则有功，惠则足以使人"（《论语·阳货》）。孔子认为施礼时，仁是根本，缺乏仁的礼将流于形式，"人而不仁，如礼何"，而仁的实现又必然遵循礼所规定的路径，只具备仁但不学礼同样是行不通的，"恭而无礼则老，慎而无礼则葸，勇而无礼则乱，直而无礼则绞"（《论语·泰伯》）。孔子的仁礼思想，对后世的道德规范产生了长远而深刻的影响。

孟子把礼解释为对尊长和宾客严肃而有礼貌，即"恭敬之心，礼也"，并把"礼"看作是人善性的发端之一。孟子把孔子的"仁学"思想加以发展，提出了"王道""仁政"学说和民贵君轻说，主张"以德服人"；在道德修养方面，他主张"舍生而取义"（《孟子·告子上》），讲究"修身"和培养"浩然之气"等。

荀子主张"隆礼""重法"，提倡礼法并重。不仅要礼治，而且还要法治。他把礼仪看成检验尺寸等法度，检验重量等权衡，检验曲直的绳墨，检验方圆等规范，认为礼是法的根本原则和基础，也是做人的根本目的和最高理想。他说："礼者，人道之极也。然而不法礼，不是礼，谓之无方之民；法礼，是礼，谓之有方之士。"

(三)封建社会的礼仪(公元前 211 至公元 1840 年)

秦始皇统一六国，拉开了中国封建社会的序幕，礼学家们顺应封建统治阶级的政治需要，构建起以宗法制度为基础的封建礼教。汉朝和宋朝是封建礼教发展的两个高峰期。

1．秦始皇时期

秦始皇统一六国，建立起中国历史上第一个中央集权的封建王朝，在全国推行"书同文""车同轨""行同伦"，构建起以宗法制度为基础的封建礼教。

21世纪高职高专经管类专业立体化规划教材

2. 汉武帝时期

汉武帝刘彻为了加强中央集权，夯实汉室江山，采纳董仲舒"罢黜百家，独尊儒术"的建议，使儒家礼教成为定制。董仲舒是汉代儒家的卓越代表，把封建专制制度理论系统化，提出"唯天子受命于天，天下受命于天子"的"天人感应"之说(《汉书·董仲舒传》)。他把儒家礼仪具体概括为"三纲五常"。"三纲"，即君为臣纲、父为子纲、夫为妻纲；"五常"，即仁、义、礼、智、信。

3. 两宋时期

两宋时期礼学家们更加意识到治国必先齐家，齐家必先修礼，于是使得家礼空前兴盛。司马光的《深水家礼》和朱熹的《朱子家礼》最为著名。家礼的核心是"孝"和"忠"，即晚辈孝顺长辈，妻子忠于丈夫。统治阶级把家礼政治化，移"忠"移"孝"于事君。把儒家原本提倡的双向的"君礼臣忠，父慈子孝"的伦理道德，变成无原则的"灭人欲"的忠和孝，这种愚忠和愚孝的思想严重摧残和压抑了人们的心志和功业，限制了人们自主意识萌芽等发展。

4. 明清时期

明清时期礼仪之风更盛，各种名目的礼仪增多，形式更加完善。但是核心依然是"尊君抑臣、尊父抑子、尊夫抑妻、尊兄抑弟、尊神抑人"。

(四)近代社会的礼仪(1840—1949 年)

1840 年爆发的鸦片战争，使中国进入半殖民地半封建的社会。西方列强把资本主义的政治、经济、文化以及思想道德也强行输入中国，西方文明和文化对中国传统秩序和伦理秩序产生了巨大的冲击。西方文化体现的"自由、民主、平等、尊重"等思想，深受中国进步阶层的欢迎，资本主义礼仪规范部分地、有选择性地被中国国民所接受，简化了中国传统礼仪的繁文缛节，形成了独特的中西合璧"大杂烩"式的半封建半殖民地礼仪。从海外求学归来的有志之士，不遗余力地呼吁中华民族的"觉醒"，大力推广"平等、自由、解放"的新思潮。北洋新军时期的陆军采用了西方军队的举手礼。孙中山先生和战友们破旧立新，用民权代替君权，用自由、平等取代宗法等级制。普及教育，废除祭孔读经，改易陋俗，剪辫子、禁缠足等，从而正式拉开现代礼仪的帷幕。民国时期，由西方传入中国的握手礼开始流行于上层社会，后逐渐普及民间。

随身课堂

中山装

(五)现代社会的礼仪(1949 年以后至今)

1949 年 10 月 1 日，中华人民共和国宣告成立，中国的礼仪建设从此进入一个崭新的历史时期。自新中国成立以来，礼仪的发展大致可以分为三个阶段。

1. 礼仪革新阶段(1949—1966 年)

1949—1966 年是中国当代礼仪发展史上的革新阶段。此间，摒弃了昔日束缚人们的"神权天命""愚忠愚孝"以及严重束缚妇女的"三从四德"等封建礼教，确立了同志式的合作互助关系和男女平等的新型社会关系，而尊老爱幼、讲究信义、以诚待人、先人后己、礼尚往来等中国传统礼仪中的精华，得到继承和发扬。

2. 礼仪退化阶段(1966—1976 年)

1966—1976 年，中国经历了"文化大革命"的特殊历史时期。江青等人批孔、批"克己复礼"，是出于批"周公"的罪恶目的，完全没有学术依据可言。这十年"内乱"使国家遭受了难以弥补的严重损失，也给礼仪带来一场"浩劫"。许多优良的传统礼仪，被当作"封资修"产物扫进垃圾堆。

3. 礼仪复兴阶段(1977 年至今)

自 1978 年党的十一届三中全会以来，改革开放的春风吹遍了祖国大地，中国的礼仪建设进入新的全面复兴时期。从推行文明礼貌用语到积极树立行业新风，从开展"十八岁成人仪式教育活动"到制定市民文明公约，各行各业的礼仪规范纷纷出台，岗位培训、礼仪教育日趋红火，讲文明、重礼貌蔚然成风。《公共关系报》《现代交际》等一批涉及礼仪的报刊应运而生，《中国应用礼仪大全》《称谓大辞典》《外国习俗与礼仪》等介绍、研究礼仪的图书、辞典、教材不断问世。广阔的华夏大地上再度兴起礼仪文化热，具有优良文化传统的中华民族又掀起了精神文明建设的新高潮。

特别是进入 21 世纪，我国的礼仪文化呈现出传统的、西方的、现代的各种礼仪并存的多元文化格局。现阶段的首要任务是，不断学习具有中国特色的社会主义礼仪文化，使人们的行为举止符合现代文明要求和国际通行的礼仪规范，在世界范围内提高我国的国际礼仪形象。

随身课堂

西方礼仪的起源和发展

任务二 礼仪的内涵

一、礼仪的含义

古代的"礼"和"仪"，实际上是两个不同的概念。"礼"是文明、制度、自然法则、准则、交往方式和一种社会意识观念，"礼"是中华民族的一种思维方式和行为准则；"仪"是"礼"的具体表现形式，它是依据"礼"的规定和内容，形成一套系统而完整的程序。

21世纪高职高专经管类专业立体化规划教材

(一)"礼""仪"与"礼仪"

1. 礼的含义

(1) 礼之本义为敬神,后引申为表示敬意。"礼为五经,莫重于祭"(《礼记·祭统》)所指的就是祭祀之礼。"以宾礼亲宾客"(《随书·礼仪》)则表达了四方诸侯朝见天子时的尊敬以及天子款待所属诸侯或邦国使节时所表示的礼遇亲善。

(2) 礼泛指奴隶社会或封建社会贵族等级制的社会规范和道德规范,如"礼不下庶人,刑不上大夫"(《礼记·曲礼上》)。

(3) 礼特指用来表示庆贺的物品。物质礼品或精神献礼,如"及受礼,惟酒一斗,鹿肉一泮"(《晋书·陆纳传》)。

可见,礼的含义丰富,可以理解为:礼是规定社会行为法则、规范的总称。

2. 仪的含义

(1) 仪指容貌和外表,如"令仪令色,小心翼翼"(《诗·大雅·燕民》),"风仪秀整,美于谈论"(《晋书·温峤传》)。

(2) 仪指程式或仪式,如"诏府中备凶仪"(《晋书·谢安传》)。

(3) 仪指准则和法度,如"普施明法,经纬天下,永为仪则"(《史记·秦始皇本纪》)

3. 礼仪的含义

礼仪是指人们在长期社会生活中共同认可和遵守的,以维护社会秩序、建立和谐关系为目的,符合社会道德和现代文明的各种行为准则和规范。

(二)礼仪的相关概念

1. 礼貌

礼貌是指言语动作谦虚恭敬的表现,体现一个人的修养水平和文明程度。在现代社会交往中,礼貌待人为人称道,言行缺乏礼貌则为人鄙夷。

2. 礼节

礼节是指人们在日常生活和交往过程中表示尊敬、祝颂、哀悼以及给予必要协助与关照的惯用形式或具体规定,是礼貌的具体表达方式,如鞠躬、握手、献花圈或鸣礼炮等。

3. 礼俗

礼俗是指婚、丧、祭祀、交往等礼节。例如,藏族人民见面时献哈达、傣族人民的泼水节等,都是该民族特有的礼俗。

4. 礼宾

礼宾是指按一定规格的礼节和仪式接待宾客。主要用于外交场合,各国外交部一般设有礼宾司,一些王室或元首府还设有典礼官,专司礼宾之职。

5. 仪式

仪式是指人们在各种社会交往中，尤其是在较大规模或重要场合，为了表示尊重、敬重而约定俗成的、共同认可的合乎道德和社交要求的仪式，如礼遇规格、礼宾位次等仪式要求。

二、礼仪的特征

1. 规范性

礼仪是一种约定俗成的自尊、敬人的惯用形式，人们在社会生活中都应该遵守礼仪规范，这种规范性不仅约束着人们在一切交际场合的言谈话语、行为举止，使之合乎礼仪，而且也是人们在一切交际场合必须采用的一种通用语言，是衡量他人判断自己是否自律、敬人的尺度。

2. 差异性

十里不同风、百里不同俗。不同国家、不同民族，因其历史与文化的不同，其礼仪的表现形式和思想观念也各有差异。这种民族差异性使得不同国家、不同民族的礼仪文化各具特色、丰富多彩。例如，东方文化的含蓄、深沉；西方文化的坦率、开放；东方人见面习惯拱手、鞠躬；西方人见面习惯接吻和拥抱。因此，应根据所处场合的不同、身份不同、会见人员不同，礼仪也应有所差异。如同是见面礼，就有脱帽礼、拥抱礼、碰鼻礼、亲吻礼及握手礼。

3. 继承性

礼仪的形成和完善是历史发展的产物，礼仪是一个国家、民族传统文化的重要组成部分。任何国家的现代礼仪都是对本国古代礼仪的继承和发展。它是人们在社会生活中经过反复实践、改造、接受、习惯、积淀和创新的结果。每一个民族的礼仪文化，都是以传统礼仪文化基因为核心，通过不断吸收其他民族的礼仪文化和时代潮流文化而不断发展起来的。

4. 可操作性

礼仪不是纸上谈兵、空洞无物、不着边际、夸夸其谈的，而是切实有效、适用可行、规则简便、易学易会、便于操作的。礼仪的易记易行，能够为其广觅知音，使其被人们广泛地运用于交际实践，并受到公众的认可；反过来，人们又进一步促使礼仪以简便易行、容易操作为第一要旨。

5. 变化性

礼仪规范不是一成不变的，它随着社会的发展而不断变化更新。一方面，礼仪随着时代、本国、本民族的发展而产生变化；另一方面，由于国家间的交流日益频繁，不同国家的政治、经济、文化、思想、观念等因素的渗透作用，也会对一个国家的礼仪文化产生或多或少的影响。现在，我国的礼仪规范融合了国际交往礼仪的内容，变得日益现代化、国际化。

三、礼仪的功能

1. 规范社会行为

礼仪是一种以"敬"为内涵的行为，是人们自我约束的表现，具备规范社会行为的基本功能。很多礼仪规范是人们在长期的社会生活中约定俗成的，得到大家的共同认可和普遍遵守，它能够促使人们按照既定的行为模式去生活、去交往。同时，受制于舆论的监督与批评，要求人们"非礼勿视，非礼勿听，非礼勿言，非礼勿动"。在国家治理的层面上，"礼治"是"德治"与"法治"的补充。

2. 维护社会秩序

社会秩序的核心在于每个人都明确自己的角色定位。一个人在社会生活中扮演的角色多样且多变，有些角色是与生俱来的，如一个人生来是男性，他就要一辈子扮演男人的角色，为人子、为人夫、为人父。有些角色是有选择性的，如各种职业角色，在一个人学业完成走向社会的过程中，他可以选择成为一名公司职员、一名学校教师、一名专业演员、一名职业军人等职业。角色规范与行为礼仪是一一对应的，当学生就要有学生的样子，当教师就要有教师的样子。只有每个人都自觉按照角色规范的礼仪要求进行社会交往，才能维护社会秩序的稳定。

3. 协调社会关系

社会关系是一个极其复杂的系统，包括生产关系、阶级关系、党派关系、民族关系以及家庭关系、亲属关系和朋友关系等。无论什么样的社会关系，都必须通过社会交往才能表现出来，而任何社会交往中，礼仪都是必需的"润滑剂"。没有良好的礼仪，一切成就都会被看成骄傲、自负、无用和愚蠢。美德是精神上的一种宝藏，使它们放出光彩的则是良好的礼仪。因此，礼仪是联络人们感情的纽带、沟通人际关系的桥梁，它在营造平等、团结、友爱、互助、核心的社会关系与社会环境中起着不容忽视的作用。

4. 提升社会形象

社会由个人组成，礼仪是通过对个人形象的塑造来提升社会形象。欧洲旅游总会建议旅游者应该遵循的九条基本准则的第一条就是："你不要忘记，你在自己的国度里不过是成千上万同胞中的一名普通公民，而在国外你就是'西班牙人'或'法国人'。你的言谈举止决定着他国人士对你所在国家的评价。"

随着社会开放程度的提高，礼仪形式与交际礼节，包括形体魅力和优雅的举止行为、饱满的精神状态、诚恳的待人态度、洒脱的仪表、适当的表情动作、高雅的言辞谈吐和良好的社会风度都会直接塑造一个公众形象，进而提升整个社会的形象。

【案例评礼 1.1】

文明奥运、礼仪奥运

2008 年 8 月 8 日注定是一个历史性的伟大时刻，第 29 届夏季奥林匹克运动会在中国首都北京开幕，为此，国家提出了"迎奥运、讲文明、树新风、我参与、我奉献、我快乐"

的口号，要响应这一号召，就必须切实从自己做起，从有意识地用礼仪规范来约束自己的言行，这一届奥运会才能办成名副其实的"文明奥运""礼仪奥运"。人文奥运的根本就是提升一个民族的精神。

一档电视节目报道：邓亚萍与韩国选手决赛，打了一个擦边球，应该韩国选手得分，裁判没有发现，判邓亚萍得分，邓亚萍立即对裁判说："这是一个擦边球。"后来教练称赞邓亚萍做得对，体现了一个大国运动员的风范，如果邓亚萍故作不知，那么这块金牌拿了也不光彩，我们的形象也就没有了。

邓亚萍树立了一个大国运动员的风范，树立了国家形象、国民形象，金牌拿到，具有含金量，输了也非常光彩。因为她向世界人民展示了一个礼仪之邦的形象，一个人文日新的大国风范，世人都相信中国确实是一个和谐的、和平崛起的国家。

课堂讨论：如何让国际社会感受到中华文明礼仪之邦的大国风范和形象？

(资料来源：彭林教授清华大学讲座)

任务三 商务礼仪认知

一、商务礼仪的含义

在长期的商业交往中，为了实现商务活动的有序进行，根据一些惯例，结合各地的习俗，在商务活动过程中有了一些约定俗成的、共同遵守的、通行的礼仪习惯，逐渐形成了商务礼仪。

商务礼仪，是指公司或企业的商务人员在商务活动中，为了塑造良好的个人形象和组织形象而应当遵循的对交往对象表示尊敬与友好的规范或程序。它是一般礼仪在商务活动中的运用和体现，并且比一般的人际交往礼仪的内容更为丰富，它不仅以对顾客的尊重为基础，而且以提供符合消费者需求的商品和优质的服务来体现这种尊重。

二、商务礼仪的功能

1. 塑造良好的个人形象

商务礼仪与个人形象密切相关，用商务礼仪规范个人的仪容仪表、言谈举止是展示良好形象的一条有效途径。

(1) 留下良好的第一印象。第一印象主要是由人的相貌、仪表和风度举止等综合因素组成的。它在人们的商务交往中起着重要作用。第一印象良好，彼此继续交往；第一印象不好，彼此可能中断交往。第一印象的好坏还直接影响到商务活动中人们对彼此的品质和特征的评价。商务人员只有充分认识到这一点，才能更好地运用商务礼仪，辅助事业的成功。

(2) 展示良好的素养与风度。美丽的容颜、矫健的身姿或华丽的服饰等，都是表象的东西，是一个人的外在美，而只有将外在美与内在美结合起来，才更有教养与风度。

商务礼仪正是衡量商务人员教养与风度的一把标尺，它要求所有商务人员讲究礼貌、仪表整洁、敬老敬贤、礼让妇女和助人为乐等，以赢得他人的好评。

21世纪高职高专经管类专业立体化规划教材

2. 塑造良好的企业形象

塑造企业形象是指在激烈的商务竞争环境中，通过得体而诚挚的商务接待、拜访、谈判、宴请、通信、社交和馈赠等活动，为自己树立高效、讲信誉、易于交往、善待商业伙伴的形象。

礼仪是企业文化、企业精神的重要内容，是塑造企业形象的重要工具。企业最终要通过员工的言谈举止来传达企业文化的信息。商务礼仪更多的是通过形式规范的礼仪来表达该企业员工的素质，从而体现该企业的整体素质和形象。无论是领导者还是员工都应有强烈的形象意识，良好的形象可以给组织带来巨大的经济效益。

3. 具有较强的沟通作用

商务活动是一种双向交往活动，交往的成功与否，首先取决于沟通的效果如何，或者说是否取得对方的理解。商务交往实质上是一个交际过程，交际活动实际上是一个人际传播过程，商务人员在推销产品和服务的过程中，就是在交流和传播商业信息。由于交往对象的文化背景、观点不同，使得交往双方的沟通有时变得不那么容易，甚至会产生误解。若交往达不到沟通目的，不仅交往的目的不能实现，还会给交往双方所代表的组织造成严重的负面影响。

通过学习和掌握商务礼仪，可以消除差异，使双方相互接近，达到感情沟通，使商业事务得以顺利进行。

4. 具有协调关系的作用

在商务活动中，有时会遇到购销不畅、谈判不顺利等问题，有时也会遇到与自己有敌意的同事或客户等棘手问题，对这些问题如果处理不当，就会激化矛盾或导致小事变成大事，影响企业的形象。而通过一定的商务礼仪的巧妙应用，则可能化解矛盾，消除分歧，相互理解，达成谅解，缓和人与人之间的紧张关系，使之趋于和谐，从而妥善地解决纠纷，广交朋友。在这里，商务礼仪是"一座桥"，能起到润滑剂的作用。

5. 具有赢得机会的作用

一个人的言谈举止影响着别人对他的看法，而这些看法可能会影响到一个人的人际关系，甚至会影响他的发展和提升。对于一个管理者来说，良好的行为举止可以使管理工作更有效，使他的人际关系更加和谐，更加容易得到上级和下级的理解与支持；对于一个员工来说，则可以让他赢得更多的学习和工作的机会，更容易与一个集体融洽相处，使领导更赏识自己，使个人生活更幸福，也更容易得到升迁的机会；对于一个集体来说，有着良好的礼仪规范就意味着这个集体有着更强的凝聚力和更多的生存及发展机会，容易赢得更多的机会。

三、商务礼仪的原则

1. 敬人的原则

敬人的原则就是要求人们在商务交往中，与交往对象既要互谦互让、互尊互敬、友好相待、和睦共处，更要将交往对象的重视、恭敬、友善放在第一位。在商务活动的交往中，人与人是平等的，尊敬、关心客户不是自我卑下的行为，而是一种至高无上的礼仪。常存敬人之心，处处不可失敬于人，不可伤害他人的尊严，更不能侮辱对方的人格。这是商务礼仪的核心与灵魂。

2. 遵守的原则

在商务交往中，每一位参与者都必须自觉、自愿地遵守商务礼仪，以商务礼仪来规范自己在商务交往活动中的一言一行、一举一动。任何人，不论身份高低、职位大小、贫穷还是富有，都有自觉遵守和应用商务礼仪的义务；否则，就会受到公众的指责，其商务交往就难以成功。

3. 互动的原则

互动原则，一是要求商务人员在其商务往来中必须主动进行换位思考、善解人意。换位思考的基本点就是要求商务人员必须善于体谅交往对象的感受；二是要求商务人员在其商务活动中要时时、处处努力做到交往"以对方为中心"。也就是说，不允许无条件地"以自我为中心"。运用商务礼仪时，互动原则永远都是不容忽略的。

4. 宽容的原则

宽容原则要求人们在商务交往中运用商务礼仪时，既要严于律己，更要宽以待人。要多容忍他人、体谅他人、理解他人，而千万不要求全责备、斤斤计较、十分苛求、咄咄逼人。在商务交往中，要容许其他人有个人行动和独立进行自我判断的自由。对不同于己、不同于众的行为要耐心容忍，不必苛求他人处处效法自身，与自己完全保持一致。

5. 真诚的原则

真诚原则要求在商务交往中，务必待人以诚，诚心诚意，诚实无欺，言行一致，表里如一；否则就是口是心非、言行不一、弄虚作假、投机取巧，或是当时一个样，事后一个样，有求于人时一个样，被人所求时另外一个样，这样有悖于商务礼仪的基本宗旨。

6. 从俗的原则

国情、民族、文化背景的不同，使得当代商务交往中存在着："十里不同风、百里不同俗、千里不同情"的状况。对此，要有一个正确的认识，不要自高自大，唯我独尊，以我为中心，简单地否定其他人、其他单位、其他民族、其他国家不同于己的做法。要坚持入乡随俗的原则，与绝大多数人的习惯做法保持一致，切勿目中无人，自以为是，指手画脚，随意批评，否定其他人的习惯做法。遵守从俗原则可以使人们在具体操作商务礼仪时得心应手，有助于人们的商务交往。

任务四 商务人员职业素质的培养

一、商务人员的素质

素质是指人的生理、心理方面的个性特征及思想道德修养状况的组合，表现为一个人

21世纪高职高专经管类专业立体化规划教材

的气质、性格、能力和品行，是决定人的行为特征的内在因素。一个人的素质是由先天生理和后天环境结合造就的，因此，素质既具有稳定性，又具有可塑性。商务人员应该具备的素质主要包括以下内容。

1. 职业道德素质

商务人员的职业道德，是同人们的职业活动紧密联系的，符合职业特点所要求的道德准则、道德情操、道德品质的总和，它既是对本职人员在职业活动中的行为要求，同时又是职业对社会所负的道德责任与义务。每个从业人员，不论从事哪种职业，在职业活动中都要遵守道德。

1) 忠于职守、乐于奉献

尊职敬业是从业人员应该具备的一种崇高精神，是做到求真务实、优质服务、勤奋奉献的前提和基础。从业人员要有高度的责任感和使命，热爱工作，献身事业，树立崇高的职业荣誉感；要克服任务繁重、条件艰苦、生活清苦等困难，勤勤恳恳，任劳任怨，甘于寂寞，乐于奉献。要适应新形势的变化，刻苦钻研；加强个人的道德修养，处理好个人、集体、国家三者的关系，树立正确的世界观、人生观和价值观；把继承中华民族传统美德与弘扬时代精神结合起来，坚持解放思想。

2) 坚持实事求是、杜绝弄虚作假

实事求是，不仅是思想路线和认识路线的问题，也是一个道德问题，而且是遵守职业道德的核心。"求"就是深入实际，调查研究；"是"有两层含义，一是是真不是假，二是社会经济现象数量关系的必然联系即规律性。为此，我们必须办实事、求实效，坚决反对和制止工作上弄虚作假。这就需要有心底无私的职业良心和无私无畏的职业作风与职业态度。如果夹杂着个人私心杂念，为了满足自己的私利或迎合某些人的私欲需要，弄虚作假、虚报浮夸就在所难免，也就会背离实事求是原则这一最根本的职业道德。

3) 依法行事、严守秘密

坚持依法行事和以德行事"两手抓"。一方面，要抓住大力推进国家法治建设的有利时机，进一步加大执法力度，严厉打击各种违法乱纪的现象，依靠法律的强制力量消除腐败滋生的土壤；另一方面，要通过劝导和教育，启迪人们的良知，提高人们的道德自觉性，把职业道德渗透到工作的各个环节，融入工作的全过程，增强人们的道德意识，从根本上消除腐败现象。严守秘密是遵守职业道德必需的重要准则。保守国家、企业和个人的秘密。

4) 团结协作、顾全大局

商务人员在工作中不可能每项业务都精通，尤其是现代社会对工作的专业性要求越来越高，要想圆满完成工作，需要职业人具备团结协作的精神，在工作中应该互相帮助、互相照顾，注意处理好上下级之间的关系，处理好与顾客的关系，处理好组织之间的关系，绝不能因个人好恶、利益、关系亲疏等原因影响工作的协作。同时，商务人员在工作中绝不能只顾个人利益和眼前利益，而置集体的利益和组织的长远利益于不顾，只有这样，才能获取组织和个人的最大效益。

2. 能力素质

能力是完成一项目标或者任务所体现出来的素质。职业能力是人们从事其职业的多种能力的综合。

1) 表达能力

表达能力主要包括口头表达能力和书面表达能力。

口头表达能力就是通常所说的口才。商务人员在工作中要掌握口头表达的规律和艺术，能充分借助面部表情、动作体态等辅助语言，增强口头表达的说服力、亲和力和感染力。

书面表达就是写作能力、文字能力。商务人员在工作中涉及写作的范围非常广，这就需要其有熟练的文字功底和写作技巧，既要熟练掌握各种类型的文体，同时要注重严谨的逻辑思维和朴实通畅的文风。恰当地使用敬语，注意各种场合的谈话、发言、讲话等，较好地掌握和运用与职业有关的语言表达形式，增强语言表达的艺术效果。

2) 创新能力

商务人员的工作是一种富于创造性、创新性、开拓性的工作，它要求商务人员思维活跃、激情勃发、摒弃陈规与陋俗、捕捉新的信息、学习新的知识、进行新的构思，敢于标新立异，在人们心目中树立自己的品牌和形象，以全新的面貌展示给社会，不断开创工作的新境界。

3) 交往能力

交往是人们之间的往来接触，是一个行为互动、感情互动、思想互动的过程。其中，行为互动是交往的外在形式，思想与情感互动才是交往的真正内涵。因此，交往要努力实现思想与感情的交流与升华。交往尺度是实现交际目的和交际效果的前提条件，也是交往方法和艺术的具体体现。

4) 学习能力

对不同的社会组织、不同的社会环境、不同的民族，需要用不同的工作方式。商务人员的工作应因地制宜，能以符合人们的认知水平、欣赏习惯及乐于接受的表达方式与人交往。因此，商务人员要具备主动学习的意识和自主学习的能力。

5) 自控应变能力

商务人员常会遇到各种意想不到的突发事件和问题，要能做到镇定自若、头脑清醒、正确判断、机智应变，圆满解决问题。

3. 知识素质

(1) 扎实的文化基础知识。一名合格的商务人员应具备扎实的社会科学和自然科学的基本知识。社会科学方面，如语文、政治、经济、法律、哲学、历史、地理等学科的知识，自然科学方面，如数学、物理、化学、生物等学科知识。掌握这些学科的知识，是一个商务人员起码应具有的知识修养；否则，知识贫乏、视野狭窄，常常导致思想僵化、方法简单。

(2) 深厚的专业知识。商务人员只有具备与自己活动领域相应的专业知识，了解有关的业务情况，掌握本行业本部门的工作规律和特点，才能对自己所参与的群体活动确定恰当的目标，制定出科学决策。商务人员的专业知识是与具体工作内容紧密相关的专业知识，也就是所在部门开展具体的商务活动所需要的专业知识，也就是干什么要学什么、懂什么、专什么。

(3) 现代经济知识和科技知识。在商务活动中，商务人员需要学习和提高的方面很多，商务人员应该结合自己的工作重点，学习和掌握社会主义市场经济、现代金融、现代管理等方面的基本知识。谁能够学得多一些、看得深一些，谁就能够尽早掌握驾驭市场经济的

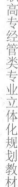

21世纪高职高专经管类专业立体化规划教材

主动权，谁就能尽早进入现代的科学管理。

(4) 有必要的辅助知识。商务人员除了具有扎实的文化基础知识和深厚的专业知识以外，还要具备必要的辅助知识，这样才能构成广博的知识面。只有具备广博的知识面，才能举一反三、触类旁通；只有博学多识，才能足智多谋，思路开阔，思维活跃，反应敏捷，判断准确，多谋善断，不断创新。必要的辅助知识包括文学艺术、国际关系、民族、宗教、伦理风俗、社交、新闻、文化娱乐等方面的基本知识。

4. 身体心理素质

商务人员要保持健康的体魄，充沛旺盛的精力去面对对手。现在的人夜生活较多，作为商务人员要尽量避免不良嗜好，养成早起床、跑步、上健身房、经常打球、多吃含维生素的蔬菜的习惯，才会使人精神焕发、乐观向上。此外，商务人员要富于幻想，抱有愿望，要有成功的自信感。古语曰："忧劳可以兴国，逸豫可以亡身"，说明一个想创大业的人，必须先在艰苦的环境中磨炼。精神萎靡不振、贪图安逸，终将被社会淘汰。

健全的心理素质是商务人员的素养之一。强烈的动机、浓厚的兴趣、深厚的情感、好奇心、顽强的意志力、良好的心理调控能力，是商务人员的基本素质。足够的耐心、持久的韧力、必胜的信心、应变的能力等诸方面都影响着商务人员事业的成功程度。

随身课堂

提升个人修养

二、商务人员的气质

良好的职业气质是以人的文化素质、文明程度、思想品质及他对生活的态度为基础，通过一个人对待生活的态度、个性特征、言行举止等表现出来的。朋友初交，互相打量，立即产生好的印象，热情而不轻浮，大方而不骄傲，就会表露出一种高雅的气质；狂热浮躁或自命不凡，就是气质低劣的表现。商务人员应该自我补充、自我完善，在气质的形成过程中，为自己增添新的营养。可以从以下方面提升自身的气质美。

1. 丰富的内心世界

气质美，首先是丰富的内心世界的外在表现，理想则是内心丰富的一个重要方面。理想是人生的动力和目标，没有理想和追求，内心空虚贫乏，是谈不上气质美的。商务人员的气质能表现出丰富的内心世界，如有理想、有追求、有品德、为人诚恳、心地善良、宽容忍让、乐于助人。

2. 富有吸引力的性格特征

气质美，还表现在良好的性格特征上，性格是表现人的态度和行为方面的较稳定的心理特征。性格是通过行为表现出来的，如性格孤傲的人，就显得傲慢、孤芳自赏、咄咄逼人；性格软弱的人，就显得纤细、委婉、优柔寡断；性格强悍的人就显得粗犷；性格文静的人，就显得淡雅、恬适、文质彬彬；性格活泼的人，就显得洒脱、活络、挥洒自如；性格刻板的人，就显得呆滞、沉郁、缄默无言。然而人无完人，谁都会有性格上的弱点、缺陷，坚强者易流于固执，果断者易流于粗率，活泼者易流于轻浮，严肃者易流于呆板，温柔者易流于怯懦，威猛者易流于凶残，自信者易流于刚愎自用，谨慎者易流于优柔寡断。

3. 较高的文化素养

气质美主要来自语言的修养、宽广的文化底蕴。在交往中，商务人员应具有较高的文化素养、广博的知识，对专业技能精通，最好一专多能。许多人并不是靓女俊男，但在他们的身上却洋溢着夺人的气质美——认真、执着、聪慧、敏锐，这是真正的气质美，是和谐统一的内在美。

4. 优雅的言谈举止

中国是礼仪之邦，优雅的言谈、得体的举止是职业人应该具备的基本能力。语言的平实，会让人感到心里踏实；激烈的言辞，会激发人们的热情；谦虚的话语，会让人感觉到你博大的心胸；尖刻的语言，会让人感觉不安。不同的表情动作，会让人感觉到你不同的内心世界。商务人员应学会待人热情而不轻浮，待人诚恳而不过度，不论你的地位高低，待人不卑不亢是会令人刮目相看的。

5. 高雅的兴趣爱好

高雅的兴趣是气质美的又一种表现。例如，爱好文学并有一定的表达能力，欣赏音乐且有较好的乐感，喜欢美术而有基本的色调感等。兴趣爱好品位的高低，体现出商务人员素质的高低。有兴趣必然会有一定的造诣，在交往中必然要谈到一些事物，作为商务人员绝不能不懂装懂，但是懂得必须是真懂，这样表现出来的就是个人的真实爱好。

IMPACT 黄金法则

三、商务人员的礼仪培训

商务人员礼仪素养的提升可以通过礼仪培训来实现。通过音频、视频、图片、文字、数字、图表等全方位互动，突出听、看、做、练等亲身体验的关键环节，从商务礼仪的不同角度、不同层面、不同内容进行综合阐述和训练。具体培训的方法有以下几种。

1. 互动教学法

互动教学法就是将商务人员组织起来，参加一个模拟的情境活动或者进行竞争和对抗式的游戏，在增强培训情境的真实性和趣味性前提下，提高学员礼仪技巧。

2. 演练教学法

演练教学法是指几个学员经过简短的排练之后，通过模拟现实中的工作情景，并扮演

21世纪高职高专经管类专业立体化规划教材

一定的工作角色，以固定的对话或进行具有幽默感或讽刺意味的表演来体验其中的感觉，唤起学员对礼仪学习的重视和兴趣。培训师在讲解礼仪知识时，穿插一些情景演练活动，让学员既当导演又当演员，亲身参与和感受，从而正确地运用礼仪知识。其适用于介绍礼仪、名片礼仪、见面礼仪、会议礼仪、谈判礼仪等。

3. 案例教学法

案例教学法是指把实际工作中出现的问题作为案例，向学员展示真实的背景，提供大量背景材料，由学员依据背景材料来分析问题，提出解决问题的方法，从而培养学员们分析能力、判断能力、解决问题能力及执行业务能力，如在企业进行客户接待时如何做得热情周到。可采用案例教学法，让学员通过一个个案例明白别人是怎么做的，从而思考我该怎么做。案例可以是正面案例，也可以是反面案例，最好是真实地发生在企业中的，这样更具有说服力。

4. 实战教学法

实战教学法是将学员直接安置在工作岗位上，将培训过程中学到的礼仪知识和技能加以运用强化。在岗位中发现问题、分析问题、解决问题。这种方法使学员要针对特定的条件、环境及工作任务进行分析、决策和动作，可以提高学员的适应能力和实际工作能力以及应变能力。

随身课堂

商务礼仪 3A 原则

强 化 演 练

一、职业性格测试

资料说明：这个测试是菲尔博士在著名女黑人欧普拉的节目里做的，蛮准确的。回答时依据现在的您，不要依据过去的您。这是一个目前很多大公司人事部门实际采用的测试。

1. 你何时感觉最好（　　）。
    A. 早晨　　　　　　　　B. 下午及傍晚　　　　　　C. 夜里
2. 你走路时是（　　）。
    A. 大步的快走　　　　　　　B. 小步的快走
    C. 不快，仰着头面对着世界　　D. 不快，低着头　　E. 很慢
3. 和人说话时，你（　　）。
    A. 手臂交叠的站着
    B. 双手紧握着
    C. 一只手或两手放在臀部
    D. 碰着或推着与你说话的人
    E. 玩着你的耳朵、摸着你的下巴或用手整理头发

4. 坐着休息时，你的腿是(　　)。

    A. 两膝盖并拢　　B. 两腿交叉　　　　C. 两腿伸直　　　D. 一腿蜷在身下

5. 碰到你感到发笑的事时，你的反应是(　　)。

    A. 一个欣赏的大笑　　　　　　　B. 笑着，但不大声

    C. 轻声的咯咯的笑　　　　　　　D. 羞怯的微笑

6. 当你去一个派对或社交场合时，你(　　)。

    A. 很大声地入场以引起注意　　　B. 安静地入场，找你认识的人

    C. 非常安静地入场，尽量保持不被注意

7. 当你非常专心工作时，有人打断你，你会(　　)。

    A. 欢迎他　　　　　　　　B. 感到非常恼怒　　　　C. 在以上两极端之间

8. 下列颜色中，你最喜欢(　　)颜色。

    A. 红或橘色　　　B. 黑色　　　　C. 黄或浅蓝色　　　　D. 绿色

    E. 深蓝或紫色　　F. 白色　　　　G. 棕或灰色

9. 临入睡的前几分钟，你在床上的姿势是(　　)。

    A. 仰躺，伸直　　　　　　　　　B. 俯躺，伸直　　　　C. 侧躺，微卷

    D. 头睡在一手臂上　　　　　　　E. 被盖过头

10. 你经常梦到你在(　　)。

    A. 落下　　　　　　　　　B. 打架或挣扎　　　　　C. 找东西或人

    D. 飞或漂浮　　　　　　　E. 你平常不做梦　　　　F. 你的梦都是愉快的

现在将所有分数相加，再对照后面的分析分数：

1. A2　B4　C6

2. A6　B4　C7　D2　E1

3. A4　B2　C5　D7　E6

4. A4　B6　C2　D1

5. A6　B4　C3　D5

6. A6　B4　C2

7. A6　B2　C4

8. A6　B7　C5　D4　E3　F2　G1

9. A7　B6　C4　D2　E1

10. A4　B2　C3　D5　E6　F1

【测试结果】

低于21分：内向的悲观者。他们认为，你是一个害羞的、神经质的、优柔寡断的人，需要人照顾、永远要别人为你做决定、不想与任何事或任何人有关。他们认为，你是一个杞人忧天者，一个永远看不到存在的问题的人。有些人认为，你令人乏味，只有那些深知你的人知道你不是这样的人。

21～30分：缺乏信心的挑剔者。你的朋友认为，你勤勉刻苦、很挑剔。他们认为，你是一个谨慎的、十分小心的人，一个缓慢而稳定、辛勤工作的人。如果你做任何冲动的事或无准备的事，会令他们大吃一惊。他们认为，你会从各个角度仔细地检查一切之后仍经常决定不做。他们认为，对你的这种反应一部分是因为你小心的天性所引起的。

31～40分：以牙还牙的自我保护者。别人认为，你是一个明智、谨慎、注重实效的人。

21世纪高职高专经管类专业立体化规划教材

也认为你是一个伶俐、有天赋、有才干且谦虚的人。你不会很快、很容易和别人成为朋友，但是你是一个对朋友非常忠诚的人，同时要求朋友对你也有忠诚的回报。那些真正有机会了解你的人会知道，要动摇你对朋友的信任是很难的，但相对的，一旦这种信任被破坏，会使你很难熬过。

41～50分：平衡的中道。别人认为，你是一个新鲜的、有活力的、有魅力的、好玩的、讲究实际的而永远有趣的人；经常是群众注意力的焦点，但你是一个足够平衡的人，不至于因此而昏了头。他们也认为，你亲切、和蔼、体贴、能谅解人，是一个永远会使人高兴起来并会帮助别人的人。

51～60分：吸引人的冒险家。别人认为，你是一个令人兴奋的、高度活泼的、相当易冲动的人；你是一个天生的领袖、一个做决定会很快的人，虽然你的决定不总是对的。他们认为你是大胆的和冒险的，会愿意试做任何事，至少一次；是一个愿意尝试机会而欣赏冒险的人。因为你散发着刺激，他们喜欢跟你在一起。

60分以上：傲慢的孤独者。别人认为，对你必须"小心处理"。在别人的眼中，你是一个自负的、以自我为中心的、极端有支配欲和统治欲的人。别人可能钦佩你，希望能多像你一点，但不会永远相信你，会对与你更深入的来往有所踌躇及犹豫。

二、多选题

1. 奴隶社会(   )著作被称为关于礼制的百科全书。
   A. 周礼　　　　　B. 仪礼　　　　　C. 论语　　　　　D. 礼记
2. 学习商务礼仪的目的是(   )。
   A. 提高个人素质　　　　　　　B. 便于理解应用
   C. 有利于交往应承　　　　　　D. 维护企业形象
3. 礼仪的特征有(   )。
   A. 规范性　　　　B. 继承性　　　　C. 可操作性　　　　D. 差异性
4. 礼仪起源于(   )。
   A. 宗教祭祀　　　B. 协调矛盾　　　C. 国家统治　　　D. 征服自然
5. 商务人员的素质包括(   )。
   A. 职业素质　　　B. 能力素质　　　C. 知识素质　　　D. 身体心理素质

三、简答题

1. 什么是礼仪？
2. 商务礼仪的功能有哪些？
3. 商务礼仪的原则是什么？
4. 如何提升商务人员的职业素质？

四、案例分析

礼貌带来的机遇

有一批应届毕业生中的22个人，实习时被导师带到北京的国家某部委实验室里参观。全体学生坐在会议室里等待部长的到来，这时有秘书给大家倒水，同学们表情木然地看着她忙活，其中一个还问了句："有绿茶吗？天太热了。"秘书回答说："抱歉，刚刚用完了。"林晖看着有点别扭，轮到他时，他轻声说："谢谢，大热天的，辛苦了。"秘书抬头看了他一眼，满含着惊奇，虽然这是很普通的客气话，却是她今天唯一听到的一句。

门开了，部长走进来和大家打招呼，不知怎么回事，静悄悄的，没有一个人回应。林晖左右看了看，犹犹豫豫地鼓了几下掌，同学们这才稀稀拉拉地跟着拍手，由于不齐，越发显得零乱起来。部长挥了挥手："欢迎同学们到这里来参观。平时这些事一般是由办公室负责接待，因为我和你们的导师是老同学，非常要好，所以这次我亲自来给大家讲一些有关情况。我看同学们好像都没有带笔记本，这样吧，王秘书，请你去拿一些我们部里印的纪念手册，送给同学们作纪念。"接下来，更尴尬的事情发生了，大家都坐在那里，很随意地用一只手接过部长双手递过来的手册。部长脸色越来越难看，来到林晖面前时，已经快要没有耐心了。就在这时，林晖礼貌地站起来，身体微倾，双手握住手册，恭敬地说了声："谢谢您！"部长闻听此言，不觉眼前一亮，伸手拍了拍林晖的肩膀："你叫什么名字？"林晖照实作答，部长微笑点头，回到自己的座位上。早已汗颜的导师看到此景，才微微松了一口气。

两个月后，毕业分配表上林晖的去向栏里赫然写着国家某部委实验室。有几位颇感不满的同学找到导师："林晖的学习成绩最多算是中等，凭什么选他而没选我们？"导师看了看这几张尚属稚嫩的脸，笑道："是人家点名来要的。其实你们的机会是完全一样的，你们的成绩甚至比林晖还要好，但是除了学习之外，你们需要学的东西太多了，修养是第一课。"

讨论与分析：

1. 大学生应该怎样提高自己的修养？
2. 礼仪在个人修养中处于怎样的地位？

女职员的素养

一家叫木村事务所的企业想扩建厂房，看中了一块近郊土地意欲购买。而同时其他几家商社也想购买这块地。可这块地的主人是一位老太太，说什么也不卖。

一个下雪天，老太太进城购物，顺便来到木村事务所，她本想告诉木村先生死了这份心。老太太推门刚要进去，突然犹豫起来，屋内那么干净，而自己脚下的木屐沾满雪水，肮脏不堪。正当老人欲进又退之时，一位年轻的女士出现在老人面前："欢迎光临！"女士看到老太太的窘态，马上回屋想为她送一双拖鞋。不巧没有了，女士便毫不犹豫地把自己的拖鞋脱下来，整齐地放在老人脚下，让老人穿上。等老人换好鞋，女士才问道："老太太，请问我能为您做些什么？""哦，我要找木村先生。"女士就像女儿搀扶母亲那样，小心翼翼地把老太太扶上楼。于是，就在要踏进木村办公室的一瞬间，老人改变了主意，决定把地卖给木村事务所。那位老人后来告诉木村先生说："在我漫长的人生里，遇到的大多数人是冷酷的。我也去过其他几家想买我的地的公司，他们的接待人员没有一个像你这里的女士对我这么好，你的女职员年纪这么轻，就对人那么善良、体贴，真令我感动。真的我不缺钱花，我不是为了钱才卖地的。"

一家大公司倾其全力交涉了半年之久也徒劳的事，竟因一位女职员小小的爱心行为而在无意中促成了。事实上，女职员并不知道这位老太太是公司的重要客户，她仅仅按公司的要求，尽了一个职员应尽的职责。

21世纪高职高专经管类专业立体化规划教材

讨论与分析:

1. 上述案例体现了商务人员应具备哪些职业素质?
2. 商务礼仪有哪些重要作用?

实 训 设 计

一、实训目的

培养学生从生活入手,体会与了解礼仪的重要性,理解礼仪应该遵循的原则。

二、实训内容

学生讨论学校有哪些礼仪要求,结合生活实际找出日常生活中常见的不文明、不讲礼仪的现象并进行模拟。

三、实训要求

(1) 全班分组,3~4人一个小组,然后分小组抽签。

(2) 抽签后分组讨论,并根据抽签的内容拟定相应的小情景,组员分别扮演不同角色,时间不超过3分钟。

(3) 分组表演,要求模拟时情景真实自然,能恰当地演示出不文明、不讲礼仪的现象。

(4) 对各小组模拟情况,全班讨论,教师点评,指出错误,找出正确做法。

项目二

商务人员形象塑造

【知识目标】

- 了解商务人员仪容、仪表、仪态礼仪知识要点。

- 熟悉商务交往中仪表礼仪的禁忌。

- 掌握商务人员正确的仪容修饰方法。

- 掌握优雅的站姿、坐姿、行姿等举止，形成良好的习惯。

【技能目标】

- 能够熟练地根据场合为自己搭配着装。

- 会化妆、会打理自己的发型。

- 能够正确运用表情、手势，举止优雅大方。

- 具有商务人员的形象意识。

- 具备一定的综合审美能力，能成功塑造自我形象。

【知识结构图】

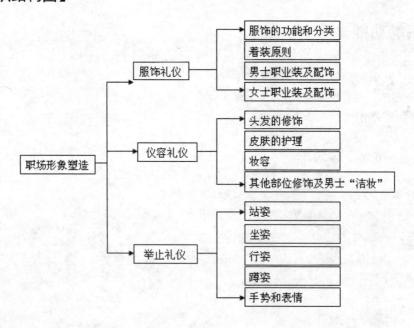

【情境导入】

维护个人形象

王聪是一家大型企业的营销部经理，有一次他获悉一位台湾商人正在本市访问，并寻求合作意向。王聪想尽一切办法，请有关部门牵线搭桥。

王聪终于获得台商的允许进行洽谈。洽谈业务之前，王聪做了大量的准备工作。在双方会面的那一天，王聪对个人的形象做了一番修饰，他根据对时尚的理解，上穿花格子 T 恤衫，下穿前卫牛仔裤，头戴遮阳帽，足蹬旅游鞋。特别值得一提的是，为了显示自己的工作经验颇为丰富，王聪刻意蓄起胡须。在带领台商参观厂区时，王聪在清点入场台商人数时，用食指指点着数："1、2、3、4、…"，台商开玩笑地说："你这是在数羊群吗？"他却浑然不觉。王聪本想给对方一个时尚、能干的印象，然而事与愿违，期待已久的业务合作最终泡了汤。

在职场交往中，每个人都需要时刻注意维护自身形象。王聪在与台湾商人第一次见面时应穿着正装，以表示尊重。清点人数时不能用手指指点，而应掌面向上进行清点。职场人员在工作中应该注意自己的衣着言行，从仪表、仪容、仪态多方位塑造自己的职业形象。

任务一　服　饰　礼　仪

服饰是指人的服装穿着与饰品，包括衣、裤、帽、袜、手套及各式饰品。服饰礼仪被认为是社交场合中的第二肌肤，在商务场合它更是发挥着举足轻重的作用。服饰反映出一个人的社会地位、身份、职业收入、爱好、个人文化素养和审美品位，是一种特殊的身份证，俗话说"三分长相七分打扮，人靠衣装马靠鞍"不无道理。在商务场合注重服饰礼仪，有助于营造良好的交往氛围，树立良好的个人形象和企业形象。

一、服装的功能及分类

服装在生活中具有三大特性，即实用性、装饰性和社会性。实用性是指服装可以抵御风寒、保洁卫生、防晒祛暑；装饰性是指服装可以遮掩形体中的局限，弥补形体不足，美化外表；社会性是指服装的搭配风格，可以体现个人的教育背景、文化程度、职业特点和内在的修养。

服装可分为正装、便装和补正装。

1. 正装

正装适用于工作，或者参加婚丧仪式、社交活动等。像西服、套裙、制服等，它适合于各自的职业性质、工作环境，实用简洁，给人整齐划一、美观大方之感。穿着正装时要注意与自身条件相协调，谨慎选择款式和面料，给人以庄重的印象。

2. 便装

便装是人们在平常生活中所穿的衣服，适用范围很广泛，根据不同的用途和环境，便装可分为家居服、运动服、街市服等。

3. 补正装

补正装是贴身服装，有胸衣、衬裙、马甲等，可以起到保洁、保温、吸汗等作用。

西装、领带与领结的起源

二、着装原则

服饰所具有的实用功能和审美功能，要求穿着者首先要明确着装的目的，要根据穿着的对象、环境、场合、时间等基本条件进行设想，寻求人、环境、服装的高度和谐。

(一)TPO 原则

T、P、O 三个字母分别代表 Time(时间)、Place(地点)、Object(主体、着装者)。

1. 时间

时间的含义有三层，第一层含义是指每天的日间和晚上的变化，通常早上、白天因户外活动或非正式活动较多，可以在穿着上稍微随便一点；晚上因宴请、音乐、舞会等活动较多，出席类似的活动应当穿戴正规才是。第二层含义是指每年的春、夏、秋、冬四季的

21世纪高职高专经管类专业立体化规划教材

不同，夏天应着轻软、凉爽的服装；冬天应穿保暖、大方的服装；第三层含义是指时代的差异，服饰应顺应时代发展的主流和节奏，不可太超前，也不可太滞后。

2. 地点

地点主要是指服饰穿戴者将要出现的空间环境，要考虑不同国家、不同地区所处的地理位置、自然条件及生活习俗等。例如，在天气较热的地方，上身的小礼服最好为白色；在寒冷的地区，室外虽寒冷，但室内若有暖气，女子穿短袖或无袖的晚会盛装也不足为奇。规范、庄重、严肃的庆典、仪式活动应尽量正规；轻松、愉快的郊游、远足应尽量随便。

3. 主体、着装者

人是服装的中心，在着装前要对人的各种因素进行分析、归类，才能使服装具有针对性和定位性。选择服装应根据不同的地区、性别、年龄、体态、文化背景、受教育程度、个性与修养、艺术品位以及经济能力等因素决定穿衣方案。比如，要符合身份，就要区分男女、长幼、职业、身份之别；要扬长避短，就要区分颈短、腿短、个矮、皮肤黑、胖瘦等。

【案例评礼 2.1】

> 小徐，二十五岁，今年硕士毕业后顺利进入一所高校担任助教，因为刚工作的关系，她还穿着学生时代的衣服，有时被别人误以为在校生，但她并没有放在心上。因为工作跟学生联系紧密，经常需要让学生到办公室和她一起做一些工作。一天，她正和一个女学生干部一起坐在计算机前讨论一些问题，办公室的门被敲开了，走进一位中年女士，学生马上跟她打招呼说："××老师好！"那位老师环视办公室一圈说道："你们系的老师都不在啊？"小徐不好意思地低下头。
>
> **讨论分析：** 案例中的徐老师为什么会被误以为学生？

(二)三色原则

俗话说："没有不美的色彩，只有不美的搭配。"色彩美体现在巧妙的搭配上。服装配色以"整体协调"为准则，全身着装最好不超过三种色彩，过多的色彩集中于一身会给人杂乱无章的感觉。一般而言，黑白灰三色是配色中最安全的色彩，最易与其他色搭配。

色彩搭配的方法有两种，即亲色调和法与对比色调和法。亲色调和法是将色调近似或深浅浓淡不同的颜色组合在一起。对比调和法是将对比色进行搭配，使之对立，既突出各自特点，又能相映生辉。

随身课堂

服装的色彩搭配

(三)个性、整洁原则

选择服装因人而异，主要指依个人的性格、年龄、身材、爱好、职业等要素着装，重点在于展示所长、遮掩所短，显现独特的个性魅力和最佳风貌。同时，服饰应该整洁干净，没有绽线、破洞，衣领和袖口处不沾污渍、干净卫生。

(四)协调原则

1. 肤色协调

肤色黑，不宜穿颜色过深或过浅的服装，而应选与肤色对比不明显的衣服，如粉红色、蓝色、绿色，以及最具有色彩明亮的黄橙色或色调较暗的褐色、黑紫色；皮肤发黄的人不宜选用淡黄色、土黄色、灰色的服装，否则显得精神不振，无精打采；脸色苍白的人，不宜穿绿色服装，否则会使脸色更显病态；肤色红润粉白的人穿绿色服装效果好。白色衣服任何人穿都不错，白色的反光会使人显得神采奕奕。

2. 形体协调

身材有高矮胖瘦之分，男性标准体型为 T 形，女性标准体型为 X 形，服装搭配时要先了解自己的体形特点，再选择适合的服装。

随身课堂

身材和服装的搭配

三、男士职业装及配饰

商务男士在出席重要会议、庄重的仪式或正式宴请等场合时，一般要求身着正装。男士通常以西装为主，分为西服套装和西服便装。西服套装有两件套和三件套(外套、马甲、裤子)，双排扣和单排扣，三个扣眼、两个扣眼和一个扣眼之分，一套完整的西装包括上衣、衬衫、领带、西裤、腰带、袜子和皮鞋。

(一)西装选择

1. 色彩

西装的基本颜色一般为单色、深色且无图案，最标准的西装色彩首推藏蓝色，其次深蓝、深灰、黑色，不宜穿着色彩鲜艳、杂色、面料发光的西装。

随身课堂

色彩的含义

21世纪高职高专经管类专业立体化规划教材

2. 面料

毛料为西装首选面料，其次为纯毛、纯羊绒、毛涤混纺面料。

高档西装面料具有以下四个特点：轻——穿着感觉像丝绸般轻飘；薄——面料轻薄，无厚重感；软——穿着柔软舒适，无束缚挤压感；挺——西装外表挺括雅观。

随身课堂

面料构成

3. 款式

(1) 欧式。上衣呈倒梯形，纽扣的位置较低。衣领较宽，强调肩部与后摆，不重视腰部，垫肩与袖笼较高，腰身中等，后摆无开衩。适合体型结实、高大的男性。

(2) 英式。不刻意强调肩宽，而讲究穿在身上自然、贴身。多为单排扣式，衣领是 V 形，并且较窄。腰部略收，垫肩较薄，后摆两侧开衩。适合身高为 175～185cm 的体型匀称的男士。

(3) 美式。外观上方方正正，宽松舒适，较欧式西装稍短些。肩部不加衬垫，被称为"肩部自然"式西装。领型为 V 形，腰部宽大，后摆中间开衩，多为单排扣式。适合休闲商务派作风男士。

(4) 日式。上衣的外形呈现为 H 形，即不过分强调肩部与腰部。垫肩不高，领子较短、较窄，不过分地收腰，后摆也不开衩，多为单排扣式。适合体形稍瘦、身材匀称的男士。

4. 尺寸

西装以宽松适度、平整、挺括为标准，具体地讲，西装的衣领应紧贴衬衫领并且低于衬衫领 1～2cm；上衣下摆应与手的虎口相平，袖口和手腕相平；胸围以穿一件羊毛衫感到松紧适中为宜；衬衫必须为硬质领头，袖口略长于西装袖口 1～2cm；下摆要塞到裤子里；西裤作为西服整体的另一个主体部分，要求与上装互相协调，以构成和谐的整体。裤长以裤腿边口前盖脚面、后不擦地为准。

5. 做工

衬里是否外露、衣袋是否对称、纽扣是否缝牢、表面是否起泡、针脚是否均匀、外观是否平整等，都是评判做工是否精细的标准。

【温馨贴士 2.1】

西装穿着八大忌
一忌西装皱褶不挺括；　二忌衬衫纽扣不扣好； 三忌衬衫放在西裤外；　四忌西装服饰色彩多； 五忌西装兜袋鼓囊囊；　六忌领带太短或太长； 七忌西装没有配皮鞋；　八忌白运动袜配皮鞋。

(二)衬衫选择

1. 衬衫的面料

衬衫的面料可选择真丝、混纺、夹丝、棉，各有优劣。真丝质感好，但容易起皱；混纺不起皱，但不吸汗；纯棉质感好、吸汗，但比较厚，必须熨烫。

2. 衬衫常用的颜色与花纹

衬衫常用的颜色按选择顺序为白、浅蓝色、蓝、浅灰、灰、褐，衬衫的花纹常用条纹、细暗格。

3. 衬衫的尺寸

领口和袖口是决定衬衫是否合身的关键部位。另外，也要考虑身长、胸围的宽窄度等。衬衫领子应高于西装衣领约 1.5cm，袖口应该刚好盖到手腕，露出西装 2~3cm。衬衫必须系在裤腰内。

4. 衬衫的领型

较常见的搭配西装的有正规型、短领型、长领型、有扣型；有与古典西装搭配的圆领型；与正规三件套西装搭配的别针领型；领口垂直立起，领尖向前弯曲，专门与礼服搭配的翼领型。具体来说，方脸或圆脸的男士一般选长领或有扣型(柔和)，脸型适中或长脸一般选正规领，脖子长的男士可选高领或短小领。

(三)领带

1. 款式

领带的三种款式。领带的款式主要表现在领带的宽度上，常用的领带宽度多为 8~9cm，最宽的可达 12cm，最窄的仅有 5~7cm。

2. 领带的花样

领带的花样可分为圆点、直条纹、格子、织花、立体花纹、各种活泼花样以及蝴蝶领结。

3. 颜色

选择领带要注意其花色与服装衬衫搭配得体，正式场合的领带以深色为宜，非正式场合的领带以浅色艳丽为好。领带的颜色一般不宜与西装颜色完全一样，以免给人以呆板的感觉。

4. 长度

以适当的长度打好领带，使其尖端正好垂到皮带扣处为宜，如图 2-1 所示，超过皮带或短于皮带都不符合礼仪要求。所以每个人需要的领带长度，完全由自己的身高决定。打领带之前先扣好衬衣领扣和袖扣，领带结需要靠在衣领上，但不能勒住脖子，也不能太往下，显得松松垮垮不精神，领带系好后用领带夹固定领带，夹在衬衫第三个与第四个纽扣之间。

图 2-1　领带长度

5. 领带结的打法

领带结的打法有以下几种：亚伯特王子结、温莎结、浪漫结、十字结，如图 2-2 所示。

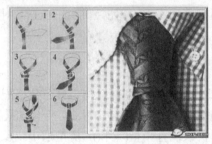

(a) 亚伯特王子结(THE PRINCE ALBERT)

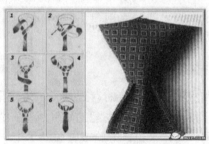

(b) 温莎结(THE WINDSOR)

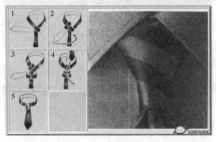

(c) 十字结(半温莎结)

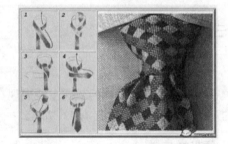

(d) 浪漫结(THE TREND KNUI)

图 2-2　领带结的打法

(四)毛衣、鞋和袜子的选择

1. 毛衣

与西装配套穿的毛衣应该是 V 形，领带应放在毛衣里面。

2. 皮鞋

皮鞋最好是黑色，鞋面应干净光亮。

3. 袜子

袜子搭配应与裤子、鞋内颜色相同或颜色较深，通常选择蓝、黑、深灰或者深棕色，不穿颜色鲜亮或带有花格图案的袜子。袜子要够长，以免露出有毛的皮肤；要有足够的弹性，使其不至于从腿上滑下或缩成一团。

【温馨贴士2.2】

西装、衬衫和领带颜色搭配技巧

(1) 黑色西服，穿以白色为主的衬衫和浅色衬衫，配灰色、蓝色、绿色等与衬衫色彩协调的领带。

(2) 灰西服，可配灰色、绿色、黄色或砖色领带，穿白色为主的淡色衬衫。

(3) 暗蓝色西服，可以配蓝色、胭脂红或橙黄色领带，穿白色或明亮蓝色的衬衫。

(4) 蓝色西服，可以配暗蓝色、灰色、胭脂色、黄色或砖色领带，穿粉红色、乳黄色、银灰色或明亮色蓝色的衬衫。

(5) 褐色西服，可以配暗褐色、灰色、绿色或黄色领带，穿白色、灰色、银色或明亮的褐色衬衫。

(6) 绿色西服，可以配黄色、胭脂色、褐色或砖色领带，穿明亮的银灰色、蓝色、褐色或银灰色衬衫。

(五)男士西装配饰

1. 公文包

公文包的面料应选择真皮，牛皮、羊皮较为常见。从颜色搭配上来讲，应与皮鞋颜色一致，以黑色、棕色为主。公文包外表不需要带有任何图案、文字。

2. 手表

商务人员佩戴的手表在造型上要庄重、保守，避免怪异、新潮。一般来说，正圆形、正方形、长方形、椭圆形和菱形手表，适用范围较广，手表在颜色上要选择单色或双色，色彩要清晰高雅，除数字、商标、厂名、品牌外，手表不应出现其他图案。怀表、广告表、卡通表不适合商务人员使用。

3. 眼镜

眼镜的款式要与体型相协调，同时要考虑自身的发型，镜框的颜色与肤色、脸型相协调。无论是室内还是室外，只要是正式场合，都应将装饰性的眼镜摘下，用于做装饰的深色变色镜或墨镜，戴前先摘下商标。

4. 腰带

腰带主要起装饰作用，男士的腰带比较单一，质地大多是皮革的，没有太多装饰，腰带一般选择黑色系列，与西服颜色相配。

5. 皮包

商务男士在正式场合应选择质地较好、实用耐用和做工精细的皮包，外观华丽且体积不能过大，皮包颜色和季节着装相符。包内不可塞得过满。体型小巧的人不适合使用较大型的皮包，体型矮胖的人不适合用太秀气的皮包，参加公务活动时应选择携带公文包。

6. 手帕

放一块折叠雅致的手帕在西装上边的小口袋中，不仅可增加一个人的情调，而且还可在出现尴尬局面时用来做掩饰。

四、女士职业装及配饰

职业女性的基本服饰有西装套装、套裙(多为黑色、深蓝色、米色)，含套装颜色的丝巾、短大衣和长风衣(常用黑色、棕色、银灰色)，颜色相近搭配的上衣和裙子，各种颜色的单色衬衣，肉色丝袜，与套裙颜色配套的皮鞋，黑色或浅色手提包，优质美观的手表及丝巾、首饰等各种配饰。

(一)职业女性服饰

1. 套裙

(1) 套裙的款式。套裙分两件套和三件套，大都是两件套配衬衫穿着。套裙的上装以西服式样居多，也有圆领、V形领、披肩领等式样，扣子有单排或双排的。

整体造型上主要分为H、X、A、Y四种。

H——上衣宽松，裙为直筒式，直上直下，浑然一体。

X——上衣紧身，裙为喇叭式，上宽下松，突显腰部。

A——上衣紧身，裙为宽松式，衣紧裙松，突显上身。

Y——上衣宽松，裙为紧身式，衣松裙紧，突显下身。

造型要根据遮掩短处、衬托长处的原则选择适合自己身材的套裙。

(2) 套裙的面料。可选择半毛制品或亚麻制品。应平整、光洁、柔软、挺括，以轻、薄、垂为特点，回避过于厚重的毛料、呢料。

(3) 套裙的颜色。商务场合以庄重大方为主，因此颜色首选黑色、深蓝色、深灰色等冷色调，与男士西服颜色类似。即使有图案，也只能选择暗纹和朴素简洁的几何形状。

(4) 尺寸。要长短适宜，上衣不宜过长，裙子下摆及膝或超过膝盖，入座时离膝不超过10cm。

2. 女式衬衫

(1) 面料。纯棉布和真丝最好，不要过于柔软，否则会有居家的感觉。与套裙相配的衬衫面料最好是丝绸，但易起褶。纯棉衬衫也可以，但必须浆过并且熨烫平整。

(2) 颜色。商界广泛接受的颜色是白色和淡蓝色，但是女性选择的范围比较宽泛，可选择一些浅淡的暖色，如淡蓝色、淡紫色、浅灰色、玫瑰红、浅驼色、卡其色、湖蓝色、浅紫色、灰色、灰绿色、米色、驼色、象牙色、松石蓝色等看起来优雅平和的淡色调。

(3) 注意。衬衫下摆必须掖入腰内，纽扣必须系好，在公共场合不宜外穿衬衫。

3. 女鞋与丝袜

套裙要搭配皮鞋来穿，一般选择中跟或中高跟皮鞋，非坡跟、松糕跟，非系带、搭扣、露趾、长短靴、凉拖等，鞋跟 3~5cm。颜色一般选择黑色或其他暗色，与套装颜色相配的套鞋，不可以穿颜色鲜艳的皮鞋，要保持鞋面清洁亮丽，若有破损起皱，要及时更换。

丝袜要选择贴合个人肤色的透明肉色连裤袜，若是筒式袜，则要配吊带裤，以防丝袜下滚频繁整理的尴尬，禁止穿彩色、黑色、渔网袜，在入座时不能露出丝袜的收口部分或是连裤袜的裤底，若丝袜破损，要及时更换，不得穿着短袜或光腿。

(二)女性饰品

1. 首饰

首饰的种类很多，以其佩戴的部位而论，可分为冠式饰、发饰、头饰、颈饰、胸饰、首饰、腰饰、足饰等。比较常见的有戒指、项链、挂件、耳环、手镯、手链、脚链、胸针等。

(1) 戒指。职业女性一般只在左手上佩戴一枚戒指。它是一种沉默的语言，往往暗示佩戴者的婚姻和择偶状况。戒指戴在中指上，表示已有了意中人，正处在恋爱之中；戴在无名指上，表示已订婚或结婚；戴在小手指上，则暗示自己是一位独身者；如果把戒指戴在食指上，表示无偶或求婚。

(2) 项链。项链是戴于颈部的环形首饰，选择时应与佩戴者的脸形、体形、服饰相搭配。脸形较圆润和体态丰满的女士可以选择带坠的项链，V 形的造型可拉长颈部的线条；瘦长脸形和体形消瘦的女士应选择长度 40cm 左右、线条圆滑的项链或珠宝，以增加美感。过于复杂、烦琐的项链只适合晚间社交场合佩戴，不宜与职业装搭配。

(3) 耳环。耳环是女性的主要首饰，其使用率仅次于戒指。佩戴时应根据脸型、发型特点选配耳环。圆形脸的女士宜选择长而下垂的方形、三角形、水滴形耳环；方形脸的女士则适宜佩戴有弧度的耳饰，椭圆形、螺旋形都可使脸部棱角淡化；长脸型的女士适合佩戴紧贴耳朵的圆形耳环，以增加脸的宽度。

(4) 胸针。也称胸花，是佩戴在上衣胸前或领口的饰物，最适合与职业装搭配。别胸针的部位多有讲究，穿西装时应别在左侧领上；穿无领上衣时，则应别在左侧胸前；发型偏左时胸针应当居右，发型偏右时胸针应当偏左；体型丰满者，胸针佩戴位置应略靠中心，体型稍瘦者，胸针则应略往外移，其具体高度应在衬衫纽扣从上往下数第一颗、第二颗之间。

随身课堂

首饰佩戴原则

2. 丝巾与围巾

丝巾选择时一定要注意与衣服的协调搭配，花色丝巾可配素色衣服，而素色丝巾则适合配艳丽的服装。丝巾可调节脸部色泽，但脸色偏黄者，不宜用深红色、绿色、蓝色、黄

21世纪高职高专经管类专业立体化规划教材

色丝巾；脸色偏黑则不宜用白色丝巾。

围巾的面料有纯麻纯棉、人造毛织物、真丝、绸涤、丝绸等，可选用丝绸类及色彩多样的三角巾、长巾和方巾围在脖子上取暖，还可以将围巾扎在头发上、围在腰上作为装饰品。围巾选择要与年龄、身份、环境相协调，要与所穿的衣服面料、款式、颜色及使用者的肤色相匹配，厚重的衣服则可搭配轻柔的围巾，但轻柔的衣服却不能搭配厚重的围巾，围巾与大衣一般适合在室外或部分公共场合穿着，到了室内就要及时摘掉。

3. 帽子和手套

帽子可以御寒、遮阳和装饰，商务场合佩戴的帽子不能过于夸张和怪异，应和个人的打扮相适应。在商务场合相互见面时，彼此要脱帽致敬。男士进入房间应该摘掉帽子，挂在衣架上，也可以拿在手里。女士的限制少一些，可以脱帽，也可以戴着帽子，用于装饰性的帽子不用摘下。

手套应根据个人所穿衣服的颜色来选择，和别人握手或进餐时都不能戴手套。女士的薄纱手套例外。

随身课堂

礼服

任务二　仪 容 礼 仪

仪容礼仪指的是人们在对自己的容貌进行精心的美化、外观修饰或打扮的过程中，被人们普遍认同与遵守，为获得漂亮、美丽、端庄的仪容所应遵循的一系列的方式、程序、行为准则和规范的总和。《礼记·冠义》曰："礼仪之始，在于正容体，齐颜色，顺辞令"，即礼从端正容貌和服饰开始。仪容是一个人的面容、发饰以及身体所未被服饰遮掩的肌肤所构成。因此，仪容美的基本要素是貌美、发美、肌肤美。

一、头发的修饰

(一)发型的选择

商务男士头发长度要适宜：前不及眉，旁不遮耳，后不及领，不能留长发、大鬓角。女士应根据脸型选择适合自己的发型，并且应与体型、职业、年龄、服装相协调。

1. 发型要和脸型相协调

圆形脸的人适宜将头顶部分头发梳高，避免遮住额头，两侧头发适当遮住两颊，使脸部视觉拉长；长形脸的人适宜用"刘海儿"遮住额头，加大两侧头发的厚度，使脸部丰满起来。

2. 发型要与体型相协调

脖颈粗短的人，适宜选择高而短的发型；脖颈细长的人，适宜选择齐肩搭肩、舒展或外翘的发型；体型瘦高的人，适宜留长发；体型矮胖者，适宜选择有层次的短发。

3. 发型要与年龄相协调

年长者最适宜的发型是大花型短发或盘发，给人以精力充沛、温婉可亲的印象；年轻人适合活泼、粗放、简单、富有青春活力的发型。

4. 发型要与服饰相协调

穿礼服和制服时，女性可选择盘发或短发，显得庄重、秀丽、文雅，穿着轻便服装时，可选择适合自己脸型的轻盈发式。

5. 发型要与职业相协调

职业女性的发型设计应文雅、庄重，常伏案操作的女性工作人员头发不宜长于肩部，不宜遮挡住眼睛，不宜随意披散，不要使用色彩鲜艳的发饰，正式商务场合也选择盘发或短发。

(二)头发的护理与保养

要勤于洗发，应该养成周期性洗发的习惯。易出油的头发应该两天洗一次，干性的头发洗头间隔时间可稍长一些。洗发时要选择适于自己发质的洗发用品，洗净后适当抹一些护发素或焗油膏，以保持头发的柔顺，也可使用离子烫拉直头发。如发现发尖分叉，就必须及时修剪。

要勤于梳理、修剪头发，男士最好每月一次，女士因人而异。理发后要将洒落在身上的碎头发等清理干净，并使用清香型定型乳，以保持头发整洁、不蓬散，切忌使用异味发油。不要将头发染成黑色以外的任何抢眼色彩，以接近自然为宜。

二、皮肤的护理

(一)皮肤的分类

根据皮肤皮脂分泌的多少，皮肤可分为干性、油性、中性、混合性及敏感性等几种类型。各种肤质的区别如表 2-1 所示。

表 2-1　肤质的区别

皮肤类型		毛 孔	细 纹	弹 性	肤 色	润泽度	痘 或 斑
中性肌肤		无	无	好	均匀	好	无
干性肌肤		细	有	一般	晦暗	无	有斑
油性肌肤		粗	无	一般	油亮	无	有痘
混合性肌肤	T 形	粗	无	一般	油亮	无	有痘
	两颊	细	有	一般	晦暗	无	有斑
敏感性肌肤		粗	有	无	白而透明	无	有红点

21世纪高职高专经管类专业立体化规划教材

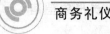

1. 干性皮肤

干性皮肤的毛孔不明显，皮脂的分泌量少而均匀，没有油腻的感觉，角质层中含水量少，常在 10%以下，因此这类皮肤不够柔软光滑，缺乏应有的弹性和光泽；肤色洁白或白中透红，皮肤细嫩，经不起风吹日晒，常因环境变化和情绪波动而发生变化，易起皮屑，冬季易发生皲裂。

2. 油性皮肤

油性皮肤毛孔粗大，皮脂分泌较多，皮肤表面有光泽，油腻感颇重。易长粉刺和小疙瘩，但不易起皱纹，又经得起各种刺激，且不易出现衰老现象。肤色常为淡褐色、褐色，甚至红铜色。

3. 中性皮肤

这类皮肤皮脂分泌适中，皮肤不粗不细、纹理好、润泽有弹性，肤色好，无皮肤疾病，皮肤的抵抗力强，对外界刺激也不太敏感。

4. 混合性皮肤

由于皮脂的分泌量不均匀，会存在两种以上的皮肤类型，皮脂分泌旺盛的部位易长粉刺或疙瘩，干燥部位则有紧绷感。

5. 敏感性皮肤

敏感性皮肤(也称过敏性皮肤)毛孔粗大，皮脂分泌量偏多。易受外部刺激，面部易发红，有瘙痒感，使用化妆品后，常会引起皮肤过敏、红肿发痒，个别的反应剧烈者会产生刺痛感。

(二)皮肤的日常护理

1. 卸妆油

双手和脸部保持干燥，将适量的卸妆油以鼻子为中心线，向两边和额头以及下巴涂抹。在需要卸妆部位用指腹以画圆的动作溶解彩妆及污垢。1min 左右后，用手蘸取少量的水，将卸妆油乳化变白后，再用打圈的手法轻轻地按摩约 30s，再用大量的清水将卸妆油打至起泡后冲洗干净。

2. 洁面乳

用温水先在手掌心打出泡沫，在泡沫带动下轻轻地在脸上滑动打圈，不要用力在脸上揉搓，以避免拉扯对肌肤造成伤害。同样的动作也可以用洁面泡芙来代替。

【温馨贴士 2.3】

正确的洗脸步骤

(1) 用热毛巾敷在脸上使毛孔张开。

(2) 用洁面产品搓出泡沫，涂在脸上由内向外打圈，让泡沫充分发挥清洁作用。

(3) 仔细而轻柔地按摩脸部、鼻翼、额头，容易生粉刺的地方更要仔细地重点清洗。

(4) 用清水洗净，注意不要用过热的水洗脸，也不要用磨砂膏洗脸。

3. 爽肤水

把爽肤水倒于手心，当其扩展至一元硬币大小时合上瓶盖，左右手合十后轻轻地将爽肤水拍在脸上，先拍在两颊，再拍到额头和下巴等部位，用双手轻轻地按压，这样使用爽肤水的手法不但可以节省爽肤水，更重要的是，对肌肤的补水滋润更有效。将爽肤水浸湿在化妆棉上，以鼻子为中轴线，横向涂抹擦拭全脸，擦拭动作可以帮助脱落老化死皮细胞，令肌肤干爽清洁。

4. 面部精华素

面部精华素主要是对人体肌肤起到护理作用。精华素分水剂和油剂两种，取适量点于额、双颊、鼻尖与下巴，沿肌肤纹理均匀涂抹面部，反复轻拍至满意。

5. 乳液

先将适量的乳液倒入掌心中，由脸部易干燥的脸颊或眼睛四周开始涂抹，沿肌肉走向轻轻抹开。干性肤质可以多涂一些，T 形区要少抹一些，涂得太多或油性肤质者，可用面巾纸轻轻按压，吸去多余的油脂。

6. 面霜

应先用专用的小勺舀出适量的面霜置于掌心，左右手合十将面霜均匀地分开于两掌心中。先按压在两颊颧骨处，再按在下巴和额头。轻轻地由两颊开始，将面霜慢慢地轻按压进肌肤。

7. 隔离霜

涂上一层有防晒效果的隔离霜，既可以隔离彩妆刺激，又可以防御大气中的粉尘、紫外线伤害，是皮肤护理必不可少的步骤。注意，涂抹要均匀，方法同乳液。

(三)皮肤的周护理

(1) 洗脸：水温 40℃，方法同"温馨贴士 2.3"，只是不要用冷水洗。

(2) 去角质：油性皮肤的女士每星期一次，混合性皮肤的女士一周做全脸，一周做 T 区。

(3) 热毛巾敷脸：用热毛巾敷全脸约 3min。

(4) 按摩：在额、双颊、鼻子、下颌各取指甲大小的按摩膏按摩，根据情况 30～40min 即可，然后用洗面奶洗干净。

(5) 敷面膜：除眼周、嘴唇外把面膜均匀涂在脸上，15min 后由上至下揭下，就可以进行平时的基础护肤了。注意，虽然面膜的效果很好，但不能天天用。

三、妆容

化妆是修饰仪容的一种高级方法，是一门艺术。在各种场合适度而得体的化妆可以体

21世纪高职高专经管类专业立体化规划教材

现商务女士端庄、美丽、温柔、大方的独特气质，同时也是对自己和他人的一种尊重。化妆的主要目的是把自己的外在美和内在的文化修养更好地展示出来。

职业女士应恪守的信条是沉稳、干练、典雅，化妆要讲究简约、清丽素雅、端庄，化妆的效果要与办公室场所、工作环境相匹配，要给人以明朗阳光、端庄大方、理性自信和精神饱满的印象，妆容应注意尽可能平和，切勿浓妆艳抹，过分的修饰夸张、引人注目是不可取的，化妆后表现出若有若无的效果才是化妆的最高境界。

随身课堂

三庭五眼

(一)化妆的原则

1. 扬长避短

化妆，一方面要突出脸部最美的部分，使其显得更加美丽动人；另一方面要掩盖或修正缺陷或不足。

2. 协调统一

脸部化妆应注意色彩搭配及浓淡程度，妆容与发型、服饰相协调，与身份、场合相宜，力求达到完美的整体效果。

3. 自然真实

化妆要自然协调，无论淡妆还是浓妆，切忌厚厚地涂抹一层，所谓"浓妆淡抹总相宜""妆成有却无"等皆指化妆的自然真实。

(二)化妆的禁忌

1. 忌离奇出众

有些接待人员在化妆时有意脱离自己的角色定位，而专门追求所谓的荒诞、怪异、神秘的妆容，这样是很不可取的，也是得不偿失的。

2. 忌技法用错

在化妆时，若技法不纯熟，出现了明显的差错，将会暴露自己在美容素质方面的不足，从而贻笑大方。

3. 忌残妆示人

残妆是指人在出汗之后或用餐之后妆容出现了残缺，应及时到洗手间补妆；否则长时间的脸部残妆会给人懒散、邋遢之感。

4. 忌当众化妆

在众目睽睽之下修饰面目是失礼行为，既有碍他人，也不尊重自己。

5. 忌非议他人的妆容

不能随便评论他人妆容的好坏，尤其是公共场合。

6. 忌借用他人的化妆品

出于卫生和礼貌，不论是谁，不论是否急需，都不要去借用他人的化妆品。

(三)化妆的基本步骤

1. 妆前准备

(1) 洁面：选用适合自己肤质的洁面乳将脸洗净。

(2) 润肤：根据自己的肤质，选用适合自己的润肤液，如紧肤水、柔肤水等。

(3) 护肤：选用适合自己的面霜。当然，有条件的话，可以在涂面霜之前，涂点精华液之类的护肤品。

(4) 选用妆前乳：妆前乳是指可以起到迅速改善肤质的乳液，如控油乳、净白乳、保湿乳、丝滑乳等，通常都会选择有细致毛孔作用的妆前乳。

2. 底妆

(1) 隔离。根据自己的喜好选择霜或者隔离露，可以隔离彩妆、辐射等。

(2) 修颜。可以修饰自己肤色的修颜乳或者粉底，肤色偏黑选用麦色，肤色偏黄选用淡紫色，肤色偏红选用淡绿色。

(3) 遮瑕。根据自己脸部的情况使用遮瑕笔、遮瑕膏、遮盖霜等，对自己的脸部进行修饰，主要是盖住黑眼圈、痘痘等脸部瑕疵，在着重画眼妆时，还可以在遮瑕之前涂一点眼部打底霜。

(4) 粉饼。千万不要以为粉底和粉饼是同一种东西。粉饼的使用是为了"改变"脸型，并不是为了修饰肤色。化妆时，至少需要用到两种粉饼，一个深色，一个淡色。

3. 眼部修饰

(1) 眼影。在上眼睑处，用两种或两种以上的眼影色彩，由内眼角向外眼角横向排列搭配晕染，注意色彩的均匀过渡。完妆后要在眉骨鼻梁扫上一层白色的散粉，可以达到突显立体感的效果。

(2) 眼线。紧贴着睫毛根部，用眼线笔填涂上眼睑的睫毛空隙，要描画均匀。然后使用眼线液叠画一层在眼线上。检查眼线，用眼线笔补画欠缺的地方，使眼线描画得更加圆润。画下眼线时，只画眼尾和眼角的部分，中间的地方要保留。在眼尾处涂抹略比眼影色深的颜色，如图2-3所示。

(3) 睫毛。按照先睫毛根部、再中部、最后睫毛尖的顺序，先刷睫毛梢，再从睫毛根向上刷。睫毛根处浓，睫毛梢一笔带过。使用睫毛夹将睫毛夹出上翘的效果，然后使用睫毛膏将睫毛拉长。

21世纪高职高专经管类专业立体化规划教材

4. 画眉

(1) 确定眉峰、眉头、眉尾的位置。眉头一般与内眼线在同一直线上，如果眉毛长得超过了这条线，应修掉，因为两眼眉头距离过近，会产生眉头紧蹙不够明朗的感觉。眉峰的位置，一般从鼻翼到眼球外边缘连线延长线上。眉尾位置则在从鼻翼到外眼角连线的延长线上，如图2-4所示。

图 2-3　眼线

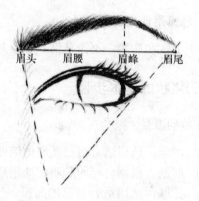

图 2-4　画眉

(2) 从眉毛往下处开始描绘上边缘。由向上生长(前段)、与向下生长(后段)的眉毛交会处开始画，以不超过眉尾、不超过眉毛上缘来描绘。

(3) 眉中至眉尾，画出眉毛下边缘。描绘边缘都以不超过眉的轮廓为标准，比外缘内缩1～2mm才是下笔位置，同样以眉中央为起点，一直画到眉尾为止。

(4) 修剪整齐眉毛的下边缘。已经画了浅浅的眉毛轮廓，就可以发现往下长的不齐眉尾，用小剪刀的弯头修剪出弧形。

(5) 用眉粉补满上下边缘之间的眉毛。对眉毛比较浓密的人来说，用眉粉是最好的方法，补足中间没上色的地方，要顺向、逆向地刷过让颜色均匀。

(6) 用浅色眉粉描绘上方轮廓。眉头与眉尾以外的地方，在上方轮廓处用浅一色的眉粉轻轻带过，制造上浅下深的立体感。用最浅色的眉粉点刷眉头，使其颜色最淡。

(7) 刷染眉膏。前端到眉尾都要上染眉膏，前半段顺着毛流由下往上刷，后半段顺着毛流由上往下刷，最后全部顺刷一次完成。

5. 刷腮红

腮红的颜色要跟服饰与眼妆的颜色相配，正式场合的腮红要化得非常清淡，手法要轻，过渡要自然。腮红一般擦在笑肌至脸颊的中间，不同脸型的人腮红的位置有所不同。比如，长脸的人比较适合横向扫腮红；圆脸的人比较适合自斜上向斜下方尽量扫得长一些。

6. 涂唇彩

在涂唇膏之前应先润湿嘴唇，在嘴唇中间涂少许，然后抿抿嘴唇，尽量使纯色轻薄自然，不要涂得太厚，如图2-5所示。

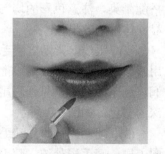

图 2-5　涂唇彩

7. 定妆

定妆可以使用蜜粉或者散粉，从眼睛、鼻子、下巴等容易脱妆的部位开始定妆。

四、其他部位修饰及男士"洁妆"

除了脸部妆容以外，还要注意其他部位，如口、手、身体等的清洁。

(一)口腔

牙齿洁白、口腔无味是讲究礼仪的先决条件。上班前不能喝酒，忌吃葱、蒜、韭菜等有刺激性异味的食物。必要时，嚼口香糖可减少异味，但不要在他人面前嚼口香糖，特别是上班时间和与人交谈时，更不应嚼口香糖。尽量少吸烟，不喝浓茶。如果长期吸烟或喝浓茶，牙齿表面必然出现一层"烟渍"或"茶渍"，牙齿会又黑又黄。在社交场合进餐后，切忌当着他人的面剔牙，可以用手掌或餐巾纸掩住嘴角剔牙。女士要注意唇膏不要沾在牙齿上，唇色不要过艳。

(二)四肢

1. 手

商务人士应保持手部清洁，养成勤洗手的好习惯。对于手部皮肤粗糙者，去除手上死皮，每晚用滋润的润手霜按摩双手，做家务或粗活时戴上手套，经常运动手指保持柔软灵活度，偶尔可敷上一些现成或自制的护手膜。

此外，要经常修剪和洗刷指甲。指甲的长度不应超过手指指尖，指甲缝中不能留有污垢。指甲上的彩妆要与环境场合相适宜，拒绝涂引人注目的艳色指甲油或在指甲上画上图案或加上装饰品。

2. 腋毛

商务男士和女士应有意识地不穿暴露腋毛的服饰，如女士穿着使腋毛外露的服装应该先剃除腋毛，以免有损整体形象。

3. 下肢

在正式场合，男士不穿短裤，不挽起长裤的裤管，以免体毛显露。女士在穿裙装和薄型丝袜时，如腿毛显现，应先将其剃除。

(三)男士"洁妆"

1. 清洁

成年男子皮脂腺的分泌活动活跃，油脂分泌过多，容易堆积灰尘形成污垢，甚至会出现粉刺而影响面容，因此男士的美容主要是对皮肤进行清洁，去除积累在脸上和身体的灰尘和污垢，保持皮肤的健康卫生，可用少量的保湿液使脸部皮肤长时间保持湿润。

2. 剃须和修鼻毛

商务男士应每天修剪胡须，不蓄须。清洁面部皮肤之后，用专业剃须水软化胡须，然后按照从左至右、从上到下的顺序剃须，动作要慢、轻、柔，先顺毛孔剃刮，再逆毛孔剃刮，最后再顺刮一次。剃刮完毕，用热毛巾把泡沫擦净或用温水洗净后，再检查还有没有胡茬。剃后要涂抹润肤乳，不要让脸太干或油光。外露的鼻毛用专用修剪鼻毛刀勤加修剪。

随身课堂

香水的使用

任务三 举止礼仪

仪态是指身体呈现的各种体态和姿势，人体的基本仪态包括站姿、坐姿、走姿、表情、手势等。英国哲学家培根说过："相貌的美高于色泽的美，而秀雅合适的动作美，又高于相貌的美，这是美的精华。"

一、站姿

(一)基本站姿要领

(1) 两脚跟相靠，脚尖展开 45°～60°，身体重心主要支撑于脚掌、脚弓之上。

(2) 两腿并拢直立，腿部肌肉收紧，大腿内侧夹紧，髋部上提。

(3) 腹肌、臀大肌微收缩并上提，髋部两侧略向中间用力。

(4) 脊柱、后背挺直，胸略向前上方提起。

(5) 两手臂放松，自然下垂于体侧。

(6) 两肩放松下沉，气沉于胸腹之间，自然呼吸。

(7) 脖颈挺直，头向上顶。

(8) 下颌微收，双目平视前方。

(二)男性标准站姿

标准站姿的关键要看三个部位：一是髋部向上提，脚趾抓地；二是腹肌、臀肌收缩上提，前后形成夹力；三是头顶上悬，肩向下沉。这三个部位的肌肉力量相互制约，才能保持标准站姿。根据这个要求，男性站立时，身体立直，抬头挺胸，下颌微收，双手置于身体两侧自然下垂；或者两腿分开，两脚平行，不能超过肩宽，双手在身后交叉，右手搭在左手上，贴在臀部。

(三)女士标准站姿

　　女士的主要站姿为双腿基本并拢，脚位与服装相适应。穿紧身短裙时，脚跟靠近，脚掌分开呈 V 形或 Y 形；穿礼服或旗袍时，可双脚微分，展示出秀雅大方、姿态优美的贤良淑女形象。女士不论什么时候、场合站立时，都要注意身体重心尽量提高，双腿贴紧，脚尖分开或者摆小"丁"字形可以自然变换站立的姿势，除了双脚并拢的站立姿势，"丁"字步站姿也可以选择。这种站姿还可以巧妙掩饰 O 形腿女士的缺点，并使腿和脚看起来更加纤细。

(四)职场礼仪站姿

　　(1) 垂手式站姿：如标准立正姿态，如图 2-6 所示。
　　(2) 前合手式站姿：身体直立。男性双脚分开不超过肩宽，重心分散在两脚上。两手在腹前交叉。女性两脚尖略展开，一脚在前，且后跟靠近另一脚内侧前端，重心可位于两脚上，也可位于一只脚上，通过重心的转移减轻疲劳，双手在腹前交叉，如图 2-7 所示。

图 2-6　垂手式站姿　　　　图 2-7　前合手式站姿

　　(3) 后合手式站姿：脚跟并拢，脚尖展开 60°～70°。挺胸立腰，下颌微收，双目平视，两手在身后相搭，贴在臀部，如图 2-8 所示。
　　(4) 单臂前驱式站姿：两脚间展开 90°，左脚向前，将脚跟靠于右脚内侧中间，左手臂下垂，右臂肘关节屈，右前臂抬至横膈膜处，右手心向里，手指自然弯曲，成为右前手站姿。同样地，相反的脚位和手位可成左前手站姿，如图 2-9 所示。
　　(5) 单臂后驱式站姿：两脚间展开 90°，左脚向前，将脚跟靠于右脚内侧中间位置。呈左丁字步，身体重心于两脚上。左手背后，右手下垂，成为左背手站姿。相反地，站成右丁字步，背右手，左手下垂可站成右背手站姿，如图 2-10 所示。

21世纪高职高专经管类专业立体化规划教材

图 2-8　后合手式站姿　　　图 2-9　单臂前驱站姿　　　图 2-10　单臂后驱站姿

【案例评礼 2.2】

总统的仪态

　　曾任美国总统的老布什，能够坐上总统的宝座，成为美国"第一公民"，与他的仪态表现分不开。在 1988 年的总统竞选中，布什的对手杜卡基斯，猛烈抨击布什是里根的影子，没有独立的政见。而布什在选民中的形象也的确不佳，在民意测验中一度落后于杜卡基斯十多个百分点。未料两个月以后，布什以光彩照人的形象扭转了劣势，反而领先十多个百分点，创造了奇迹。原来布什有个毛病，他的演讲不太好，噪音又尖又细，手势及手臂动作总显出死板的感觉，身体动作不美。后来布什接受了专家的指导，纠正了尖细的噪音、生硬的手势和不够灵活的摆动手臂的动作，结果就有了新颖独特的魅力。在以后的竞选中，布什竭力表现出强烈的自我意识，改变了原来人们对他的评价。配以卡其布蓝色条子厚衬衫，以显示"平民化"，终于获得了最后的胜利。

二、坐姿

(一)基本坐姿

　　入座时要轻稳，走到座位前，转身后退，轻稳地坐下，女士穿裙装入座时，应将裙向前收拢一下再坐下。落座后，上身端正，肩部放松，下颌挺起，双目平视，身体重心垂直向下(身体微向前倾)。两肩放松，两臂自然弯曲放在腿面上，掌心向下，女士可将右手搭在左手上，并放在腿上面。双膝自然并拢(男士可略分开些)，双腿正放，双脚平落在地上。面带微笑，双目平视，嘴唇微闭，下颌微收。坐在椅子上，至少应坐满椅子的三分之二，脊背轻靠椅背；起立时，右脚向后收半步，轻稳站立离座。

(二)男士标准的坐姿

(1) 标准式：正坐式，双膝并拢或稍分开，双膝分开时双脚应取平行位。手放膝上或腿上，坐满椅子的三分之二，如图 2-11 所示。

(2)　前伸式：双膝稍分开，两腿一前一后摆放即可，如图 2-12 所示。

(3)　前交叉式：双膝稍分开，两腿略前伸交叉，两脚重叠，如图 2-13 所示。

图 2-11　标准式坐姿　　　　图 2-12　前伸式坐姿　　　　图 2-13　前交叉式坐姿

(4)　后点式：双膝稍分开，两小腿后缩，脚掌点地或两小腿交叉脚掌后点地，如图 2-14 所示。

(5)　屈直式：双膝略分开，两小腿一前一后分开，两手放在两腿上，如图 2-15 所示。

(6)　重叠式：一腿放在另一腿上，两腿自然弯曲下垂。注意在下面的一条腿稍内收，放在上面的一条腿会较轻松自然，如图 2-16 所示。

图 2-14　后点式坐姿　　　　图 2-15　屈直式坐姿　　　　图 2-16　重叠式坐姿

(三)女性标准的坐姿

(1)　标准式：正坐式，双膝并拢，手放腿上，坐满椅子的二分之一，如图 2-17 所示。

(2)　侧坐式(或侧点式)：双腿向左或向右侧转适宜的角度摆放，双脚并拢或呈"丁"字

形或双脚尖侧点式，如图 2-18 所示。

(3) 前交式：正坐式，双膝并拢，两腿略前伸交叉，两脚重叠，如图 2-19 所示。

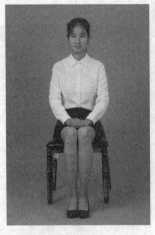

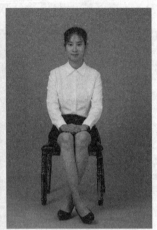

图 2-17　标准式坐姿　　　图 2-18　侧坐式坐姿　　　图 2-19　前交式坐姿

(4) 屈直式：屈直式可分为正坐式和侧坐式。两腿位置：双膝并拢，两小腿一前一后分开，并在一条直线上两手放在前伸腿上，如图 2-20 所示。

(5) 重叠式：重叠式可分为正身重叠式和侧身重叠式两种。两腿位置，一腿放在另一腿上，两腿自然弯曲下垂。注意，在下面的一条腿稍内收，放在上面的一条腿会较轻松自然，如图 2-21 所示。

(6) 侧挂式：两腿均斜放并叠加，如图 2-22 所示。

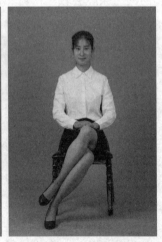

图 2-20　屈直式　　　　　图 2-21　重叠式　　　　　图 2-22　侧挂式

【温馨贴士 2.4】

不正确的坐姿

(1) 坐时将双手夹在双腿之间或放在臀下。

(2) 将双臂端在胸前或放在脑后。

(3) 将双腿分开得过大或将脚伸得过远，把脚叠成"4"字形或架在桌子上，架起二郎

项目二　商务人员形象塑造

腿晃悠，或不停地抖动，摇晃双腿。

(4) 全身完全放松，瘫软在椅子上。

(5) 头昂在沙发和椅子的后面，臀部溜到椅子边缘，双脚跷起或伸直。

(6) 弯腰驼背，全身挤成一团。

(7) 在落座时或离座时碰倒杯子，打翻了东西，弄出响声。

(8) 与人交谈或搭理时，坐得太深，靠在椅背上。

(9) 叉开双腿倒骑在椅子上等都是不雅的姿势，给人以懒散、缺乏教养的印象。

三、行姿

(一)基本的走姿

上身正直，双肩平稳，挺胸收腹，提臀立腰，行走时步伐稳健，步履自然，有节奏感，身体中心落于两脚，面带微笑，双臂以肩轴为中心步伐前后自然摆动，摆幅以 30～40cm 为宜。

随身课堂

各种行姿

(二)标准的走姿

正确的走姿应当身体直立、收腹收腰、两眼平视前方，双臂放松在身体两侧自然摆动，脚尖微向外或向正前方伸出，跨步均匀，两脚之间相距约一只脚到一只半脚，步伐稳健，步履自然，要有节奏感。起步时，身体微向前倾，身体重心落于前脚掌，行走中身体的中心要随着移动的脚步不断向前过渡，而不要让重心停留在后脚，并注意在前脚着地后脚离地时提起膝部，如图 2-23 所示。

图 2-23　标准走姿

(三)礼仪走姿基本要领

(1) 行走时，上身应保持挺拔的身姿，双肩保持平稳，双臂自然摆动，幅度以手臂距离身体 30～40cm 为宜。

(2) 腿部应是大腿带动小腿，脚跟先着地，保持步态平稳。

(3) 步伐均匀、节奏流畅，会使人显得精神饱满、神采奕奕。

(4) 步幅的大小根据身高、着装与场合的不同而有所调整。

(5) 女性在穿裙装、旗袍或高跟鞋时，步幅应小些；相反，穿休闲长裤时，步伐就可大些，凸显穿着者的靓丽与活泼。女性在穿高跟鞋时尤其要注意膝关节的挺直；否则会给

21世纪高职高专经管类专业立体化规划教材

·47

人"登山步"的感觉，有失高雅。

【温馨贴士 2.5】

不正确的行姿

(1) 走路时腆起肚子，身子后仰。

(2) 脚尖出去的方向不正，或明显的"外八字"或"内八字"。

(3) 两脚没有落在一根线的沿线上，明显地叉开双脚。

(4) 脚迈着大步，身体左右摆动，像鸭子一样。

(5) 手臂、腿部僵直会使身子死板僵硬。

(6) 脚步拖泥带水，撑着地走。

(7) 耷拉着眼皮或低头看脚。

(8) 双手插在裤兜内或双臂相抱或背手而行。

(9) 行走时弯腰驼背，左顾右盼，摆头晃脑，摆胯扭腰等。

四、蹲姿

(一)蹲姿的基本要求

下蹲时，一脚在前，一脚在后，上身尽量保持正直，不要低头弓背。两腿下蹲，前脚掌着地，小腿基本垂直于地面，后脚跟提起，后脚掌着地，两脚合力支撑身体，掌握好身体的重心，将腿靠近，臀部向下。男士两腿间可有适当的缝隙，女士则要两腿并紧，穿旗袍或短裙时需更加留意，以免尴尬。

(二)蹲姿注意事项

(1) 下蹲是社交场合不得已的动作，应该避开他人的视线。

(2) 切忌两腿叉开下蹲。即使穿着长裤，两腿展开平衡下蹲，撅起臀部的姿态也不美观。

(3) 不要面对或背对他人而蹲，最好的方法是在他人面前侧身而蹲。

(三)优雅的蹲姿

1. 高低式蹲姿

下蹲时左(右)脚在前，右(左)脚稍后(不重叠)，两腿靠紧向下蹲。左(右)脚全着地，小腿基本垂直于地面，右(左)脚脚跟提起，脚掌着地。右(左)膝低于左(右)膝，右(左)膝内侧靠于左(右)小腿内侧，形成左(右)膝高右(左)膝低的姿态，臀部向下。基本上以膝下的腿支撑，如图 2-24 所示。

2. 交叉式蹲姿

下蹲时，右(左)脚在前，左(右)脚在后，右(左)腿垂直于地面，全脚着地，左(右)腿在后与右(左)脚交叉重叠，左(右)膝由后面伸向右(左)侧，左(右)脚跟抬起，脚掌着地，两腿前后靠紧，合力支撑身体。臀部向下，上身稍前倾，如图2-25所示。

3. 半蹲式蹲姿

半蹲式蹲姿多用于行进之中临时采用。基本特征是身体半立半蹲，其要求是：在下蹲时，上身稍许弯下，但不宜与下肢构成直角或锐角；臀部向下而不是撅起；双膝略微弯曲，其角度根据需要可大可小，但一般均应为钝角；身体的重心应放在一条腿上，如图2-26所示。

4. 半跪式蹲姿

半跪式蹲姿又叫单跪式蹲姿，它是一种非正式蹲姿，多用于下蹲时间较长，或为了用力方便支撑。它的特征是双腿一蹲一跪，其要求是：下蹲之后改为一腿单膝着地，臀部坐在脚跟之上，而一只脚尖着地；另外一条腿则应当全脚着地，小腿垂直于地面；双膝应同时向外，双腿应尽力靠拢，如图2-27所示。

图2-24　高低式　　　　图2-25　交叉式　　　　图2-26　半蹲式　　　　图2-27　半跪式

五、手势和表情

(一)手势

俗话说："心有所思，手有所指。" 手势是极富表现力的一种"体态语言"，是通过手和手指活动传递信息、表示喜恶、表达感情的，具有丰富的含义，如举手赞同、摆手拒绝、手扶是爱、手指是怒、手搂是亲、手捧是敬、手遮是羞。

1. 常用的礼仪手势

(1) 曲臂式。为客人指引方向，如图2-28所示。表示"请进"，五指并拢，手掌伸直，左臂自身体一侧由下向上抬起，以肩关节为轴，手臂稍曲，到腰的高度，经胸前向右方摆去，摆到距身体15cm并不超过躯干的位置停止。

(2) 双臂式。业务繁忙、宾客较多时使用，如图2-29所示。面对较多来宾时表示"请""大家请"采用双臂式。双臂向一个方向摆出，即双手从腹前抬起，两手心朝上同时向一

21世纪高职高专经管类专业立体化规划教材

侧摆出，双手臂之间保持一定距离。

(3) 斜摆式。引领宾客入座，如图 2-30 所示。表示"请坐"，手臂从身体的一侧抬起，到高于腰部后，向下摆去，使大小臂成一斜线，手应指向座位的地方。

(4) 直臂式。引领较近方向，如图 2-31 所示。表示"请跟我来""里面请"时，手指并拢，掌伸直，屈肘从身前抬起，手应提至齐胸高度，朝指示方向伸出前臂，肘关节基本伸直。

图 2-28　曲臂式　　　图 2-29　双臂式　　　图 2-30　斜摆式　　　图 2-31　直臂式

2. 手势的禁忌

(1) 忌手势不敬。掌心向下挥动手臂、勾动食指或除拇指外的其他四指招呼别人、用手指点他人等。这些都是对人不敬的手势，会显得失礼。

(2) 忌手势不雅。当众挠头皮、抓耳挠腮、挖耳朵、抠鼻子、剔牙、咬指甲、挖耳屎、搓泥垢、摸脚丫、抓痒、用手指在桌上乱写乱画等不礼貌动作，会给人留下粗鲁、缺乏教养的印象。

(3) 忌手势过度。运用手势应注意适度，手势不宜过多，幅度不宜过大，手舞足蹈、动作夸张，往往也会引起别人的反感。在公共场合，双手小动作过多或是咬指甲、抬胳膊、扯衣角、挠脑袋、抱大腿的手势，都是不稳重的手势。

(4) 忌乱用手势。在不同国家、不同地区、不同民族，由于文化习俗的不同，手势表达的含义也大相径庭。因此，忌讳不懂风俗而乱用手势，以免造成不必要的误会。

(二)表情

1. 微笑

俗话说"出门看天色，进门看脸色。"微笑是通向世界的护照，是打动他人心弦的最美好的语言。在商务场合，巧用微笑可以消除彼此之间的陌生，打破交际障碍，为进一步沟通和交往营造有利的氛围。

微笑的基本做法：要精神饱满、神采奕奕，眼睛略微眯起，眉毛上扬并稍弯，鼻翼张开，笑肌收拢，嘴角上翘，嘴巴略张，使唇呈弧形，露出 6～8 颗牙齿。做到眼到、眉到、鼻到、肌到、嘴到，如图 2-32 所示。

1) 微笑的种类

人有五种基本的笑容：一是微笑；二是轻笑；三是大笑；四是抿嘴而笑；五是皮笑肉不笑。

(1) 自信的微笑。这种微笑充满了自信和力量，一个人即使遇到再大的困难或危险时，若能微笑以待，就一定能冲破难关。

(2) 礼貌的微笑。这种微笑像春风化雨，滋润人的心田。一个懂得礼貌的人，会将礼貌当作礼物，慷慨地赠予他人。

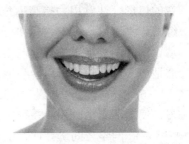

图2-32 微笑

(3) 真诚的微笑。真诚的微笑是具有人性化的、发自内心的、真实感情的自然流露。

(4) 友善的微笑。友善的微笑是亲近和善的、友好的、原谅的、宽恕的、诙谐的轻轻一笑。

(5) 喜悦的微笑。喜悦的微笑是成功或胜利后的高兴、愉悦心情的自然流露。

(6) 礼仪的微笑。礼仪的微笑包括陌生人相见微微点头的招呼式、应酬式的笑容，平时谦恭的、文雅的、含蓄的、深沉的或带有其他利益成分的浅笑。

(7) 职业的微笑。服务行业或其他一些临时性宣传、表演职业，保持微笑是起码的要求，无论心情好坏，无论自己有没有微笑的动因，都需要自觉地面带笑容，这是职业的需要，长期也可能会形成习惯。

【案例评礼 2.3】

微笑和妙语化解矛盾

公共汽车上曾发生过这样一件事，司机骤然刹车，一位男青年立足不稳，身体前倾而靠到一位妙龄少女身上，尽管男青年微笑着表示歉意，姑娘还是杏眼圆睁，怒气冲冲地斥责道："德性！"眼看一场争吵就要发生，全车人都盯着他俩，谁知男青年并不动声色，仍微笑答道："不是德性，是惯性。"乘客们爆发出一阵笑声，连姑娘也情不自禁地笑了。一句很轻松很简单的话，巧妙地运用微笑和语言，不但可以缓解气氛、化解仇恨，而且可以拉近彼此之间的距离。每天微笑多一点，开心自然多一点。

2) 微笑训练方法

(1) 伴着优美的音乐，老师传授要领，学生每人一面小镜子，自己对着镜子听口令，放松嘴唇周围肌肉练习微笑，练习"哆来咪"，从低音"哆"开始到高音"咪"，注意嘴型，大声地跟老师清楚地说，每个音 3～5 次。

(2) 学生对着镜子拿一支圆头的筷子，用牙齿轻轻横咬住它，嘴角向两侧拉，两边都要翘起，要求连接嘴唇两端的线与筷子在同一水平线上，在这种状态下保持 8～10s，然后轻轻地拿出筷子之后，练习合适的"微笑"口形。

(3) 把手举到脸前，双手按箭头方向做"拉"的动作，向斜上方轻轻推动。反复推动多次，一边想象高兴的事，一边嘴角翘起来训练，直到找到满意的微笑状态为止。

(4) 把手指放在嘴角并向上方轻轻提，一边上提，一边使嘴角充满笑意训练。慢慢使肌肉紧张起来，将嘴角两端一齐往上提，给上嘴唇拉上去的紧张感。露出上门牙六颗左右，眼睛也笑一点。保持10s后，恢复原来的状态并放松。

(5) "三度"微笑训练。"一度"微笑：双手向两侧轻轻拉嘴角，摆出普通话"一"

21世纪高职高专经管类专业立体化规划教材

音的口形，注意用力抬高嘴角两端，下唇迅速与上唇并拢，不要露出牙齿，只动嘴角微笑练习。"二度"微笑：从"一"的口形应过渡到普通话"七"音的口形，用力抬高嘴角两端、颧骨两端，下唇迅速与上唇并拢到不要露齿的程度练习微笑。"三度"微笑：摆出普通话"钱"音的口形，会心地、发自肺腑地练习微笑，眼睛也笑一点，保持这个表情20s。

(6) 发"一""七""茄子""田七""钱""g""威士忌""呵""哈"等音的练习，使面部露出微笑，并纠正。

(7) 同学之间诱导性、引导、启发、讲笑、面对面练习微笑，并相互纠正。

(8) 上扬嘴角10s后，恢复原状，隔3s再次上扬，如此重复三次练习微笑。

(9) 唱歌练习微笑，大声小声唱歌，都能表现出喜悦的心情，也会露出微笑。

2. 眼神

眼神是面部表情的核心，指的是人们在注视时，眼部所进行的一系列活动以及所呈现的神态。

1) 目光注视的区域

(1) 公务注视区间。范围一般是只以两眼为底线，以前额上端为顶点所形成的三角区间。注视这一区间能造成严肃认真、居高临下、压住对方的效果，多用于商务谈判、外事交往和军事指挥等场合。

(2) 社交注视区间。范围一般是指以两眼为上线，以下颌为下点所形成的倒三角区间。注视这一区间容易出现平等的感觉，让对方感到轻松自然，从而创造良好的氛围，多用于日常社交场合。

(3) 亲密注视区间。位置是对方的眼睛、双唇和胸部。注视这些位置能激发感情，表达爱意，是具有亲密关系的人在对话时采取的注视区间。

【温馨贴士2.6】

双目注视时，以自然、稳重、柔和为主，不能紧盯着对方某一部位，或者上下打量，注视对方位置不同，所传达的信息也有所不同。

(1) 视双眼，表示自己重视对方。

(2) 视额头，表示严肃、认真、公事公办。

(3) 视眼部到唇部，表示友好、亲切。

(4) 视唇部到胸部，多用于关系密切的男女之间，表示亲密、友善。

2) 注视的时间

在交谈时，大部分时间应看着对方，注视对方的目光是自然的。注视对方眉骨与鼻梁三角区，不能左顾右盼，也不能只盯着对方。视线接触对方的时间通常占全部交谈时间的30%~60%，一次约3s。过长会被认为对对方本人比对其谈话内容更感兴趣，过短则相反。

(1) 表示友好：应不时注视对方，占全部相处时间的三分之一左右。

(2) 表示重视：应不断把目光投向对方占全部相处时间的三分之二左右。

(3) 表示轻视：目光经常游离对方，注视的时间不到全部相处时间的三分之一。

(4) 表示敌意或感兴趣：目光始终盯着对方身上，偶尔离开一下，注视时间占全部相处时间的三分之二以上，可以视为有敌意或者也可以表示对对方感兴趣。

3）　注视的角度

（1）　平视：常用于在普通场合与身份、地位平等的人进行交往。表示"思考""理性""评价""客观"和"理智"等含义，如图 2-33 所示。

（2）　俯视：作用于长辈对晚辈、上级对下级，如图 2-34 所示。

（3）　仰视：表示尊重、敬重对方。作用于晚辈对长辈、下级对上级，如图 2-35 所示。

（4）　斜视：视线斜行，可能表示"怀疑、疑问"的意思，如图 2-36 所示。

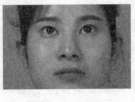

图 2-33　平视　　　　　图 2-34　俯视　　　　　图 2-35　仰视　　　　　图 2-36　斜视

4）　眼神礼仪

不能对陌生人长久盯视，除非感情很亲密、欣赏、观察观看演出。眼睛眨动不要过快或者过慢，过快使人感觉贼眉鼠眼、挤眉弄眼或不成熟，过慢则死气木呆。不要轻易使用白眼、媚眼、斜眼、藐视等不好的眼神，除非特殊情况。

（1）　扬起眉毛，表明对所谈的事情感兴趣。

（2）　紧锁眉头和紧闭双眼，表示对此事心存疑虑。

（3）　斜睨眼神，表明已经不耐烦，增强了不确定感。

（4）　微微侧着头和友好的目光，表明在赞同地聆听。

（5）　目光保持接触身体前倾，表明听者很专注。

（6）　紧闭的双眼和扶鼻的动作，表明听到对方的话时，内心充满了混乱和矛盾。

【温馨贴士 2.7】

目光交流中要注意避免的十种眼神。

（1）　目光漂浮不定。

（2）　睨视、斜视。

（3）　视而不见。

（4）　视线不集中。

（5）　眯着眼睛注视人。

（6）　眼睛始终不看对方。

（7）　交流时目光躲闪，不敢正视对方。

（8）　眼睛始终不看对方。

（9）　将目光一来一去，上下左右反复打量。

（10）将目光凝聚在对方某个部位。

5）　眼神实训方法

（1）　伴着优美的音乐，老师边讲解要领，边示范，边带领学生进行练习，学生每人持一面小镜子，自己对着镜子听口令练习。

①　瞪：全身放松，眼睛瞪大往远看，紧盯一个点，不要眨眼，练习 5～10min 后放松，

21世纪高职高专经管类专业立体化规划教材

再反复练习。

② 转：头不动，眼珠按顺时针方向转，再按逆时针方向转，速度由慢到快，循序渐进。

③ 追：眼睛瞪大不眨，盯着追踪物练习。

④ 激：悬一物，眼睛看其运行轨迹，直到眼睛一眨不眨，这是第一步，而后可以找一个同伴，戴拳击手套向你攻击，你不还手，他专击你的头部，但不发力，你紧盯着他的拳，但每一拳到你眼前一寸处时，你突然应变，或躲或挡。

(2) 面对镜子练习眼皮瞳孔开合。

(3) 手张开举在眼前，手掌向上指并随之展开，随着手掌的上提、打开，使眼睛一下子睁大有神。

(4) 同学之间保持 1.5m 的距离，相互练习眼神是否运用准确。

(5) 用手遮住自己的鼻子和嘴，只露出眼睛，练习使自己的眼睛笑起来。这时眼角是微微上提的，眉头也一定是舒展的，就是所谓的眉开眼笑。

(6) 用不同的眼神表示愤怒、怀疑、惊奇、不满、害怕、高兴、感慨、遗憾、爱不释手等。

随身课堂

不同国家各种手势的含义

强 化 演 练

一、单选题

1. 商务着装应遵守(   )原则。
   A. 二色　　　　　B. 三色　　　　　C. 四色　　　　　D. 五色

2. 西装的灵魂是(   )。
   A. 衬衫　　　　　B. 领带夹　　　　C. 领带　　　　　D. 羊毛衫

3. 无论是男士还是女士，出席重要场合，身上(   )物品的颜色应该一致。
   A. 包与皮鞋　　　B. 皮鞋与皮带　　C. 包与帽子　　　D. 以上都不对

4. 男士穿西装在国际要求中应遵守的"三一定律"是(   )。
   A. 上衣、裤子、腰带　　　　　　　B. 领带、鞋子、袜子
   C. 鞋子、领带、公文包　　　　　　D. 鞋子、腰带、公文包

5. 在商务礼仪中，男士西服如果是两粒扣子，那么扣子的系法错误的是(   )。
   A. 两粒都系　　　B. 上面第一粒　　C. 系下面一粒　　D. 全部敞开

6. 商务男士脑后头发不能长于(   )。
   A. 耳部　　　　　B. 颈部　　　　　C. 腰部　　　　　D. 肩部

7. 标准站姿要求不包括(   )。
   A. 端立　　　　　B. 身直　　　　　C. 肩平　　　　　D. 腿并

8. 穿着套裙的四大忌不包括(　　)。
   A. 穿黑色皮裙 　　　　　　　　　　B. 裙、鞋、袜不搭配
   C. 穿白色套裙 　　　　　　　　　　D. 三截腿

9. 以下化妆规则中，不符合原则的是(　　)。
   A. 工作妆以淡妆为主 　　　　　　　B. 避免过量使用浓妆型化妆品
   C. 可以和他人探讨化妆问题 　　　　D. 避免当众化妆或补妆

10. 目光注视对方，以两眼为底线，唇心为下顶点的倒三角区属于(　　)。
    A. 亲和区 　　　　B. 公务区 　　　　C. 私密区 　　　　D. 社交注视区

11. 男士穿着西装纽扣的扣法很有讲究，穿(　　)西装，不管在什么场合，一般要将扣子全部扣上，否则会被认为轻浮不稳重，如果穿着单排扣西装，若是两粒纽扣应该(　　)。
    A. 两粒扣，全扣上 　　　　　　　　B. 三粒扣，只扣下面一粒
    C. 单排扣，全部扣 　　　　　　　　D. 双排扣，只扣上面一粒

12. 皮肤发黄的商务人员不宜选择(　　)的衣服。
    A. 黑色 　　　　B. 白色 　　　　C. 褐色 　　　　D. 绿色

二、多选题

1. 商务制服色彩搭配时，正确的是(　　)。
   A. 花色宜少不宜多 　　　　　　　　B. 优先选择本单位的标志性色彩
   C. 尽量不超过五种颜色 　　　　　　D. 色彩单一且偏浅

2. 服装可分为(　　)。
   A. 正装 　　　　B. 便装 　　　　C. 补正装 　　　　D. 套装

3. 西服穿着的禁忌包括(　　)。
   A. 袖口上的商标没有拆 　　　　　　B. 在正式场合穿着夹克打领带
   C. 西装兜袋鼓囊囊 　　　　　　　　D. 衬衫放在西裤外

4. 下列说法错误的是(　　)。
   A. 商务场合男士鞋子以黑色为佳
   B. 商务场合男子须着西装，但最好不是黑色
   C. 穿西装一定要配白袜子，以显示整洁
   D. 男士腰间东西越多越好

三、判断题

1. 容貌之美可能来自天生的赐予，而心灵之美需要后天的修炼。　　　　　　(　　)
2. 商务交往中拥有外貌美是最重要的。　　　　　　　　　　　　　　　　(　　)
3. 用微笑对待客户，会成为赢得客户好感的人。　　　　　　　　　　　　(　　)
4. 商务交往过程中，站姿、坐姿、行姿可根据自己的习惯喜好表现出某种姿势或姿态。　　　　　　　　　　　　　　　　　　　　　　　　　　　　　　(　　)
5. 商务场合，男士就座后双腿要并直，目视前方，双手可搭放在腿上，整个身子陷入沙发中。　　　　　　　　　　　　　　　　　　　　　　　　　　　(　　)
6. 商务场合，女士就座时，身体不能全部坐椅子上，应坐满三分之二为宜。　(　　)
7. 用领带夹要考虑黄金分割点。　　　　　　　　　　　　　　　　　　　(　　)

21世纪高职高专经管类专业立体化规划教材

8. 穿着要与年龄、职业、场合等协调。　　　　　　　　　　（　　）

9. 正确的仪态包括正确的坐姿、站姿、走姿、表情、气质。（　　）

10. 在大众场合，不时用手整理头发，以确保仪容整齐。　　（　　）

11. 年轻人穿西装可以搭配休闲鞋。　　　　　　　　　　　（　　）

12. 商务交往中，女性佩戴首饰，应符合身份，以少为佳，不佩戴贵重的首饰。

　　　　　　　　　　　　　　　　　　　　　　　　　　　（　　）

13. 应珠光宝气、香气逼人地去见客户。　　　　　　　　　（　　）

四、简答题

1. 穿着西装应该注意哪些细节？

2. 日常生活中常有哪些不良站姿？

3. 什么是"TPO"原则？

4. 如何进行服装色彩搭配？

5. 与人交谈时如何正确运用表情？

五、案例分析

学会"变脸"

　　王芳，某高校文秘专业高才生，毕业后就职于一家公司做文员。为适应工作需要，上班时，她毅然放弃了"清纯少女妆"，化起了整洁、漂亮、端庄的"白领丽人妆"：不脱色粉底液，修饰自然、稍带棱角的眉毛，与服装色系搭配的灰度偏浅色的眼影，紧贴上睫毛根部描画的灰棕色眼线，黑色自然型睫毛，再加上自然的唇形和略显浓艳的唇色，虽化了妆，却好似没有化妆，整个妆清爽自然，尽显自信、成熟、干练的气质。

　　但在公休日，她又给自己来了一个大变脸，化起了久违的"清纯少女妆"：粉蓝或粉绿、粉红、粉黄、粉白等颜色的眼影，彩色系列的睫毛膏和眼线，粉红或粉橘的腮红，自然系的唇彩或唇油，看上去娇嫩欲滴，鲜亮淡雅，整个身心都倍感轻松。

　　心情好，自然工作效率就高。一年来，王芳以自己得体的外在形象、勤奋的工作态度和骄人的业绩，赢得公司同仁的好评。

讨论与分析：

案例中的女主人是怎样根据场合化妆的？

　　案例中的女主人公王芳很会打扮自己，让自己的工作和生活都丰富多彩起来，而不是一成不变的。作为白领丽人，干练、简单、大方、成熟、知性是工作中必不可少的。如果用"清纯少女妆"的话，就会显得整个人很轻浮、很单纯，完全少了女性的端庄。但节假日是个放松的时刻，不需要把自己的工作带进休息中，这时"白领丽人妆"就略显古板了。没有一点青春活力。"清纯少女妆"给人一种朝气蓬勃的感觉，使整个人的身心都从一周紧张的工作中放松下来，以便下周更好地投入工作。不可否认的是，案例中的女主人公很懂得生活。

实 训 设 计

一、化妆训练

1. 实训目的

提高学生的审美能力和化妆能力。

2. 实训内容

根据脸型设计出适合自己的眉形，选择合适的化妆品，为自己化一个完整的职业淡妆。

3. 实训要求

(1) 两人一组，把额前的头发全部拢起，把脸庞整个露出，让对方帮助判断自己属于何种脸型，即互相判断脸型。

(2) 根据脸型设计眉形。

(3) 用修眉工具修饰出所要的基本眉形。

(4) 洁面。

(5) 护肤。

(6) 涂抹粉底，均匀肤色，涂粉定妆。

(7) 用深咖啡色眉笔或眉粉进一步修饰眉毛。

(8) 选用咖啡色或灰蓝色涂画眼线和眼影。

(9) 夹翘睫毛涂黑色睫毛膏。

(10) 淡淡地涂擦腮红。

(11) 涂口红或唇彩。

(12) 整体检查。

二、服饰搭配训练

1. 实训目的

提高学生对职业场合服饰搭配原则的运用能力。

2. 实训内容

王经理和女秘书将代表一家文化传媒公司一起去参加一个重要的商务合作洽谈活动。请根据王经理和秘书的身份，分别为其设计服装和搭配服饰。

3. 实训要求

(1) 在班里选出一名男生和一名女生，或者男女生一组。

(2) 根据身高、体型、肤色、脸型来设计服装的款式风格。

(3) 根据季节和参加的活动场合选择服装的颜色和配饰，要求体现公司的团队形象。

三、形体训练

1. 实训目的

纠正不良的体态，练就挺拔健美的仪态气质。

2. 实训内容

(1) 基本站姿训练保持 15min。场合站姿训练 20min。

21世纪高职高专经管类专业立体化规划教材

(2) 训练四种坐姿，要求互相观察指点。训练每种坐姿的保持时间至少 15min。

(3) 练习走直线，训练标准步位，控制步幅，迈出翩翩风度。

3. 实训要求

(1) 首先播放轻松舒缓的音乐做训练背景，按照基本站姿的要领站好，静态训练 15min。站姿训练具体方法有以下几种。

① 腰板挺直，两手自然交叉放在前面，面带笑容站立训练。

② 提踵训练，脚跟提起，头向上顶，身体有被拉长的感觉，注意保持姿势稳定，练习平衡感。

③ 背靠背训练，两人一组，背靠背站立，要求脚跟、小腿、臀部、双肩、后脑勺都贴紧。

④ 对镜练习，面向镜子按照动作要领体会站立姿势。

⑤ 夹上书本训练，把书夹在两腿之间，使书本不掉下来，练习大腿、小腿的直立。

⑥ 背贴墙训练，下巴向内收，头、背、臀、肩、脚都靠墙壁，上身挺直。

⑦ 顶书训练，利用顶书本的方法来练习，使书本不掉下来，练习颈直和头颈部的稳定性。

(2) 3min 休息调整后，女生分别按照 V 形步、"丁"字步场合站姿要领各训练 10min；男生分别按照"交谈式""后背式"场合站姿要领各训练 10min。

(3) 两人一组，面对面坐好，依次按照垂直式、交叉式、曲直式、交叠式的顺序进行坐姿训练，每种坐姿要求保持 5min，然后反复一次。

(4) 步态训练时，播放节奏感较强的音乐背景，首先练习步位，依据地面上的直线为基准线，即沿直线行进，有意识地纠正内外八字习惯。

(5) 以 10m 距离为一行程，来回反复行进，请同学观察自己的步幅是否适当。

四、手势训练

1. 实训目的

练习标准手势，培养运用手势进行礼貌表达的良好习惯。

2. 实训内容

(1) 按照标准手势互相递接以下几种物品：笔、剪刀、书、文件夹、名片。

(2) 模拟实际引领情景，用规范的手势表达"请进""请随我来""请坐""请喝茶"等意思，并用手势作语言辅助工具与客人热情交谈。

3. 实训要求

(1) 六人一组围成圆圈队形，依次按照标准手势互相递接以下几种物品：笔、剪刀、书、文件夹、名片。每种物品递接三遍。

(2) 两人一组，一个扮演主人引领客人，另一个扮演客人跟随主人，主人从大门口把客人引领到室内，引领过程中要随时用规范的手势表达"请进""请随我来""请坐""请喝茶"等意思。

(3) 入座后选择一个喜闻乐见的话题进行交流，交流过程中适当运用手势对语言表达起到补充说明、增强感染力的作用。

(4) 主、客人角色互换，再次重复上述引领、交流的过程。

项目三

商务场合基本礼仪

【知识目标】

- 理解商务人员在称呼、握手、致意、介绍、名片使用时应遵守的礼仪规范。
- 熟悉各种商务场合位次礼仪要求。
- 掌握电话礼仪和收发传真、电子邮件礼仪。
- 掌握交谈礼仪的基本注意事项。

【技能目标】

- 能够使用正确的握手姿势。
- 能熟练使用礼貌用语,讲究语言的艺术。
- 能够根据商务信函礼仪要求撰写相关商务信函。
- 能够根据职位、身份安排会议、行进位次。

【知识结构图】

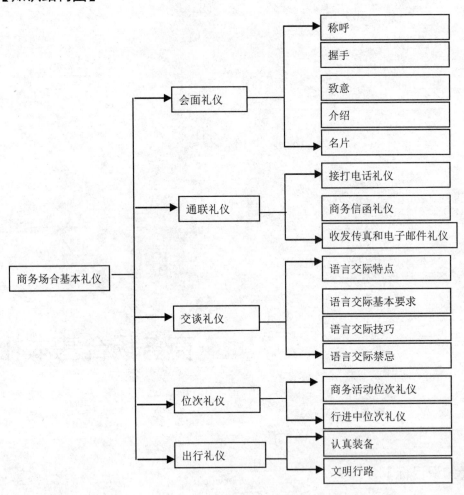

【情景导入】

都是"称呼"惹的祸

　　方文和郭永军是从小玩到大的好朋友，两人经过努力，一同考取了北方某所大学，大学期间，两人经常参加的社团活动是大学生自主创业联盟，期间他们学到了非常多的商业知识，能力得到了历练。毕业后两人纷纷留在了北方的那个城市，一同进了一家公司。由于把握机遇的能力不同，方文后来晋升为副经理。鉴于两人的关系非同一般，郭永军总是不分场合地与方文称兄道弟，闹得方文有时很没面子。后来方文又晋升为另一部门的总经理，领导批准他带走一名助手以便开展工作。人们都以为郭永军会成为他的助手，但方文却选择了另外一个人。

　　郭永军之所以没有成为方文的助手，原因就是他不分场合地胡乱称呼，常常给方文的工作造成尴尬。这样的人能成为称职的助手吗？

任务一　会面礼仪

在交往中，人们需要向交往对象行礼，以表示自己对对方的敬意、友好和尊重，这就是所谓的会面礼，主要表现为称呼、握手、介绍以及交换名片等诸多行为。与人见面时，应有积极的态度，主动上前，并以动作和语言相互问候。

一、称呼

在社会交往中，交际双方见面时，如何称呼对方，这直接关系到双方之间的亲疏、了解程度、尊重与否及个人修养等。一个得体的称呼会令对方如沐春风，为以后的交往打下良好的基础；否则，不恰当或错误的称呼，可能会令对方心里不悦，影响到彼此的关系乃至交际的失败。

【案例评礼 3.1】

陈　老

著名传记作家叶永烈在着手写陈伯达传记时，必须要采访陈伯达。不过，最初的采访却是十分的艰难。陈伯达虽然已经刑满，但是他家隔壁便住着公安人员。因为陈伯达毕竟是一个很特殊的人物，他曾是中国的第四号人物，仅次于毛泽东、林彪、周恩来，所以必须保证他的安全不受外界的干扰。正因为这样，北京有那么多的记者和作家，却没有一个人能够走进他的家门。叶永烈终于有了一次采访的机会，但采访时究竟怎样称呼陈伯达，叶永烈颇费了一番心思。叫他陈伯达同志，不合适，因为陈伯达是在监狱服过刑的犯人。直呼陈伯达，也不行，毕竟他比叶永烈年长一辈。叫他老陈，也不行，因为陈伯达已经是84 岁的老人了，而自己才 48 岁，究竟应怎样称呼他呢，突然叶永烈灵机一动，称呼他陈老，这是再恰当不过的称呼了。一则他确实"老"，二则这是中国人对年长者的习惯称呼，亲切之中包含着尊敬之意。果然，第二天采访时，叶永烈一声亲切得体的称呼"陈老"，令陈伯达感动万分，眼里充满了泪花。由此可见，一个得体的称呼真可谓交际的"敲门砖"！

(一)通常的称呼

1. 称呼姓名

一般的同事、同学关系，平辈的朋友、熟人，均可彼此之间以姓名相称。例如，"王小平""赵大亮""刘军"。为了表示亲切，可以在被称呼者的姓名前分别加上"老""大""小"字相称，而免称其名。例如，对年长于己者，可称"老张""大李"；对年幼于己者，可称"小吴""小周"。

2. 称呼职务

在工作中，以交往对象的职务相称，以示身份有别、敬意有加，这是一种最常见的称呼方法。具体做法如"局长""经理""主任"；也可以在职务前加上姓氏，如"王总经

21世纪高职高专经管类专业立体化规划教材

理""李市长""张主任";还可以在职务之前加上姓名,如"×××主席""×××省长""×××书记"。

3. 称呼职称

对于有职称者,尤其是有高级、中级职称者,可以在工作中直接以其职称相称,如"教授""研究员""工程师";可以在职称前加上姓氏,如"张教授""王研究员""刘工程师";也可以在职称前加上姓名,如"王久川教授""周蕾主任医师""孙小刚主任编辑"。

4. 称呼学衔

在工作中,以学衔作为称呼,可增加被称呼者的权威性,有助于增强现场的学术氛围。可以在学衔前加上姓氏,如"张博士";也可以在学衔前加上姓名,如"张明博士"。一般对学士、硕士不称呼学衔。

5. 称呼职业

称呼职业,即直接以被称呼者的职业作为称呼。例如,将教员称为"老师",将教练员称为"教练"或"指导",将专业辩护人员称为"律师",将财务人员称为"会计",将医生称为"大夫"或"医生"。

6. 称呼亲属

亲属,即本人直接或间接拥有血缘的关系者。辈分或年龄高于自己的亲属,可在其称呼前加"家"字,如"家父""家叔"。辈分或年龄低于自己的亲属,可在其称呼前加"舍"字,如"舍弟""舍侄"。自己的子女,则可在其称呼前加"小",如"小儿""小女""小婿"。对其长辈,宜在称呼前加"尊"字,如"尊母""尊兄"。对其平辈或晚辈,宜在称呼之前加"贤"字,如"贤妹""贤侄"。若在其亲疏的称呼前加"令"字,一般可不分辈分与长幼,如"令堂""令爱""令郎"。

(二)称呼的技巧

1. 初次见面要注意

初次与人见面或谈业务时,要称呼姓+职务,要一字一句地说清楚。比如,"李总经理,您好……"如果对方是个副总经理,可删去那个"副"字;但若对方是总经理,不要为了方便把"总"字去掉,而变为经理。

2. 称呼不可一带而过

在交谈过程中,称呼对方时要加重语气,称呼完了停顿一会儿,然后再谈要说的事,这样能引起对方的注意。如果称呼一带而过,对方听着既不顺耳也听不清楚,就更不能引起听话的兴趣。

3. 关系越熟越要注意

与对方熟悉之后,也不要因此而忽略了对对方的称呼,尤其是有其他人在场的情况下。

人人都需要被人尊重，越是朋友，越要彼此尊重，如果熟了就变得随随便便，"老王""老李"甚至用一声"哎""喂"来称呼，这样极不礼貌，让对方难以接受。

二、握手的礼仪

握手是沟通思想、交流感情、增进友谊的重要方式，是现代交际和应酬的礼仪之一。握手既可以作为见面、告辞、和解的礼仪，也可以表示为祝贺、感谢、鼓励等，如对方取得某些成绩与进步，在赠送礼品、发放奖品奖状、发表祝词后，均可以握手表示祝贺、感谢和鼓励。

随身课堂

握手的来历

(一)握手的次序

根据礼仪规范，握手时双方伸手的先后次序，一般应当遵守"尊者先伸手"的原则，应由尊者先伸出手来，位卑者只能在此后予以响应，而绝不可贸然抢先伸手。其基本规则如下。

1. 男女之间握手

男女之间握手，男士要等女士先伸出手后才握手。如果女士不伸手或无握手之意，男士向对方点头致意或鞠躬致意。男女初次见面，女方可以不和男士握手，只是点头致意即可。男女握手时，男士要脱帽和脱右手手套，如果偶遇匆忙来不及脱，要道歉。女士除非对长辈，一般可不脱手套。

2. 宾客之间握手

宾客之间握手，主人有向客人先伸出手的义务。在宴会、宾馆或机场接待宾客，当客人抵达时，不论对方是男士还是女士，主人都应该主动先伸出手。在客人告辞时，则应由客人首先伸出手来与主人相握，以表示"再见"之意。

3. 长幼之间握手

长幼之间握手，年幼的一般要等年长的先伸手。和长辈及年长的人握手，不论男女，都要起立趋前握手，并脱下手套，以示尊敬。

4. 上下级之间握手

上下级之间握手，下级要等上级先伸手。但涉及主宾关系时，可不考虑上下级关系，作为主人，应先伸手。

21世纪高职高专经管类专业立体化规划教材

5. 一对多握手

若是一个人需要与多人握手，则握手时的先后次序是由尊而卑，即年长者先于年幼者，长辈先于晚辈，老师先于学生，女士先于男士，已婚者先于未婚者，上级先于下级，职位高者先于职位低者。

为了记忆方便，可以把伸手顺序总结为：男女之间，女士先；长幼之间，长者先；上下级之间，上级先；迎接客人，主人先；送走客人，客人先。

(二)握手的方式

握手的标准方式，是行礼时行至距握手对象约 1m 处，双腿立正，上身略向前倾，伸出右手，四指并拢，拇指张开与对方相握。握手时应用力适度，上下稍许晃动 3～4 次，随后松开手来，恢复原状，如图 3-1 所示。

图 3-1　握手的方式

具体应注意以下几点。

1. 神态

与人握手时，应面含微笑，目视对方双眼，并且口道问候。在握手时不可显得三心二意、敷衍了事、漫不经心、傲慢冷淡。当他人伸出手时，自己切不可表现出一边握手，一边东张西望，目中无人，甚至忙于跟其他人打招呼，这都是极不礼貌的行为。

2. 力度

握手时用力应适度，不轻不重，恰到好处。如果手指轻轻一碰，刚刚触及就离开，或是行动懒懒散散、慢慢腾腾，握手缺少应有的力度，这样会给人勉强应付、不得已而为之的感觉。

3. 时间

握手时间要恰当，长短因人而异。时间控制一般可根据握手双方的亲密程度灵活掌握。初次见面握手时间不宜过长，以 3s 左右为宜。切忌与异性握手久久不松，当然，同性之手也不可握太长时间，通常是握紧后打过招呼即可松开。

【温馨贴士 3.1】

握手的注意事项

(1)　不能用左手与他人握手。

(2)　不宜交叉握手。

(3)　不宜争先恐后与女士握手。

(4)　不宜戴着手套握手(在社交场合女士的晚礼服手套除外)。

(5)　握手时不宜戴着墨镜(患有眼疾或眼部有缺陷者例外)。

(6)　握手时不能将另一只手插在衣袋里。

(7)　握手时另一只手不要依旧拿着香烟、报刊、公文包、行李等东西而不放下。

(8)　握手时不能心不在焉，东张西望，面无表情。

(9)　握手时不要长篇大论，点头哈腰。

(10)　握手时不要握个没完。

(11)　不要用脏手、湿手与他人握手。

三、致意

致意是已相识的友人之间在相距较远或不宜多谈的场合用无声的动作语言相互表示友好与尊重的一种问候礼节。致意时应诚心诚意，表情和蔼可亲。致意的距离不能太远，以 2～5m 为宜；不能在对方的侧面或背面。当然，有时相遇者侧身而过时，施礼者在用非语言信号致意的同时，也可伴之以"您好""早上好"等问候语，使致意增加亲密感，受礼者应用同样的方式以示答谢。

(一)致意的方式

致意的方式多种多样，常用的有以下几种。

1. 点头礼

点头礼适用于路遇熟人，在会场、剧院、歌厅、舞厅等不宜与人交谈之处，在同一场合碰上已多次见面者，遇上多人又无法一一问候时。行礼的做法是：头部向下轻轻一点，同时面带笑容，不宜反复点头不止，也不必点头的幅度过大，如图 3-2 所示。

2. 举手礼

行举手礼的场合与行点头礼场合大致相似，它最适合向距离较远的熟人打招呼。其做法是右臂向前方伸直，右手掌心向着对方，其他四指并齐、拇指分开，轻轻向左右摆动一两下。不要将手上下摆动，也不要在手摆动时用手背朝向对方，如图 3-3 所示。

3. 脱帽礼

戴着帽子的人，在进入他人居所，路遇熟人，与人交谈、握手或行其他见面礼时，进入娱乐场所，升挂国旗，演奏国歌等一些情况下，应自觉主动地摘下自己的帽子，并置于适当处，这就是脱帽礼。女士在社交场合可以不脱帽子。

4. 注目礼

具体做法是：起身立正，抬头挺胸，双手自然下垂或贴放于身体两侧，笑容庄重严肃，双目正视于被行礼对象，或随之缓缓移动。一般在升国旗、游行检阅、剪彩揭幕、开业挂牌等情况下，使用注目礼。

5. 拱手礼

拱手礼是我国民间传统的会面礼，今天在过年时举行团拜活动，向长辈祝寿，向友人恭喜结婚、生子、晋升、乔迁，向亲朋好友表示无比感谢，以及与海外华人初次见面时表示久仰大名。行礼时应起身站立，上身挺直，两臂前伸，双手在胸前高举抱拳，自上而下或者自内向外，有节奏地晃动两三下，如图3-4所示。

图 3-2　点头礼仪　　　　　图 3-3　举手礼　　　　　图 3-4　拱手礼

6. 鞠躬礼

在日本、韩国、朝鲜等国，鞠躬礼十分普遍。目前，在我国主要适用于向他人表示感谢、领奖或讲演之后、演员谢幕、举行婚礼或参加追悼活动。行礼时应脱帽立正，双目凝视受礼者，然后上身弯腰前倾。男士双手应贴放于身体两侧裤线处，女士的双手则应下垂搭放于腹前。下弯的幅度越大，所表示的敬重程度就越大，如图3-5所示。

7. 合十礼

在东南亚、南亚信奉佛教的地区以及我国傣族聚居区，合十礼最为普遍。行合十礼时双掌十指在胸前相对合，五根手指并拢向上，掌尖和鼻尖基本持平，手掌向外侧倾斜，双腿立直站立，上身微欠低头，可以口颂祝词或问候对方，亦可面带微笑，但不准手舞足蹈，反复点头。一般而言，行此礼时合十的双手举得越高，越体现出对对方的尊重，但原则上不可高于额头，如图3-6所示。

8. 拥抱礼

在西方，特别是在欧美国家，拥抱礼是十分常见的见面礼与道别礼。在人们表示慰问、祝贺、欣喜时，拥抱礼也十分常用。正规的拥抱礼，讲究两人正面面对站立，各自举起右臂，将右手搭在对方左肩后面；左臂下垂，左手扶住对方右腰后侧。首先各向对方左侧拥抱，然后各向对方右侧拥抱，最后再一次各向对方左侧拥抱，一共拥抱三次。在普通场合行礼，不必如此讲究，次数也不必要求如此严格。

图 3-5 鞠躬礼

图 3-6 合十礼

9. 亲吻礼

亲吻礼也是西方国家常用的见面礼。有时它会与拥抱礼同时使用。行礼时，通常忌讳发出亲吻的声音，而且不应将唾液弄到对方脸上。在行礼时，双方关系不同，亲吻的部位也有所不同。长辈吻晚辈，应当吻额头；晚辈吻长辈，应当吻下颌或吻面颊；同辈之间，通常应当贴面颊，异性应当吻面颊。接吻，即吻嘴唇，仅限于夫妻与恋人之间，而不宜滥用，不宜当众进行。

10. 吻手礼

吻手礼主要流行于欧美国家。它的做法是，男士行至已婚妇女面前，首先垂手立正致意，然后以右手或双手捧起女士的右手，俯首以自己微闭的嘴唇，去象征性地轻吻一下其手背或是手指。行吻手礼的地点，应在室内为佳。吻手礼的受礼者，只能是妇女，而且应是已婚妇女。

(二)致意的规则

在大庭广众场合，致意的基本规则是男士先向女士致意，晚辈先向长辈致意，未婚者先向已婚者致意，学生先向老师致意，职位低者先向职位高者致意。女士唯有遇到长辈、老师、上司和特别敬佩的人时，才需首先向对方致意。当然，在实际交往中绝不应拘泥于以上的顺序原则。长者、上司为了倡导礼仪规范，为了展示自己平易、随和，主动向晚辈、下级致意会更有影响力。遇到别人向自己首先致意，都必须马上用对方所采取的致意方式"投桃报李"回敬对方，绝不可置之不理。

四、介绍

介绍是社交活动中最常见、也是最重要的礼节之一，它是初次见面的陌生双方开始交往的起点。介绍在人与人之间起桥梁与沟通作用，几句话就可以缩短人与人之间的距离，为进一步交往开个好头。

21世纪高职高专经管类专业立体化规划教材

【案例评礼 3.2】

令人不满的热情

在一次接待某企业团队到访的任务中，张健与该企业团长熟识，因而作为主要迎宾人员陪同老总前往机场迎接宾客。当该企业团长率领其他工作人员下飞机后，张健面带微笑地走上前，先于老总与该团长握手致意，表示欢迎，然后转身向自己的老总介绍了这位团长，接着又热情地向团长介绍了随自己同来的其他部门经理。张健自以为此次接待任务完成得相当顺利，但他的某些举动令老总及其他部门经理十分不满。您知道是为什么吗？

(一)自我介绍

1. 自我介绍的时机

(1) 因业务关系需要相互认识，进行接洽时可自我介绍。

(2) 当遇到一位你知晓或久仰的人士，他不认识你时可自我介绍。

(3) 第一次登门造访，事先打电话约见，在电话里应自我介绍。

(4) 参加一个较多人的聚会，主人不可能一一介绍，与会者可以与同席或身边的人互相自我介绍。

(5) 在出差、旅行途中，与他人不期而遇，并且有必要与之建立临时接触时，可适当自我介绍。

(6) 初次前往他人住所、办公室，进行登门拜访时要自我介绍。

(7) 应聘求职时需首先做自我介绍。

2. 自我介绍的要求

(1) 及时、清楚地报出自己的姓名和身份，大方、自然地进行自我介绍，可以先面带微笑，温和地看着对方说声："您好！"以引起对方的注意，然后报出自己的姓名身份，并简要表明结识对方的愿望或缘由。进行自我介绍时一定要力求简洁，尽可能地节省时间，总的介绍以半分钟为佳。

(2) 态度自然、友善、亲切、随和，要充满信心和勇气，敢于正视对方的双眼，显得胸有成竹。介绍时语气要自然、语速要正常、语音要清晰，这对自我介绍的成功十分有好处。

(3) 介绍内容要实事求是、真实可信，没有必要过分谦虚，一味贬低自己去讨好别人，但也不可自吹自擂，夸大其词，在自我介绍时掺水分会得不偿失。

(二)他人介绍

他人介绍即社交中的第三者介绍。在他人介绍中，为他人做介绍的人一般有社交活动中的东道主、社交场合中的长者、家庭聚会中的女主人、公务交往活动中的公关人员(礼宾人员、文秘人员、接待人员)等，如图 3-7 所示。

图 3-7　他人介绍

1. 他人介绍的基本规则

为他人做介绍时必须遵守"尊者优先了解情况"的规则，在为他人做介绍前，先要确定双方地位的尊卑，然后先介绍位卑者，后介绍尊者。具体如下。

(1) 先将男士介绍给女士。

(2) 先将年轻者介绍给年长者。

(3) 把年轻者引见给年长者，以示对前辈、长者的尊敬。

(4) 先将未婚女子介绍给已婚女子。

(5) 先将职位低的介绍给职位高的。

(6) 先将家庭成员介绍给对方。

2. 他人介绍的时机

(1) 在家中接待彼此不相识的客人。

(2) 在办公地点，接待彼此不相识的来访者。

(3) 与家人外出，路遇家人不相识的同事或朋友。

(4) 陪同亲友，前去拜会亲友不相识者。

(5) 本人的接待对象遇见了其不相识的人士，而对方又跟自己打了招呼。

(6) 陪同上司、长者、来宾时，遇见了其不相识者，而对方又跟自己打了招呼。

(7) 打算推介某人加入某一交际圈。

(8) 受到为他人做介绍的邀请。

3. 他人介绍的注意事项

(1) 介绍者为被介绍者介绍之前，一定要征求被介绍双方的意见，切勿上去开口即讲，显得很唐突，让被介绍者感到措手不及。

(2) 被介绍者在介绍者询问自己是否有意认识某人时，一般不应拒绝，而应欣然应允。实在不愿意时，则应说明理由。

(3) 介绍人和被介绍人都应起立，以示尊重和礼貌，待介绍人介绍完毕后，被介绍双方应微笑点头示意或握手致意。

(4) 在宴会、会议桌、谈判桌上，视情况介绍人和被介绍人可不必起立，被介绍双方可点头微笑致意，如果被介绍双方相隔较远，中间又有障碍物，可举起右手致意、点头微笑致意。

(5) 介绍完毕后，被介绍者双方应依照合乎礼仪的顺序握手，并且彼此问候对方。问候语有"你好、很高兴认识你、久仰大名、幸会幸会"，必要时还可以进一步做自我介绍。

(三)集体介绍

在集体介绍时，被介绍者双方地位、身份大致相似，或者难以确定时，应当是人数较少的一方礼让人数较多的一方，一个人礼让多数人，先介绍人数较少的一方或个人，后介绍人数较多的一方或多数人。

若被介绍者在地位、身份之间存在明显差异，特别是当这些差异表现为年龄、性别、婚否、师生以及职务有别时，则地位、身份为尊的一方即使人数较少，甚至仅为一人，仍然应被置于尊贵的位置，最后加以介绍，而先介绍另一方人员。

若需要介绍的一方人数不止一人，可采取笼统的方法进行介绍，如可以说："这是我的家人""他们都是我的同事"等。但最好还是要对其一一进行介绍。进行此种介绍时，可比照他人介绍时位次尊卑的顺序进行介绍。

若被介绍双方皆不止一人，则可依照礼规，先介绍位卑的一方，后介绍位尊的一方。在介绍各方人员时，均需由尊到卑，依次进行。

五、名片

【案例评礼 3.3】

尴尬的赵总

某年 4 月，杨城举行秋季农贸商品交易会，各方厂家云集，企业家们济济一堂，秦风农业有限责任公司的赵总经理在交易会上听说恒通集团的齐董事长也来了，想利用这个机会认识这位素未谋面又久仰大名的商界名人。午餐会上他们终于见面了，赵总彬彬有礼地走上前去，"齐董事长，您好，我是秦风农业有限责任公司的总经理，我叫赵飞，这是我的名片。"说着，便从随身带的公文包里拿出名片，递给了对方。显然，齐董事长还沉浸在之前的与人谈话中，他顺手接过赵飞的名片，草草地看过，放在了一边的桌子上。赵总在一旁等了一会儿，并未见这位齐董事长有交换名片的意思，便失望地走开了……

你知道案例中的齐董事长有哪些错误的行为吗？

现代交往中，名片已不仅仅用于拜访，在交往中，人们用它做自我介绍，介绍友人相识或托人取物，也可以作为简单的礼节性通信往来，表示祝贺、感谢、劝慰、吊唁等。随着社会文明的发展，小小的名片在人们之间的信息传递中扮演了一个不可缺少的角色。

随身课堂

名片的来历

(一)名片的制作

1. 名片的规格、材质与色彩

名片一般为 10cm 长、6cm 宽的白色卡片。我们经常使用的规格略小，长 9cm、宽 5.5cm。值得说明的是，如无特殊需要，不应将名片制作过大，甚至有意搞折叠式，免得给人以标新立异、虚张声势之感。

印制名片最好选用纸张，并以耐折、耐磨、美观、大方的白卡纸、再生纸、合成纸、布纹纸、麻点纸、香片纸为佳。至于高贵典雅、纸质挺括的刚古纸、皮纹纸，则可量力而行，酌情选用。必要时还可覆膜。

印制名片的纸张，宜选用庄重朴素的白色、米色、淡蓝色、淡黄色、淡灰色，并且以一张名片一色为好。

2. 名片的内容

一般来说，名片上应该印有工作单位、姓名、身份、地址、邮政编码等。工作单位一般印在名片的上方，社会兼职紧接工作单位排列下来；姓名印在名片中央，右旁印有职务、职称；名片的下方为地址、邮政编码、电话号码、传真、E-mail 地址等。

名片的背面，一般印上相应的英文，作为对外交往时用。但也有些名片在背面印上企业、公司的简介、经营范围、产品及服务范围以方便客户和作为宣传。很多企业有标准的员工名片格式，有的要加印公司的标识甚至企业经营理念，并且规定名片统一规格、格式等。

(二)名片的交换

要使名片在人际交往中正常地发挥作用，还须在交换名片时做法得当。

1. 与对方交换名片的时机

遇到以下几种情况时需与对方交换名片：一是希望认识对方时；二是被介绍给对方时；三是对方提议交换名片时；四是对方向自己索要名片时；五是初次登门拜访对方时；六是通知对方自己的变更情况时；七是打算获得对方的名片时。

2. 递交名片的礼仪

名片的持有者在递交名片时动作要洒脱、大方，态度从容、自然，表情要亲切、谦恭。应当事先将名片放在身上易于掏出的位置，取出名片便先郑重地握在手里，然后再在适当的时机得体地交给对方。

递交名片时，应当彬彬有礼，起身站立走到对方的面前，面带微笑，双目友好地注视对方，以齐胸的高度，不紧不慢、恭敬地递送过去。同时嘴里应当讲些"请多联系""请多关照""我们认识一下吧""有事可以找我"之类友好客气的话。向对方递名片时，应该文字正对着对方，用双手同时递出或右手递出，不能用食指和中指夹着名片递送他人，如图 3-8 所示。与多人交换名片时，要注意讲究先后次序，或由近而远，或由尊而卑。一定要依次进行，切勿采取"跳跃式"，当然也没有必要散发传单似的，站在人流拥挤处随意滥发名片。

21世纪高职高专经管类专业立体化规划教材

递送名片时不可一边自我介绍，一边到处翻找自己的名片，或者把一叠名片全掏出慢腾腾翻找，心不在焉、漫不经心。递交名片的时间，应当根据具体情况而定。如果名片持有者与人事先有约，一般可在告辞时再递上名片。如果双方只是偶然相遇，则可在相互问候、得知对方有与你交往的意向时，再递交名片。

3. 接受名片的礼仪

接受他人名片时，应恭恭敬敬，双手捧接，并道感谢，如图3-9所示。接受名片者应当首先认真地看看名片上所显示的内容，从上到下、从正面到反面，必要时可把名片上的姓名、职务(较重要或较高的职务)读出声来，以表示对赠送名片者的尊重，如有不认识或读不准的字要虚心请教，然后把名片细心地放进名片夹或笔记本、工作证里夹好。

图3-8　递交名片　　　　　　　　　图3-9　接受名片

接受名片时应避免：漫不经心地瞄一眼，然后顺手不经意地塞进衣袋；随意往裤子口袋一塞、往桌上一扔；名片上压东西、滴到了菜汤油渍；离开时把名片忘在桌子上。

当然在收到别人的名片后，也要记住给别人自己的名片，如果自己没有名片或忘记带，应礼貌告之。

4. 索取名片的礼仪

索取他人名片，不宜直言相告，而应委婉表达此层意思。可向对方提议交换名片、主动递上本人的名片；询问对方："今后如何向您请教？"(向尊长者索要名片时多用此法)；询问对方："以后怎么与您联系？"(向平辈或晚辈索要名片时多用此法)。

反过来，当他人向自己索取名片时，自己不想给对方时，不宜直截了当，也应以委婉方式表达此意。可以说："对不起，我忘带名片了"或"抱歉，我的名片用完了"。

随身课堂

名片索取

5. 名片的存放

【案例评礼 3.4】

被冷落的名片

某公司王经理约见一个重要的客户方经理。见面之后，客户就将名片递上。王经理看完名片就将名片放到了桌子上，两人继续谈事。过了一会儿，服务人员将咖啡端上桌，请两位经理慢用。王经理喝了一口，将咖啡杯子放在了名片上，自己没有感觉，客户方经理皱了皱眉头，没有说什么。

在参加交际活动之前，要提前准备好名片，并进行必要的检查。随身所带的名片最好放在专用的名片夹里，也可放在上衣口袋里。不要把名片放在裤袋、裙兜、提包、钱包里，那样既不正式又显得杂乱无章。在自己的公文包以及办公桌抽屉里，也应经常备有名片，以便随时使用。在交际场合，如感到要用名片，则应将其预备好，不要在使用时再去寻找。

参加交际活动后，应立即对所收到的他人名片加以整理收藏，以便今后使用方便。不要将它随意夹在书刊、材料里，压在玻璃板底下，或是扔在抽屉里面。存放名片的方法大体有四种：按姓名的外文字母或汉语拼音字母顺序分类；按姓名的汉字笔画的多少分类；按专业或部门分类；按国别或地区分类。

【温馨贴士 3.2】

名片使用的注意事项

(1) 名片不得随意涂改。

(2) 不提供私人住宅电话。

(3) 不提供两个以上的头衔。

(4) 不要把自己的名片和他人的名片或其他杂物混在一起，以免用时手忙脚乱或掏错名片。

(5) 出席重大的社交活动时，一定要带名片。

(6) 参加会议时，应该在会前或会后交换名片，不要在会中擅自与他人交换名片；在一群彼此不认识的人中，最好让他人先发送名片。

(7) 交换名片时，不要以单手手指夹着名片递给他人，更不要用左手递交名片，这些都是失礼的表现。

(8) 在商业社交活动中要有选择地提供名片，否则会让他人误以为你在替公司搞宣传、拉业务。

(9) 对于陌生人或巧遇的人，不要在谈话中过早地发送名片，除非对方要求；否则不要在自己的领导面前主动出示名片。

(10) 无论参加私人还是商业餐宴，名片皆不可在用餐时发送，破旧名片应尽早丢弃。

任务二 通联礼仪

通联礼仪就是人们在人际交往中进行通信联络时应当遵守的行为规范。通联礼仪的基本原则是保持联络，它的基本含义是：在人际交往中，应尽一切可能与自己交往对象保持

各种形式的有效联系，以便进一步加深交往和沟通，巩固、促进和发展彼此间的正常关系。

一、接打电话礼仪

(一)接电话的礼仪

1. 迅速接听

接电话首先应做到迅速接，力争在铃响三次之前就拿起话筒，这是避免让打电话的人产生不良印象的一种礼貌。接电话时，也应首先自报单位、姓名，然后确认对方，如"您好！这是××公司营销部"。如果对方没有马上进入正题，可以主动请教："请问您找哪位通话？"

2. 积极反馈

作为受话人，通话过程中要仔细聆听对方的讲话，并及时作答，给对方以积极的反馈。通话过程中有听不清楚或意思不明白时，要马上告诉对方。在电话中接到对方邀请或会议通知时，应热情致谢。

3. 热情代转

如果对方请你代转电话，应弄明白对方是谁，要找什么人，以便与接电话人联系。此时，请告知对方"稍等片刻"，并迅速找人。如果不放下话筒喊距离较远的人，可用手轻捂话筒或按保留按钮，然后再呼喊接话人。

4. 做好记录

如果接电话的人不在，应为其做好电话记录，记录完毕，最好向对方复述一遍，以免遗漏或记错。可利用电话记录卡片做好电话记录。

5. 真诚致谢

最后的道谢也是最基本的礼仪。电话交谈完毕时，应尽量让对方结束通话，向他们道谢和祝福，等待对方放下话筒后，再轻轻放下电话，以示尊重。

【案例评礼 3.5】

手机发出的噪声

2000 年奥运会是中国获得金牌数首次进入世界前三名的一次，中国运动健儿的出色表现征服了各国观众，但某些中国人的不文明习惯却给他国运动员、记者留下了不好的印象。有媒体报道，中国记者团几乎每个人都配备了移动电话，铃声是非常特别的音乐，在很嘈杂的场所也可以清楚分辨是不是自己的电话。但在射击馆里，当运动员紧张比赛的时候，这种声音就显得特别刺耳。组委会为了保证运动员发挥出最佳水平，在射击馆门前专门竖有明显标志：请勿吸烟，请关闭手机。也不知是中国的一些记者没看见还是根本不在乎，竟没有关机。其实，把手机铃声调到"振动"并不费事。王义夫比赛时，中国记者的手机响了，招来周围人的嘘声和众多不满的目光。有外国人轻轻说："这是中国人的手机！"
在陶璐娜决赛射第七发子弹的关键时刻，中国记者的手机又一次响了……

不和谐的手机声为什么会引起人们的反感？

(二)打电话的礼仪

1. 时间适宜

打电话的时间应尽量避开上午七点前、晚上十点以后的时间，还应避开晚饭时间。有
午休习惯的人，也请不要用电话打扰他。电话交谈所持续的时间也不宜过长，事情说清楚
就可以了，一般以 3~5min 为宜。

2. 有所准备

通话之前应该核对对方公司或单位的电话号码、公司或单位的名称及接话人姓名。写
出通话要点及询问要点，准备好在应答中使用的备忘纸和笔，以及必要的资料和文件。估
计一下对方情况，决定通话时间。

3. 注意礼节

接通电话后，应主动自报家门、证实对方身份。打电话要坚持用"您好"开头，"请"
字在中，"谢谢"收尾，态度温文尔雅。若你找的人不在，可以请接电话的人转达。打电
话结束时，要道谢和说声再见，这是通话结束的信号，也是对对方的尊重。注意声音要愉
快，听筒要轻放。一般来讲，打电话的人先搁下电话，接电话的人再放下电话。但是，假
如是与上级、长辈、客户等通话，无论你是通话人还是发话人，都最好让对方先挂断。

(三)使用手机的礼仪

1. 遵守秩序

(1) 不允许在公共场合，尤其是楼梯、电梯、路口、人行道等人来人往之处，旁若无
人地使用手机。

(2) 不允许在要求"保持寂静"的公共场所，如音乐厅、美术馆、影剧院、歌剧院等
大张旗鼓地使用手机，在体育比赛场馆，观看射击等比赛项目，运动员需要安静环境，这
时也应注意使手机关机或处于静音状态。

(3) 不允许在聚会期间，如开会、会见、上课之时，使用移动通信工具，从而分散他
人注意力。

2. 注意安全

(1) 不要在驾驶汽车时，使用手机电话，或是查看寻呼机内容，防止发生车祸。

(2) 不要在病房、油库等地方使用手机，免得他们所发出的信号有碍治疗，或引发火
灾、爆炸。

(3) 不要在飞行期间起用手机；否则极可能使飞机迷失方向，造成严重后果。

21世纪高职高专经管类专业立体化规划教材

3. 置放到位

手机要放在合乎礼仪的位置，不要在未使用时将其拿在手中，或挂在上衣口袋之外，那样有招摇之嫌。一般应将手机放在随身携带的公文包内。

随身课堂

营销人该如何挂断客户电话

二、商务信函礼仪

【案例评礼 3.6】

> ### 反复修改的回执
>
> 　　李梅从外语学院分配到 W 国使馆当翻译，上班第一天，大使就给她来了个下马威。
> 　　那天，李梅刚到办公桌前坐下，就接到了 F 国举办国庆招待会的请柬，让 W 国大使出席。大使让李梅回复：同意出席。李梅按请柬回执上的电话号码，打电话告诉了对方。过了一会儿，大使像不放心似的，把李梅叫过去，问刚才的事是怎样处理的。李梅老老实实地回答：已给对方打过电话。大使不高兴了，说打电话的方式不够礼貌，现在你处理的每一件公务，都关系到我所代表国家的声誉，你必须小心谨慎，严格按照规定去办。于是李梅郑重其事地写了一份回执，送给大使过目，大使仍不满意，说仅注明出席还不行，还要有一句颇为热烈的祝贺词。她照办了，满怀信心地又一次呈给大使，没想到大使仍挑出了毛病：你没有说清什么时间去。李梅马上加上了"按原定时间到会"的字句，大使一看，连声地"No，No"不止，他说，在外交文件上，不能用"原定时间"的说法，必须复述对方规定的时间、地点，以示正规和对该事务的重视。当李梅第五次修改后，长长地出了一口气，心想这回可是天衣无缝、尽善尽美了。谁知，没过 19min，大使又一次传他："鉴于前任大使与 F 国私交甚好，我准备提前 5min 到达，请按这个意思再发一张回执。"李梅心里暗暗叫苦；一张回执，整整折腾了六次！

(一)信函的一般礼仪要求

信函通常指信件。它一般包括社交信函、商务信函、公务信函等。信函的格式和要求，各个国家有不同的标准。

信函的格式通常包括称呼、正文、署名、日期以及信封等几部分。

1. 称呼

称呼表明发信函者与收信函者之间的关系，要求在第一行顶格写，称谓要使用礼貌用语，并加上冒号，表示下面有话要说。

2. 正文

正文是信函的主要内容。正文通常包括问候语、正文主体、祝颂语三部分。

(1) 问候语。问候对方是书信中的一种礼节礼貌，它体现发信函者对收信函者的一种关切。书面问候语一般比较简洁文雅，常用的书面问候语是"您好""近好""新年好"等，问候语一般在称呼之下另起一行空两格书写，并自成一段。

(2) 起始语。起始语是在正文开始之前的引子。通常是表达双方之间互通信息情况、情感、思念、钦佩、关切、问安、祝贺、致谢、致哀等。

(3) 正文的主体。这是发信函者要书写的中心内容。无论中心内容是什么，在书写时都要注意语言的表述。一要真诚，这是书写信函的关键；二要得体，即符合双方的关系及实际；三要简洁，即语言精练、简洁，字迹工整、清楚，切不可字迹潦草；四是表述要准确。信函的内容一旦跃然纸上，发给对方，便是"君子一言，驷马难追"，故对表述内容要仔细考虑，三思而后写，切不可草率下笔，自寻烦恼。

(4) 结束语。结束语通常是总结全篇，表达书写者的情感和意图等。俗话说"编筐编篓，全在收口"，有礼貌的结束语会令人回味。结束语的内容常用于请托、承诺、婉辞、请教、商讨、馈赠礼物、邀约、催办、附言、代言以及其他客套用语等。

3. 署名与日期

署名与日期一般都写在祝颂语下一行末端处。署名占一行，日期另起一行，在末端处紧接上一行署名下书写。日期一项则书写当日时间或确切时刻，也可在日期一栏加上写作地点，如 2018 年 1 月 30 日于翠华山。

4. 信封

信封上的内容包括收信人的邮政编码、收信人的详细地址、收信人姓名、寄信人详细地址、寄信人姓名及寄信人邮政编码。中国的标准信封长 220mm、宽 110mm，下面左上角为邮政编码和收信人详细地址，右上角为贴邮票处，中间为收信人的姓名和收信人的详细地址，下面为寄信人详细地址、寄信人姓名，右下角为寄信人邮政编码。信封上的邮政编码和地址、人名一定要写准确，地址须写省、市、单位或区(县)街道的全称，不能写简称，字迹要工整、清楚，不能潦草，以便于邮政人员辨识以及微机检索。

(二)商务信函的礼仪规则

1. 格式正确

商业信函应使用印有公司抬头的专用纸，质量应尽可能优良。这种纸张一般只能用于公司业务，不书写私人信件，以免收信人在阅读全文之前分不清来函的性质。信函的结构大体分三部分，即开头、正文与结尾。信函格式应美观大方，不可密密麻麻一大片，令人看后生厌，要留足页边。段落要有长有短，句型要参差有致。重点地方不妨加框，采用列表形式，或使用黑体字、斜体字，给人以美感。

2. 称谓得体

称谓也叫称呼语，信函的称呼语要准确，符合寄信人与收信人的特定关系，要正确表

21世纪高职高专经管类专业立体化规划教材

现收信人的身份、性别等。

要正确使用对方的姓名与头衔，这是一个重要的礼节问题。平时对对方称呼什么就写什么。在格式上，称呼语在信的第一行起首的位置单独成行，以示尊重。如果是自己尊敬的领导和长辈要写成"尊敬的某某"，写给非亲属的长辈、业务伙伴一般在姓氏、名字或姓名后加职务、学衔或职称。如果不知道对方的姓名和头衔，在发函前最好先打电话询问收信人的姓名与头衔。

随身课堂

公函上的称呼

3. 内容得当

正文一般从信的第二行前面空两格开始。书信尽管内容写法各不相同，但是都要表情达意，以具体、准确为原则，要字迹工整、言之有物、语句通顺，还要措辞得体，根据收信人的特点和写信人与收信人的关系来进行措辞。应避免写错字或打字错误。信写完后应仔细检查并阅读一遍，如果读起来感觉欠佳，那么对方收到后阅读的效果也不会好，应重新进行修改。信件内容要丰富，但应尽量简练，避免重复，重复表述相同的意思容易引起混乱，用词也应尽可能简练，不要啰唆，尽可能不浪费他人的时间。

4. 语言规范

要尽量使用正面、肯定的词语，如有利、得益、慷慨、成功、务请、为您骄傲等都是正面词语，而失误、遗憾、软弱、疏忽、马虎、无能、错误等都是反面词语。比如，要求对方及时送来报告，写成"请按时将报表寄来"，比"这份报表不可延误"来得婉转。还要正确使用过渡词语，如因此、所以、此外、例如、仍然、然而、其结果是、更有甚者等，可使文字显得流畅，但不宜滥用，以免啰唆。

5. 结尾讲究

商务信函的结尾部分一般要有结束语、致敬语、署名或签名及日期，结束语如"特此函告""专此说明"等，致敬语如"此致敬礼""顺致发财"等。署名、签名可并用，也可签名单独用，函件一般还需要加盖公章。人们很重视亲笔签名，有人接到信后还要仔细辨认亲笔签名还是签章。

6. 仔细审校

使用计算机写信时最好打印出一份草稿以便审校。另外，审校时最好能大声念读，如果听起来不顺耳，则接信人阅读时肯定也不会满意。为避免出错，商务信函写好后最好先核查一遍再寄出，在可能的情况下，最好"晾"上一两个钟头，或等到第二天上班或午饭以后再投递，以便能在冷静下来时再看一遍，看看还有没有不妥之处。比如，用词是否得体、表达是否清楚，要设身处地地替接信人考虑。

(三)几种常见商务信函礼仪

1. 感谢信

1) 感谢信的含义

感谢信是向帮助、关心和支持过自己的集体(党政机关、企事业单位、社会团体等)或个人表示感谢的专用书信,有感谢和表扬双重意思。写感谢信既要表达出真切的谢意,又要起到表扬先进、弘扬正气的作用。它广泛应用于个人与个人之间、个人与组织之间、组织与组织之间,用以向给予自己帮助、关心和支持的对方表示感谢。

2) 感谢信的主要特点

(1) 对象要确指。感谢信都有确切的感谢对象,以便让大家都清楚是在感谢谁。

(2) 述事实要具体。感谢别人是有具体事由的,否则就会显得抽象、空洞。

(3) 感情色彩要鲜明。感动和致谢的色彩强烈鲜明,言语里充满感激之情。

3) 感谢信的结构

(1) 标题。可只写"感谢信"三字;也可加上感谢对象,如"致王学超同志的感谢信""致平安物业公司的感谢信";还可再加上感谢者,如"赵雨飞全家致××社区居委会的感谢信"。

(2) 称谓。写感谢对象的单位名称或个人姓名,如"××交警大队""姜春生同志"。

(3) 正文。主要写两层意思:一是写感谢对方的理由,即"为什么感谢";二是直接表达感谢之意。

① 感谢理由。首先准确、具体、生动地叙述对方的帮助,交代清楚人物、时间、地点、事迹、过程、结果等基本情况;然后在叙事基础上对对方的帮助做贴切、诚恳的评价,以揭示其精神实质、肯定对方的行为。在叙述和评价的字里行间要自然渗透感激之情。

② 表达谢意。在叙事和评论的基础上直接对对方表达感谢之意,根据情况也可在表达谢意之后表示以实际行动向对方学习的态度。

(4) 结语。一般用"此致敬礼"或"再次表示诚挚的感谢"之类的话,也可自然结束正文,不写结语。

(5) 署名与日期。写感谢者的单位名称或个人姓名和写信的时间。

【范例 3.1】

致客户感谢信

尊敬的客户:

新年好!

值此 2018 新年来临之际,腾飞会计向贵公司表示最衷心的感谢和最诚挚的祝福,感谢您长期以来对腾飞的支持和信任!

腾飞十年,我们感恩:因为有逾万家像贵公司一样的客户与腾飞共同成长,我们才一步步壮大,成为天津会计行业的旗帜企业,腾飞会计目前已拥有多个服务板块,涵盖工商注册、代理记账、财务顾问、税收筹划、社保代理、财务猎头、财务培训、财务软件销售等各个财税接口,为您提供全方位的财税服务。

21世纪高职高专经管类专业立体化规划教材

新春来临，万象更新，腾飞会计全体员工衷心祝愿贵公司大展宏图、事业兴旺！顺祝春节愉快，身体健康，阖家欢乐！

此致

敬礼！

董事长：

总经理：

年　月　日

（资料来源：www.chinesejy.com 中国教育资源网）

4）　写作感谢信的注意事项

(1)　内容要真实，评誉要恰当。感谢信的内容必须真实，确有其事，不可夸大溢美。感谢信以感谢为主，兼有表扬，所以表达谢意时要真诚，说到做到。评誉对方时要恰当，不能过于拔高，以免给人一种失真的印象。

(2)　用语要适度，叙事要精练。感谢信的内容以主要事迹为主，详略得当，篇幅不能太长，所谓话不在多、点到为止。感谢信的用语要求精练、简洁，遣词造句要适度，不可过分雕饰；否则给人不真实、虚伪的感觉。

2. 介绍信

1）　介绍信的含义

介绍信是介绍派出人员的身份和任务的专用信件，主要用于联系工作、洽谈业务、参加会议、了解情况时的自我说明。它具有介绍、证明的双重作用。

2）　介绍信的种类

介绍信主要有两种形式，即普通介绍信和专用介绍信。

(1)　普通介绍信。一般不带存根，正中写 "介绍信"。内容包括称呼、正文、结尾、署名和日期，并注上有效日期。

【范例3.2】

普通介绍信

兹介绍我公司_____同志等_____人(系我公司_____)，前往贵处联系，请接洽。

此致

敬礼！

××公司(盖章)

年　月　日

(2)　专用介绍信。它共有两联，一联是存根，另一联是介绍信的本文。两联正中有间缝，同时编有号码。

【范例3.3】

专用介绍信 (存根)

(字第 号)

_____(姓名)等人前往_____(接洽单位)联系 。

年 月 日

(有效期 天)

××字第×号(盖章)

3) 介绍信的格式和写法

(1) 便函式介绍信。用一般的公文信纸书写。包括标题、称谓、正文、结尾、单位名称和日期、附注几部分。

① 标题：在第一行居中写"介绍信"三个字。

② 称谓：另起一行，顶格写收信单位名称或个人姓名，姓名后加"同志""先生""女士"等称呼，再加冒号。

③ 正文：另起一行，开头空两格写正文，一般不分段。要写清楚：派遣人员的姓名、人数、身份、职务、职称等；说明所要联系的工作、接洽的事项等；对收信单位或个人的希望、要求等，如"请接洽"等。

④ 结尾：写上表示致敬或者祝愿的话，如"此致敬礼"等。

⑤ 附注：注明介绍信的有效期限，具体天数用大写。

⑥ 署名：在正文的右下方写明派遣单位的名称和介绍信的开出日期，并加盖公章。日期写在单位名称下方。

(2) 带存根的介绍信。这种介绍信有固定的格式，一般由存根、间缝、正文三部分组成。

① 存根。存根部分由标题(介绍信)、介绍信编号、正文、开出时间等组成。存根由出具单位留存备查。

② 间缝。间缝部分写介绍编号，应与存根部分的编号一致。还要加盖出具单位的公章。

③ 正文。正文部分基本与便函式介绍人相同，只是有的要在标题下再注明介绍信编号。

4) 介绍信的写作要求

介绍信所有填写的介绍者姓名一定是真实有效的；接洽事宜要写得具体、简明；要注明使用介绍信的有效期限，天数要大写；字迹要工整，不能随意涂改。

3. 邀请信

邀请信是为了增进友谊，发展业务，邀请客人参加庆典、会议及各种活动时所发的请约性书信。

邀请信可分为两种：一种属于正规的邀请信，又称请柬，请柬的格式严谨而固定，一般适用于较庄重、严肃的场合；另一种属于一般的邀请信，常适用于一些平常事情的邀请，而且邀请人同被邀请人之间又很熟悉。一般邀请信具有简短、热情的特点。

请柬一般由标题、称谓、正文、落款四部分组成。标题即用大字书写的"请柬"字，在第一行中间，或者占用一页，当作封面。称谓即被请者的单位名称或姓名，另起一行或

21世纪高职高专经管类专业立体化规划教材

一页顶格书写，姓名之后写上职务、职称等，如"同志""先生""教授""经理""主任"等。正文应写清活动时间、地点、内容、要求，并用"敬请参加""敬候光临""敬请届时光临"等语结束。落款即发函者的署名与发函日期。

请柬的形式要美观大方，不可用信纸或单位的信函纸草草了事，而应用红纸或特制的请柬填写。所用语言应恳切、热诚，文字须准确、简练、文雅。 同时，邀请信的主题、发表的媒介、邀请的对象不同，它的表现形式也有所不同。在报刊上发表的邀请信，一般内容表现比较正式，文辞庄重。而在网站上发布的邀请信，则格式相对简洁明了，甚至采用分栏形式，一目了然。而一般专人送达的请柬，则简单明了。邀请信的落款一般是以某一组织的名义，不再细分到某部门，但如果有专门的筹备会，则落款为筹备会等。

【范例3.4】

请　柬

尊敬的××先生:

公司定于＿＿＿＿年＿＿＿月＿＿日至＿＿＿月＿＿日 8:00—17:00 在＿＿＿会展中心＿＿＿号楼＿＿＿大厅举办贸易洽谈会。恭候光临。

公司

二〇一八年五月二十五日

4. 贺信和贺电

1) 贺信

贺信是对他人取得的成就、获得某种职位、组织的成立、纪念日期表示祝贺的文书。它一般由标题、称谓、正文、结尾和落款五部分构成。

(1) 标题。贺信的标题通常由文种名构成，如在第一行正中书写"贺信"二字。

(2) 称谓。顶格写明被祝贺单位或个人的名称或姓名，写给个人的，要在姓名后加上相应的礼仪名称，如"同志"。称呼之后要用冒号。

(3) 正文。贺信的正文要交代清楚以下几项内容。

① 结合当前的形势状况，说明对方取得成绩的大背景，或者某个重要会议召开的历史条件。

② 概括说明对方都在哪些方面取得了成绩，分析其成功的主观、客观原因。贺寿的贺信，要概括说明对方的贡献及他的宝贵品质。总之，这一部分是贺信的中心部分，一定要交代清楚祝贺的原因。

③ 表示热烈的祝贺。要写出自己祝贺的心情，由衷地表达自己诚挚的慰问和祝福。要写些鼓励的话，提出希望和共同理想。

(4) 结尾。结尾要写上祝愿的话，如"此致——敬礼""祝您健康长寿"等。

(5) 落款。落款写明发文的单位或个人的姓名、名称，并署上成文的时间。

【范例3.5】

祝 贺 信

××会计学会:

获悉你会经过充分筹备，现已正式成立了。这是我市会计界的一件大喜事。我们谨向你会致以衷心的祝贺！

　　××会计学会的成立，标志着我市财会战线的研究又将踏上一个新的台阶。敬祝你会在今后对提高我市会计科学研究水平做出更多的贡献。

　　此致
敬礼！

市教育学会

××××年××月××日

　　2) 贺电

　　(1) 贺电是对收电对象表示祝贺赞颂的电报。它多是以政府部门、企事业单位或首脑、代表人物名义发给有关单位、集体、个人的。贺电可以直接发给对方，也可以通过登报或广播发布。贺电可以是对取得巨大成绩、做出卓越贡献的集体或个人表示祝贺；对重大喜事表示祝贺；对重要人物的寿辰表示祝贺。它具有一定篇幅，但不宜过长，要求感情充沛、文字明快。

　　(2) 贺电由收报人住址姓名、收报地点、电报内容、附项四部分构成。拍发礼仪电报，要用电信局印制的礼仪电报纸按栏、按格写。

　　① 收报人住址姓名：先写住址——马路、街道、门牌号码，再写单位名称或个人姓名。

　　② 收报地点：填写省、市、县名，大城市可略写省名。

　　③ 电报内容：先写祝贺的话，再写发报人地址姓名或发报单位地址名称。发报日期时间在电报中反映，电文中可省略。

　　④ 附项：包括发报人签名或盖章、住址、电话。

　　(3) 贺电的要求如下。

　　① 文字精简明白。电报是按字数计收费用的，所以电文越简短越好。但精简应以表达清楚、明白为前提。

　　② 严格按格填写。电报的按字计费是按电报纸上的格子计费，所以要严格认真写，手写字体要端正。

　　③ 数字的写法。数字用阿拉伯数字填写，一个数字可以填在一个格子里，并用括号表示。

　　④ 电报挂号的用法。"电报挂号"是一个单位在电信部门登记后获得的专用号码，使用这个号码就可以代替单位的地址和名称。

　　⑤ 关于附项。附项是电文以外的内容，不拍发、不计费。但因具有在电报无法投递或其他意外情况下供电信部门与发报人联系的作用，所以应如实详细填写。

【范例3.6】

贺　　电

××路(263)号××轻工机械公司：

　　值此贵公司成立(30)周年之际谨向你们致以热烈的祝贺。

××机械工业公司发报人：王×(签名或盖章)

住址××路×号

21世纪高职高专经管类专业立体化规划教材

三、收发传真和电子邮件的礼仪

(一)收发传真礼仪

传真又叫作传真电报，它是利用电光效应，通过安装在普通电话网络上的传真机，对外发送或是接收外来的文件、书信、资料、图表、照片真迹的一种现代化的通信联络方式。

传真机是远程通信方面的重要工具，因其方便快捷，在现代商务活动中使用越来越多，可部分取代邮递业务。

使用传真机时应遵守以下规则。

1. 规范操作

传真机有自动和手动两种方式。手动方式需接听传真电话的人给传真开始的信号，传送者在听到"嘀嘀"的长音后再开始传送文档。自动方式不需对方人工操作，在拨通传真电话后，在几声正常电话回音后，就会自动出现"嘀嘀"的长音，此后就可以开始传送文档了。在发传真之前，应先打电话通知对方，以防传真内容下落不明。

2. 明确信息

为了明确传真的有关信息，正式的传真必须有封面，封面页一般较为正式。发急件时应在封面正面页注明，并注明传送者与接受者双方的公司名称、人员姓名、日期、总页数等，使接收者一目了然。如果不是非常正式的文件，也必须认真表明传真页码，当某一张传真不清楚或未收到时，则可请求对方再将此页传送一次。

3. 行文礼貌

书写传真件时，在语气和行文风格上，应做到清楚、简洁，且有礼貌。传真信件时必须用写信的礼仪，如称呼、敬语等均不可缺少，尤其是信尾签字不可忽略，这不仅是礼貌问题，而且只有签字才代表这封信函是发信者同意的。

4. 安全使用

单位使用的传真设备应安排专人负责，无人在场又必须传送时应使传真机处于自动接收状态，传真机尽量避免与办公电话使用同一线路。未经事先许可，不应传送保密性强的文件或材料。

5. 及时回复

人们在使用传真设备时就注重它的时效性，因此传送文件后应尽快与收件人取得联系，确认是否收到传真。收到传真一方也应给予及时回复，避免因疏漏造成的传真丢失。

(二)电子邮件礼仪

电子邮件即通常所说的 E-mail。它是一种重要的通信方式，因其方便快捷、费用低廉，深受人们喜爱，使用者越来越多，尤其是国际通信交流和大量信息交流更是优势明显。对待电子邮件，应像对待其他通联工具一样讲究礼仪。

1. 电子邮件的优点和缺点

(1) 缺点。只能传递信息，无法传递有形的物体，无法取代传统的包裹或货物邮递。必须有计算机，有使用场合的限制，最基本的条件是有一部计算机并且能上网，收信人也要具备收信的能力。

(2) 优点。免费使用，免贴邮票，免投邮筒，直接成本只是使用计算机的电费和网费。不用信纸和笔，用计算机就可以了；安全性强，不用担心信件遗失；速度快，一般情况下是即发即收；没有收信人人数的限制。

2. 电子邮件的格式与内容

(1) 纯文字格式。任何版本皆可收发，档案小，但无法加入图片、声音等。

(2) Html 格式。可加入图片、声音等多媒体，还可变换字形、大小、位置、插入图片，甚至超链接，要求 IE 的版本在 3.0 版以上，且档案较大。

(3) 可以把文件附加在 E-mail 中，最好不要使用很大的附件，除非你知道收信人确实需要。

3. 电子邮件的撰写与发送

电子邮件的撰写与发送皆有一定规定和要求。

(1) 为节约费用，在撰写电子邮件时，尤其是在撰写多个邮件时，应在脱机状态下撰写，并将其保存于发件箱中。在准备发送时再连接网络，一次性发送。

(2) 不可随便发送无聊、无用的垃圾邮件，无端增加网络的拥挤程度。

(3) 利用网络办公时所撰写的必须是公务邮件，不可损公肥私，将单位邮箱用作私人联系途径之用，不得将本单位邮箱地址告诉亲朋好友。

(4) 在地址板上撰写时，应准确无误地输入对方邮箱地址，并应简短地写上邮件主题，以使对方对所收到的信息先有所了解。

(5) 要保守国家机密，不可发送涉及机密内容的邮件，不得将本单位邮箱的密码转告他人。

(6) 在消息板上撰写时，应遵照普通信件或公文所用的格式和规则。邮件篇幅不可过长，以便于收件人阅读。

(7) 邮件用语要礼貌规范，以示对对方的尊重。撰写英文邮件时不可全部采用大写字母；否则就像是发件人对收件人盛气凌人的高声叫喊。

4. 电子邮件的接收与回复

接收与回复电子邮件时，通常应注意以下几点。

(1) 应当定期打开收件箱，最好是每天都查看一下有无新邮件，以免遗漏或耽误重要邮件的阅读和回复。

(2) 应当及时回复邮件。凡商务邮件，一般应在收件当天予以回复，以确保信息的及时交流和工作的顺利开展。若涉及较难处理的问题，则可先电告发件人已经收到邮件，再择时另发邮件予以具体回复。

21世纪高职高专经管类专业立体化规划教材

(3) 若由于因公出差或其他情况而未能及时打开收件箱查阅和回复时，应迅速补办具体事宜，尽快回复，并向对方致歉。

(4) 不要未经他人同意向对方发送广告邮件。

(5) 发送较大邮件需要先对其进行必要的压缩，以免占用他人信箱过多的空间。

(6) 尊重隐私权，不要擅自转发别人的私人邮件。

任务三 交 谈 礼 仪

交谈是人际交往的基本方式之一。从广义上讲，交谈是人与人之间建立联系、交流思想、沟通感情、消弭隔阂、促进合作的一个重要渠道。但是，交谈并不是简单的开口说话，它需要遵循一定的规范和原则，也就是交谈礼仪。

一、语言交际的特点

交谈作为一种双向沟通的方式，有以下三个显著的特点。

1. 交流的双向性

交谈的过程，实质上是交谈双方交互发出信息与交互接收信息的过程，是一种双向交流，双方必然自始至终扮演既是听者又是说者的双重角色，双方都要自觉地围绕某一共同的话题，各抒己见、互相反馈。因此，交谈者不仅要会说还要会听，听说兼顾，互相配合，才能达到真正的交流目的。

2. 交谈的灵活性

(1) 话题的易转移性。交谈进行过程中，听说双方出于某种需要常常自由地转换话题。这就要求交谈者做到言随旨遣，并根据谈话的具体情况，及时调整自己说话的内容和方式，灵活地组织话语，以便获得较好的谈话效果。

(2) 地点的随意性。交谈既可在郑重的社交场合，也可在日常生活情景中。

总之，可以比较灵活地处理。

3. 鲜明的口语特征

交谈通常不需做书面准备，多半是边想边说，语言信息的传递非常快，说话人没有过多的时间对语言进行加工润色，一般是用通俗平易、浅白清晰、易懂的语言说话，不太讲究词语的华美，所以口语色彩相当鲜明。

二、语言交际的基本要求

对于言谈交际的一些准则，我国古书也有大量记载，孔子曰："辞达而已矣。"即言词是以达意就可以了。关于言谈与心理，我国古话有："言谈之道，攻心为上""发人曲衷，动之以情""以虚求实，曲得所谓"。语言交际有三项基本要求。

1. 态度谦虚诚恳

谦虚是一种美德，是人类高尚的品质。只有在交谈中谦虚礼让、多听少讲、先听后讲，才容易赢得对方的好感，才可能给人以诚恳谦虚、可以信赖、可以合作的印象。

针对不同的社交场合、不同的时间、不同的环境、不同的氛围，用语言表达自己的谦虚，可以用以下四种方法。

(1) 转移对象法。当受到表扬和赞美的时候，如果你感到在众人面前窘迫的话，不妨想办法转移人们的注意力，用巧妙的"脱身法"，把表扬和赞美"嫁接"到别人身上。

【案例评礼 3.7】

虚怀若谷的贺龙

有一年"八一"节，贺龙参加了兴县的文艺晚会，一位"少年诗人"朗诵他的新作："我要讲一个英雄的故事，这个故事就是南昌起义，这个英雄就是贺老总！"刚朗诵到这里，突然有人喊："小鬼你这话不对头，南昌起义怎么只有一个英雄！"说话的正是贺老总。贺老总把他叫到跟前，亲切地说："小鬼，我告诉你，南昌起义的主要领导人是周恩来副主席，还有朱德、刘伯承、聂荣臻同志，那时我还不是共产党员呢，能算什么英雄呢？不过你朗诵得极有感情，回去好好改改，改好再朗诵，下次我一定还来听。"

贺老总不让"少年诗人"歌颂自己，而是把歌颂的对象转向周恩来、刘伯承等人，充分地表现了他谦虚、豁达、虚怀若谷的品质。

(2) 自轻成绩法。任何称赞和夸奖，都不可能毫无缘由，或是因为某件事或是因为某方面的成绩。这时不妨像绘画一样，轻描淡写地勾勒一笔，却在淡泊之中见神奇。

【案例评礼 3.8】

谦虚的牛顿

牛顿创建的"牛顿力学"闻名世界，当朋友称他为伟人时，他谦虚而真诚地说："不要那么说，我不知道世人怎么看我。不过，我自己觉得好像一个孩子在海滨玩耍的时候，偶尔捡到了几只光亮的贝壳。但是，对真正的知识大海，我还没有发现呢。"牛顿把知识看成大海，把自己的巨大成就看成是几只"贝壳"，而且说得十分轻松，似乎他的成就就连一个孩子都能取得，这就形象地表现了自我谦虚的精神，而且极富情趣。

(3) 相对肯定法。面对别人的称赞，如果把自己说得一无是处，不但起不到谦虚的作用，反倒给人一种傲慢的感觉。正如俗话所说："谦虚过度等于骄傲。"比如有人称赞某演员演技高超时，她竟不屑一顾地说："这算啥！"言外之意，她的真本领还没有拿出来。相反，有人在称赞鲁迅先生是天才时，鲁迅先生说："哪有什么天才，我是把别人喝咖啡的时间都用在工作上。"鲁迅先生否认自己是天才，但却肯定自己珍惜时间这一优点，给人一种实实在在的感受。

(4) 妙设喻体法。直言谦虚，固然可贵，但弄不好会给人一种虚假的感觉，特别是两个人之间，如果仅仅说"你比我强多了"这类话，容易产生嘲讽揶揄之嫌。遇到这种情形，你不妨用一个比喻方式，巧妙地表达自己的谦虚。

21世纪高职高专经管类专业立体化规划教材

【案例评礼 3.9】

文学大师的自谦

一天，郭沫若和茅盾两位文学大师相遇了，他俩谈得非常愉快，话题很快转到鲁迅先生身上，郭沫若诙谐地说："鲁迅先生愿做一头为人民服务的'牛'，我呢？愿做这头牛的尾巴，为人民服务的'牛尾巴'。"听说郭老愿做"牛尾巴"，茅盾笑着说："那我就做'牛尾巴'上的毛吧！它可以帮助牛把吸血的'大头苍蝇'和'蚊子'扫掉。"郭沫若看着茅盾说："你太谦虚了。"

这两位文学巨匠围绕着鲁迅先生"牛"的比喻，充分展开联想，一个自喻为"牛尾巴"，一个自喻为"牛尾巴"上的"毛"，这生动形象地表现出了两位大师谦虚博大的胸怀。

2. 亲切自然

谈话时表情要自然，语言和气亲切，表达得体。说话时适当做些手势是可以的，但不要手势过多，也不要动作太大，更不能手舞足蹈。与人谈话时，距离太远或太近都不好，不要用手指指人，也不要拉拉扯扯、拍拍打打，更忌讳讲话时唾沫四溅。谈话时，双方应相互正视、相互倾听，不要东张西望、左顾右盼，更不要看书报或者面带倦容、哈欠连天，也不要做一些不必要的小动作，如玩指甲、弄衣角、搔脑勺、压指节等，这些动作都不礼貌。

如果是许多朋友一起交谈，讲话的人不能把注意力只集中在其中一两个熟悉的人身上，要照顾到在场的每一个倾听的人，除了特别注意正在说话的人外，你的目光也应偶尔光顾一下其他的人。应该使在座的人都有发言的机会，不要只让两三个人说话。对于比较沉默的人，也应设法使他开口，比如问他："你对这件事怎么看"或"你有什么看法"等。

3. 语调平和沉稳

语调是人们流露真情的一个窗口，愉快、失望、坚定、犹豫、轻松、压抑、狂喜、悲哀等复杂的感情都会在语调的抑扬顿挫、轻重缓急中表现出来。它不但展现着一个人的感情世界，也表露了他的社交态度。那种心不在焉、和尚念经的语调绝不会引起别人感情上的共鸣。因此，交谈时的声音大小、轻重、粗细、高低、快慢有着具体的规范。

(1) 发音清晰易懂，不夹杂地方乡土口音。

(2) 放低声调比提高嗓门来得悦耳。

(3) 委婉、柔和的声调比粗戾、僵硬的声调显得动人。

(4) 发音稍缓，比连珠炮式更易于使人接受。

三、语言交际技巧

1. 风趣幽默可以调节气氛

要提高运用语言的技巧，还必须学会和正确使用机智幽默的语言。恩格斯认为，幽默是"具有智慧、教养和道德上优越感的表现"。在言谈中，幽默确实具有妙不可言的功能，同时也是一种含蓄而充满智慧的境界。幽默和机智常常是密切联系在一起的。它们的结合，能使人在不同场合有较强的语言应变能力和较高的语言艺术性。

【案例评礼 3.10】

幽默的里根

1984 年美国总统里根偕夫人访问中国，其间提出参观秦始皇兵马俑。当他下到一号坑底时，被眼前雄伟的军阵震惊了。里根总统特别喜欢马，他自己有马群，还经常骑马，他礼貌地问讲解员："可以摸一下吗？"征得同意后，他表示感谢，小心翼翼地把手放在马背上，慢慢由前向后移动，一直到马屁股。突然，他猛然地把手从马臀抽回，神态严肃地说："它不会踢我吧！"在场的人都被逗笑了。当看到武士俑无头时，就向讲解员询问。讲解员说："俑头和俑身是分别制作而成的，待烧成后才组装一起，这个俑头暂时未装是为了让游客了解俑的烧制情况。"里根饶有风趣地讲："那就把我的头给它安上吧！"又引起一阵大笑。总统并和这个俑比高低，当得知陶俑身高均超过一米八时，不禁耸耸双肩，微笑着说，"看来我没有它高。"

2. 学会友善聆听

我们总认为，一个善于交谈的人首先必须能讲，事实上，善于倾听比善于交谈更重要。假如你能全神贯注、认真耐心地倾听对方讲话，表示你是诚心诚意地同对方交往，同时也表明你非常尊重对方，对方会因此而乐意与你交往。

(1) 集中注意力。倾听时注意力集中是基本的聆听礼貌，谈话时兼做其他事情，或东张西望，做小动作(如摆弄手中物品、剪指甲、瘙痒痒、抓头发等)都是注意力不集中、心不在焉的表现，而打哈欠、伸懒腰、看手表则往往是不耐烦和厌倦的表示，这些都是应该避免的不礼貌行为。

(2) 及时做出反应。一位好的听众在倾听别人谈话时，一定会做出相应的反应(包括表情、眼神和语言)作为对对方谈话的反馈。例如，当对方讲到兴奋之处，用"太有意思了""真有趣"等语言作为呼应；当对方讲到伤心之处，用同情的言语加以呼应，"真是太难为你了"等。最为积极的反应应是对对方的谈话表示肯定和赞同(点头或表示赞同的语言，如"是""对""你说的没错""我也有同感""英雄所见略同"等)。

(3) 不要抱着成见倾听。人们总是希望订立是非标准，做出结论。但是，如果用结论代替倾听，势必会隔断交流的线索，妨碍进一步的了解。

【案例评礼 3.11】

不愿倾听的售货员

有一次，一位四十多岁的女顾客两手拎着刚买的东西，匆匆来到霞辉百货商店的收银台前，对收银员说："姑娘，你刚才把这两件衣服的钱，算错了 52 块……"收银员不等这位女顾客说完，就抢着说道："对不起，我们这里是结账时钱款当面点清，过后概不负责！"这位女顾客只好无奈地转身说道："那就不能怪我了，是你多找我 52 块钱，本来想还给你的，既然你这么说，我只好收起来了！"

(4) 注意倾听中的禁忌。不要轻易打断对方的谈话；不要表现出不感兴趣的样子；不要轻易下断言；应有最起码保守他人秘密的道德，不要把知心话当作与他人闲聊的谈资。

21世纪高职高专经管类专业立体化规划教材

3. 善意的恭维

不要吝啬恭维话，人人都喜欢听恭维话，也都喜欢说恭维话的人。林肯说过："人人都喜欢赞美"；人类行为专家约翰·杜威也说："人类本质最深远的驱策力就是希望具有重要性，希望被赞美。"其实人生很多场合都是需要恭维话的，这是一种社交场合的潜规则，其目的就是达到使对方心情愉悦的作用，与人相交，对方心情愉悦了，话说起来就感觉美好得多，因为恭维，对方容易认为你对他(她)有好感，而这样的好感正是相交开始的催化剂、加速剂，或许这就是好感，让陌生的从来不相识的你们说不定走得越来越亲密。

【案例评礼 3.12】

基 辛 格 鸡

1971 年 7 月 9 日，基辛格带着尼克松总统的使命秘密访华。周总理批示要好好招待，便宴规格要和国宴一样隆重。这位哈佛大学的犹太博士，在饮食文化上很考究。他又周游过世界，家宴美酒早已尝遍，可谓政坛风云人物中的美食家。当他吃到南京丁山宾馆的国厨徐筱波给他精心制作的"黄油蒸鸡"时，竟然连声叫好，绅士风度荡然无存。见此状，周总理吩咐："以后国宴上这道菜就叫基辛格鸡吧！"从此，以他名字命名的"基辛格鸡"便登上了中国国宴大菜的系列中。周总理的即席之作，令人称绝，他让基辛格兴奋不已，使宾主间的气氛融洽到了极点。一方面显示出周总理卓越的才智，另一方面也给我们启示：如何才能做到让客人真正满意并对你产生感激之情。

4. 委婉地说"不"

在交往中，有时会碰到一些较复杂的情况；想拒绝对方，又不想损伤他的自尊心；想吐露内心的真情，又不好意思表达得太直露；既不想说违心之言，又不想直接顶撞对方。要适应各种不同的情况，就要重视培养自己在语言表达上机智应变的能力。同时还有技巧地掌握拒绝语言，学会说"不"字。从礼仪的角度来讲，不提倡用身体姿态、道具等非语言的行为拒绝对方，而应用语言实施拒绝的技巧和艺术。在进行语言交流时，不要顾忌太多，心里是怎么想的就尽可能地表达出来，重要的是要讲究表达的方式方法，一方面表达自己的原则和态度，另一方面又保护了对方的自尊心和面子，切忌断然拒绝和颠三倒四、言不尽意。为了实现不说"不"而达到"不"的目的，生活中有许多巧妙的做法，如迂回寓意，抓对方语病；或偷换概念，转被动为主动。

四、语言交际的禁忌

语言交际礼仪的关键是尊重对方和自我谦让。然而，如果仅有这种良好的愿望却使用不当的表达方式，结果仍可能事与愿违。所以交谈既要强调主观动机，又必须讲求实际效果。

(1) 忌在公共场合旁若无人地高声谈笑，或我行我素地高谈阔论，应顾及周围人。两人交谈时，应轻言细语，声音大小以让对方听清为宜，不要相距很远高声交谈，大声打招呼、问候，而应双方走近后才问候致意。

(2) 切忌喋喋不休地谈论对方一无所知且不感兴趣的事情。

(3) 应避开疾病、死亡、灾祸及其他不愉快的话题，以免影响情绪和气氛，应该谈论那些使听者感兴趣和高兴的内容。

(4) 切忌询问妇女年龄、是否结婚。尤其西方女性对年龄和婚姻十分敏感，认为这些是个人的隐私，他人不得涉及。同样地，也切忌询问对方工作收入、财产状况、个人履历、服饰价格等私人生活方面的问题。同女性谈话时，绝对不要称赞她营养充分，身体壮实，长得富态，那将意味着她长得很胖，没有线条、不美。

(5) 不要在社交场合高声辩论，应毫无偏见、心平气和地讨论；不要出言不逊、恶语伤人，而应该言语得体；不要当面指责，更不要冷嘲热讽，而应语气委婉。

(6) 男子不要参与女人之间的"闺房"谈话，也不要与个别女性长谈不休，这样容易引起他人反感。与女性交谈要彬彬有礼、谦虚谨慎、言简意赅。

(7) 谈话忌重复。即使再有趣的诗也经不住重复，对爱重复叙述的人应该有礼貌地、坦率地阻止他旧话重提，如："哦，是呀，你向我已经讲过那件事，听起来蛮有意思的。"

(8) 谈话时，对方若不愿回答的问题不要继续追问，对方反感的问题要立即道歉。若有人在你面前对某人、某一组织或某一民族发表侮辱性评论时，你可简单地表示"咱们不谈这个问题吧"，尔后转换个话题。

(9) 谈话时不要手舞足蹈，过分夸张的手势会显得不文雅，缺乏修养，也不要唾沫横飞。

(10) 谈话前忌吃洋葱、大蒜等有异味的食品。

任务四　位次礼仪

位次，体现了尊卑、高低、长幼，是对人尊重的表现形式。位次礼仪实际是排序礼仪。

一、商务活动中的位次礼仪

(一)会客

1. 相对式

双方就座时在室内分为左、右两侧，面对面就座。进门之后以右侧为上座，应留给客人，左侧为下座，则留给主人，如图 3-10 所示。

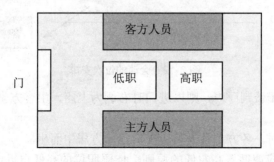

图 3-10　相对式的位次安排

21世纪高职高专经管类专业立体化规划教材

2. 并列式

宾主双方并排就座，以暗示双方"平起平坐"，地位相仿。

(1) 宾主双方一同面门而坐，必须讲究"以右为上"，即主人应请客人坐在本人的右侧。若双方人员不止一人，双方其他人员可分别在主人或主宾的一侧就坐，如图 3-11 所示。

(2) 宾主双方一起并排坐在室内的右侧或左侧，通常讲究"以远为上"，即距门远处为上座，应让给客人，距门近处为下座，应留给主人。在座位中，一般长沙发留给客人，以单人沙发为下座。

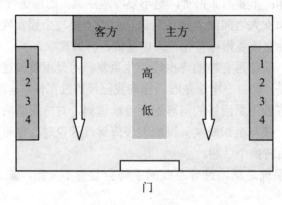

图 3-11　并列式的位次安排

(二)会谈

(1) 双边谈判时，应使用长桌或椭圆桌，通常宾主分坐桌子两边。

(2) 谈判桌横放于谈判厅内，则正对门的一侧为上座，由客方坐；背对门的一侧是下座，由主方坐，如图 3-12 所示。

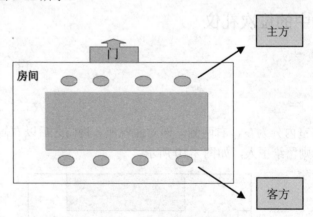

图 3-12　会谈的位次安排

(3) 谈判桌竖放于谈判厅内，则以进门时右侧为上座，由客方坐；进门时左侧为下座，由主方坐。

(4) 在进行谈判时，各方主谈人员应在自己一方居中而坐。

(5) 其他人员则应遵循右高左低的原则，依照职位的高低自近而远分别在主谈人员的两侧就座。

(6) 假如需要翻译人员,应安排其坐于次主谈人员的位置,即主谈人员之右。

(三)会议

会议有大型和小型之分。大型会议与小型会议在安排位次时,具体做法各有不同。

1. 大型会议的位次安排

大型会议是指千百人以上,多到上万人、几十万人参加的会议。会议的位次要求分为主席台与群众席,如图 3-13 所示。

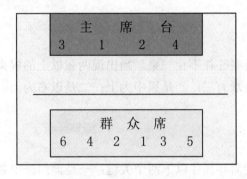

图 3-13 会议的位次安排

主席台成员的排位,主要应当遵守三条规则:一是中央高于两侧;二是右侧高于左侧;三是前排高于后排。主持人的位子可在前排正右,也可居于前排最右侧。发言席一般可设在主席台正中,或者其右前方。

群众席的排位方式主要有两种:一是自由式,即与会者自行择座,不做统一安排;二是按与会单位名称的汉字笔画的顺序或汉语拼音字母的顺序排位,或由前而后横排,或自左向右竖排。选择其中任何一种均可,两种方法也可交叉使用。

2. 小型会议的位次安排

(1) 讲究面门为上,面对房间正门的位置一般被称为上座。

(2) 讲究以右为上,坐在右侧的人为地位高者。

(3) 小型会议也强调自由择座。例如,主席可以选择在右侧,或者面门而坐,也可以坐在前排的中央位置,强调居中为上。

(四)签字仪式

签字时各方代表的座次是由主方代为先期排定的。规范做法是:签字桌面门横放,双方人员并排排列,双方签字人员居中面门而坐,主方居左,客方居右,双边仪式参加者列队站于签字者之后,中央高于两侧,右侧高于左侧,前排高于后排。

(五)合影

在正式场合需要合影留念时,参加人员通常应当根据一定的序列进行排位。在国内活动中进行合影排位时，一般讲究的是居中为上、居左为上、居前为上。在涉外活动中进行合影排位时，通常应遵循国际惯例，使主人居中，主宾居于其右侧，即讲究以右为上，同时两侧还应由主方人员位于最外侧。不管采用哪种方法为合影排位，都首先以方便拍摄为要，同时还要兼顾场地大小、人员多少、单数或双数、身材高矮等。

(六)宴会

在正式商务宴请中，位次的排列往往比菜肴的选择更受人关注。宴会的位次片列涉及两个问题：一是桌次，即不同的餐桌数目的把牌；二是位次，即每张餐桌具体的上下尊卑位次。

1. 桌次

在正式的宴会上，进餐往往不止一桌。当出现两张以上的餐桌时，就出现了桌次排列问题。桌次排列的基本要求有三：一是居中为上；二是以右为上；三是以远为上，即离房间正门越远位置越高。

2. 位次

餐桌具体位置的排列需要抓住以下两个关键：一是面门居中者为上，坐在房间正门中央位置的人一般是主人，称为主位；二是主人右侧是主宾位。

(七)旗帜的位次排列

在重要的场合尤其是在涉外交往中，旗帜的悬挂特别是国旗的悬挂往往备受重视。在悬挂旗帜时，尤其是悬挂代表国家尊严、作为国家标志的国旗时，必须认真对待。旗帜悬挂，主要分为国旗与其他旗帜同时悬挂及中国国旗与其他国旗同时悬挂两类情况。

1. 国旗与其他旗帜同时悬挂

当国旗与其他旗帜同时悬挂时，按照《中华人民共和国国旗法》的有关规定，国旗代表国家，所以必须居于尊贵位置。尊贵位置是指：第一，居前为上，当国旗与其他旗帜有前有后时，国旗居前；第二，以右为上，当国旗与其他旗帜分左右排列时，国旗居右；第三，居中为上，当国旗与其他旗帜有中间与两侧之分时，中央高于两侧；第四，以大为上，当国旗与其他旗帜有大小之别时，国旗不能小于其他旗帜；第五，以高为上，当国旗升挂位置与其他旗帜升挂位置有高低之分时，国旗为高。

2. 中国国旗与其他国家国旗同时悬挂

在国际商务交往中，有时会出现中国旗帜和其他国家旗帜同时悬挂的情况，这时应区别对待。如果活动以我为主，即我方扮演主人的角色时，以右为上，客人应该受到尊重，因此其他国家的国旗应挂于上位；如果活动以外方为主，即由外方扮演主人的角色，中国国旗应该处于尊贵位置，如图 3-14 所示。

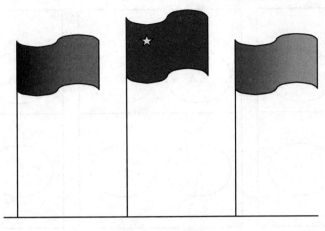

图 3-14 国旗悬挂

二、行进中的位次礼仪

行进中的位次礼节，指的是人们在步行时位次排列的顺序要求。

1. 常规做法

常规做法分两种情况：与客人并排行进时，中央高于两侧；内侧高于外侧，一般要让客人走在中央或者走在内侧。当与客人单行行进时，即一条线行进时，标准做法是前方高于后方，前方为上，如果没有特殊情况，应该让客人走在前面。

2. 上下楼梯

(1) 要单行行进：上下楼梯时，因为楼道比较狭窄，并排行走会阻塞交通，是没有教养的标志，所以，若没有特殊原因，应靠右侧单行行进。

(2) 前方为上：一般情况下，让客人走在前方，把选择前进方向的权利让给客人。如果客人是位穿短裙的女士，陪同人员应走在女士的前面，因为女士走在前会有"走光"的问题。

3. 乘车

乘车存在上下车的问题，一般情况下，让客人先上车、主人后下车。如果很多人坐在一辆车上，谁方便就谁先下。

(1) 公务乘车。车辆归单位所有，驾驶司机是专职司机，双排座位，该车的上座为后排右座，也就是司机对角线的位置。其次是后排左座和前排副驾驶座，如图 3-15 所示。

(2) 社交乘车。工作之余，三五好友外出吃饭娱乐，车辆一般归个人所有。当开车的人是车主时，上座为副驾驶位，其次是后排右座和后排左座，如图 3-16 所示。

(3) 重要客人乘车。接待高级领导、重要企业家时上座为司机后面的座位，因为该位置隐秘性比较好，其次是后排右座和副驾驶座，如图 3-17 所示。

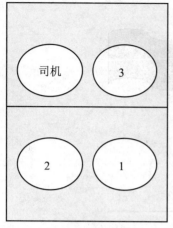
图 3-15 公务乘车的位次

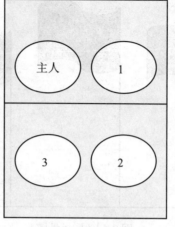
图 3-16 社交乘车的位次

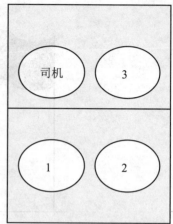
图 3-17 重要客人乘车的位次

【案例评礼 3.13】

错误的"上座"

为了锻炼小周的能力，老总让刚参加工作不久的小周乘坐专车前往机场去迎接来自外省的一位企业家施先生。宾主相见，寒暄握手完毕，小周便毕恭毕敬地将施先生让到了轿车前排的副驾驶座上，而自己则坐于轿车的后排。让小周没有料到的是，原本笑容可掬的施先生竟然立刻面沉似冰，老大不高兴的样子。此事过后，小周才晓得，自己一直视为"上座"的轿车前排的副驾驶座，在正式社交场合其实是地地道道的"下座"。远途而来的施先生上车伊始便被屈居于公认的"下座"，焉有不生气的道理。可见商务人员一定要懂得位次的排序。

4. 乘电梯

无人看守的电梯，陪同者先进后出，被陪同者后进先出。有人看守的电梯，职位尊者先进先出。

等电梯时，要主动面带微笑额首问安，进电梯时不争先恐后，要尽量能够避免近靠他人和背对他人，在电梯内正确的站法是，先进电梯要靠墙而站，不要以自己的背对着别人，可站成"n"形，看到双手抱满东西的人，可代为按钮。

有人按着电梯开门钮对他人交代事情，偶尔为之可以理解，但一定要简单明了，事后记得向电梯内其他人道歉，如果一时不清楚，不如搭下一班电梯，以免耽误他人的时间。

任务五　出　行　礼　仪

改革开放以来，因公因私在国内或海外出行的机会增多，所以商务人士掌握出行的相关礼仪知识，不断培养自觉遵守出行礼仪的习惯是十分重要的。

一、认真装备

1. 不同出行目的装备

商务人士出行以工作目的为主，可能有很多应酬场合，就必须带足应付各种场合的服装，同时又不杂乱和累赘，如两件职业装对于商务谈判和业务沟通很必要。参加正式的酒会，晚礼服及相应的首饰、内衣、鞋、包应备齐。

专为度假休息的旅行装相对比较随意。一般应根据地形、气候、时间长短、行程特点来挑选服饰。度假是为了解除平时的疲劳而舒展身心的，行李越轻越好。要选择那些可叠得很小的轻软的衣物，如 T 恤、休闲裤、丝衬衣等。

行李箱也是旅行中的重要配件，传统的硬面皮箱虽然笨重些，但固定性好，衣物及其他重要物品不易受损，如果是短时间的公事旅行，可选择这类行李箱。

2. 化妆品及其他细节

出门旅行，依旧保持在您所熟悉的化妆品环境中，会使您更从容舒适，尤其对于有工作目的的旅行。旅行前把头发修剪到方便梳洗的长度，再把所有要用的化妆品清点进小包里，如夏天的防晒品、冬季的护肤霜以及化妆盒。还可带上方便的洁面巾，以便在旅行中及时净面。

在飞机上多喝些淡盐水，会令皮肤保湿、眼神清澈，如果您是出差，会令来接机的同行感到您精力充沛、神采飞扬。另外，下了飞机可立即去做一次面膜，帮助脸上肌肤恢复光泽。

二、文明行路

(一)乘轿车的礼仪

在交际中，乘坐轿车已成为大家日常生活的一个组成部分。在乘坐轿车时应注意以下礼仪。

1. 遵守交通规则

驾驶者应该遵守交通规则，按交通标志行驶，雨天开车时，驾驶员要严格控制车速。夜间驾驶，在对面有车开来时，应把远光灯换成近光灯。

2. 停车要谦让

在城里，汽车只能停在允许停车的地方。停车时应当考虑其他车辆，不要占用两个停车位，也不要把车停在挡住其他车辆出入处。如果和别的汽车都在找停车位，要相互礼让，不要争抢。车内垃圾，不可随便往车外乱扔。

3. 乘坐有次序

如果是驾驶员开车，车上最尊贵的座位是后排右座。其余座位的尊卑次序是：后排左

21世纪高职高专经管类专业立体化规划教材

座、前排右座。简而言之，即右为上、左为下、后为上、前为下。若是主人亲自开车，那么司机旁边的座位则是尊位。

4. 上下车礼仪

当主人陪同客人同乘一辆轿车时，主人应为同车的第一主宾打开轿车的右侧后门，用手挡住车门上沿，防止客人碰到头。客人坐好后再关门，注意不要夹了客人的手或衣服。然后从车尾绕到左侧为另外的客人开门或自己上车。

如果和女士、长辈一同乘车，应请女士、长辈先上车，并为对方开关车门。抵达目的地时，主人首先下车，然后为客人打开车门。

如果乘坐旅游车或面包车等交通工具，应让尊者、宾客先上车；下车时，尊者、宾客在主人之后。

5. 注意乘车细节

倘若女士裙子太短或太紧不宜先上车，此时男士不必过分谦让。女士上车时，得体的方法是：先背对车座，轻轻坐在座位上，合并双脚并一同收入车内；下车时，也要双脚同时着地，不可跨上跨下，有失大雅。

6. 话题应适当

在轿车行驶过程中选择适当的话题，一般不要谈及车祸、劫车、凶杀、死亡等使人晦气的事情，也不要谈论隐私性内容以及一些敏感且有争议的话题，可以讲一些沿途景观、风土人情或畅叙友情等能够使大家高兴的事，使大家的旅行轻松愉快。

7. 举止要文明

不要在车内吸烟，不要在车内脱鞋赤脚，女士不要在车内化妆。不要在车内乱吃东西、喝饮料，不要在车内吐痰或向车外吐痰，更不要通过车窗向车外扔东西，这是有损形象和社会公德的。

文明驾车须知

(二)乘公共汽车的礼仪

1. 按顺序上下车

车到站时，要先下后上，自觉排队，不要拥挤。一般情况下，"男女有别，长幼有序"应是一种公众准则。遇有残疾及行动不便者，应主动给予帮助。绝不可凭借自己身强力壮，车尚未停稳便推开众人往上挤，这样不仅显得十分野蛮且极不道德。

2. 注意文明细节

上车后应主动买票、打卡、投币或出示月票。上车后应尽量往里走，不要堵在车门口。

遇到老弱妇孺应主动让座。避免在车上：大声聊天、谈论别人的隐私；放任幼儿在车上啼哭、嬉戏，影响司机开车的注意力；在车厢内吸烟、随地吐痰、乱扔废弃物等。带孩子的乘客，不要让孩子站在座位上，下雨乘车应该收拾好雨具，避免弄湿了座椅或别人的衣物。车上不和同伴高声谈笑，接听手机时更应该注意低声细语。

3. 提前做下车准备

车到站以前，应提前做好下车准备。如果自己不靠近车门，应先礼貌地询问前面的乘客是否下车，并使用文明语言，如"劳驾""对不起"等。如前面的乘客不下车，要设法与其调换一下位置。

(三)乘客轮的礼仪

1. 客轮的舱位是分等级的

我国的客轮舱位一般分特等舱、一等舱、二等舱、三等舱、四等舱、五等舱等几种。客轮实行提前售票，每人一个铺位，游船也实行对号入座。因船上的扶梯较陡，所以上下船大家应互相谦让，并照顾老年者、小孩和女士。

2. 乘客轮时要注意安全

风浪大时要防止摔倒；到甲板上要小心；带孩子的乘客要看住自己的孩子；吸烟的乘客要避免火灾；不要在船头挥动丝巾或晚上拿手电乱晃，以免被其他船误认打旗语或灯光信号。

3. 可邀请其他乘客一起娱乐

船上的服务设施齐全，有餐厅、阅览室、娱乐室、歌舞厅和录像厅等可供就餐或消闲，也可以去甲板散步，享受浪漫的诗情画意。但邀请一定要两相情愿，不可强求。若房中其他乘客出门，也不要好奇去翻动同房乘客的物品。

4. 乘船时要注意小节

如不要在船上四外追逐，忘乎所以；不要在甲板上将收录机放到很大声；不要在客房大吵大嚷；晕船呕吐去卫生间；遇上景点拍照不要挤抢等。另外，要注意船上的忌讳，如不要谈及翻船、撞船之类的话题，不要在吃鱼时说"翻过来"或说"翻了、沉了"之类的语言。

(四)乘火车的礼仪

1. 讲究候车规则

在候车室里，要爱护候车室的公共设施，不大声喧哗，携带的物品要放在座位下方或前部，不抢占座位或多占座位，更不要横躺在座位上使别人无法休息。要保持候车室的卫生，瓜果皮核等废弃物要主动扔到果皮箱里，不要随手乱扔，不随地吐痰。检票时自觉排队，不乱拥乱挤，有秩序上下车。

2. 注重上车礼仪

上车前主动向乘务员出示车票，依序上车，杜绝攀爬车窗的危险行为。上车后对号入座。火车的座位没有严格尊卑规定，但习惯认为，面向火车前进方向靠车窗的为上座，靠过道的为下座。男士应当帮助妇女或者上年纪的人安置好行李。如果自己的行李需要压在其他乘客行李上，应征得别人的同意。放、取行李时应先脱掉鞋子后站到座位上，以免踩脏别人的座位。

3. 爱护车厢环境

不在车厢内吸烟，不随地吐痰、乱扔废物。不在车厢内大声说话。吃东西时应尽量避免食物发出强烈的气味。食品包装纸或包装袋不能顺手丢在椅子下边或者抛出车窗。把垃圾放在车厢交接处的垃圾箱内。带孩子的乘客应该看管好孩子，不能让小孩大声哭闹或是到处乱跑，影响他人休息，也不能让其乱动别人的物品或是纠缠于人，引起别人的反感。

4. 举止应得当

车上休息时最好不要宽衣解带。无论天气多炎热，男士都不能赤膊。乘客使用座位前的小桌时应给别人多留余地。休息时靠在其他乘客身上，或把脚搭在别人的座位上都是不合适的。

5. 注意礼貌交谈

长途旅行，与邻座的旅客可以针对彼此都乐于交谈的话题进行探讨，但应注意交谈礼貌：交谈前应看清对象，与不喜欢交谈的人谈话是不明智的，和正在思考问题的人谈话也是失礼的。即使与旅伴谈得很投机，也不要没完没了，看到对方有倦意就应立刻停止谈话。注意谈话中不要问对方的姓名、住址及家庭情况，这些不是乘坐火车时合适的交谈话题。

(五)乘飞机的礼仪

飞机是目前世界上最快捷的交通工具，具有速度快、时间短、乘坐舒适等特点，很适合人们的旅行。由于空中旅行与地面旅行有很多差异，必须注意以下礼仪。

1. 登机前的礼仪

(1) 提前赶往机场。国内航班要求提前两小时到达，而国际航班需要提前三小时到达，以便留出托运行李以及检查机票、身份证和其他旅行证件的时间。

(2) 行李尽可能轻便。随身手提行李一般不超过 5kg，其他能托运的行李要随机托运。头等舱可免费托运 40kg 行李、公务舱 30kg、经济舱为 20kg。在国际航班上，手提行李不要超过 7kg。头等舱和公务舱可免费托运行李两件(32kg/件)，经济舱可托运行李一件(23kg/件)。如果多带行李，则超重的部分每磅按一定的比价收钱。

(3) 不携带易燃易爆的危险物品。小刀等物品(包括女士日常使用的修眉刀与修眉剪)应当事先放在托运的行李中，不要随身携带；否则这些物品可能无法通过安全检查。如果需要随身携带液体物品，在通过安检通道时应把液体物品拿在手中或放在容易拿出的地方，节省安全检查的时间。

(4) 乘坐飞机前要取到登机卡。有的航班在买机票时就为乘客预留了座位，同时发给登机卡。大多数航班都是在登记行李时由工作人员为乘客选择座位卡。登机卡应在候机室和登机时出示。如果乘客没有提前买机票或未订到座位，需在大厅的机票柜台买票登记，等候空余座位时必须有耐心，直到持票旅客全部登记后，再按到达柜台的先后得到照顾。

（5）通过安全检查出示有效证件。如身份证、护照、机票、登机卡，交安检人员查验、放行后通过安检门时需将电话、传呼机、钥匙和小刀等金属物品放入指定位置，手提行李放入传送带。

2. 登机后的礼仪

（1）登机后，乘客要根据飞机上座位的标号按秩序对号入座。不要把体积很大的旅行包背在肩上，也不要在地上拖着走。这样做容易碰到坐在走廊旁边的乘客，他们的头或脚会"遭殃"。

（2）把你随身携带的手提箱、衣物等整齐地放入上方的行李舱中。要小心，不要让你的东西掉下来砸到下面坐着的乘客。通常，乘务员会在飞机起飞之前检查行李是否放好。不要给乘务员增添太多的麻烦，以免延误起飞时间。

（3）坐下时可以向你旁边的乘客点头示意。如果他(她)没有想和你聊天的意思，不要去打扰他(她)。对于很多工作繁忙的人来说，飞机上的时间是非常宝贵的休息或放松的时间。

（4）飞机起飞前，一般会播放安全注意事项。此时，一定要保持安静，仔细聆听。即使你已经对安全注意事项非常熟悉，也不要和你旁边的人说话。你旁边的人也许是第一次乘坐飞机，假如他(她)出于礼貌而和你交谈，就会错过某些与生命安全密切相关的重要内容。乘务员通常也会给旅客示范表演如何使用降落伞和氧气面具等，以防意外。

（5）如果你必须经常离开座位去洗手间或到处走动，你应当在上飞机之前申请一个靠走廊的座位；否则进进出出会给别人增添很多麻烦。如果事先没有得到靠走廊的座位，上飞机后可以请乘务员帮助调换座位。

（6）飞机机舱内通风不良，因此不要过多地使用香水，也不要使用味道浓烈的化妆品。大家知道，同样的味道，某些人可能很喜欢，而另一些人可能会感到无法容忍。如果你不想让你周围的人(尤其是那些容易晕车、晕船、晕飞机的人)反胃，请谨慎处理自己的气味。

（7）要尊重空乘人员。空乘人员的工作非常重要，他们承担着保护乘客安全的重要职责。不要把乘务员当成你的私人保姆，不要故意为难他(她)们。

（8）在头等舱点餐时，不要点过多食品。能吃多少就点多少。遵循优雅的餐桌礼节。不要要求乘务员提供奇特的食品。如果在饮食上有什么要求，应当在预订座位时向航空公司事先声明。尽管头等舱酒水免费，也不要多喝酒。在飞机上人通常处于缺水状态，酒精的危害也更大些。

（9）夜间长途飞行时，注意关闭阅读灯，以免影响其他乘客休息。

（10）不要把座椅靠背放得过低。飞机上两排座椅之间的距离通常比较狭窄，假如座椅靠背放得很低，后面乘客的腿便很难伸开，也无法看报纸了。在旅途中如果想把座椅靠背向后放下，应当先和后面的人打声招呼，看看后面的人是否方便。不要突然操作，以免碰到后面的人。进餐时要将座椅靠背放直。

（11）保持卫生间清洁。占用卫生间时间不要过长，不要在卫生间内没完没了地化妆或梳头。

3. 停机后的礼仪

在飞机没有完全停稳之前不要急忙站起，这样很不安全。要等信号灯熄灭后再解开安全带。停机后，乘客要带好随身携带的物品，按次序下飞机，不要拥挤，应当有秩序地依次走出机舱。

国际航班上下飞机要办理入境手续，通过海关便可凭行李卡认领托运行李。许多国际机场都有传送带设备，也有手推车以方便搬运行李。还有机场行李搬运员可协助乘客。在机场除了机场行李搬运员要给小费外，其他人不给小费。

下飞机后，如一时找不到自己的行李，可通过机场行李管理人员查询，并可填写申报单交航空公司。如果行李确实丢失，航空公司会照章赔偿的。

(六)礼貌住宿

客房是客人临时之家，是为客人提供休息的场所。在我国，客人的入住一般须出示居民身份证等有效证件，然后办理住宿登记等手续。在一些发达国家，大都是先预订房间，到达后只要说出自己的姓名，然后在登记册上签名即可。

1. 内外有别

因为旅店既是休息的地方，又是工作的地方，所以，室内着装可相对随便些。但是如果约好客人在下榻饭店的客厅或自己的房间洽谈业务，则要仪表端庄，注意自己的职业形象，同时也应遵守前面提到的待客礼仪和日常礼仪。为客人准备好相关的茶水和饮料。

2. 文明入住

住店要处处体现文明。关房门时注意用力轻一些。深夜回来，如需洗澡，注意动作要轻一些，避免打扰到隔壁邻居，如可能最好等第二天早晨再洗。如果与别人合住，应该注意出门时随手将门关上，不要在房间里喧哗，以免影响他人休息。休息的时候可以点亮"请勿打扰"的标志灯，或在门外挂上"请勿打扰"牌子。到别的房间找人，应该敲门，经主人许可再进入，不要擅自闯入。

3. 安全第一

(1) 入住后应先阅读房间门后的消防逃生路线图，熟悉所在房间的位置和逃生楼梯的方位。

(2) 查看窗户和侧门是否锁好。

(3) 将贵重物品随身携带。不要把钱或贵重物品留在房间里，要把珠宝、照相机、文件等都锁在饭店的保险箱里。

(4) 待在房间里的时候，把门关好并上好锁。晚上睡觉前，应将防撬链扣挂好。

(5) 房门钥匙要随身携带，不要当众展示你的钥匙，也不要把它放在饭馆的餐桌上、健身房里或者其他容易丢失的地方。

(6) 门厅的灯可以亮着，可以开夜灯睡觉，或者开着洗手间的灯睡觉，以便让自己感到安全，或者遇到紧急的情况可以照亮。

4．爱护设施

宾馆客房内备有供旅客生活使用的各种物品，如桌、椅、灯具、电视、空调以及洗刷和卫生洁具、浴具等设施，如图 3-18 所示。使用时应爱护，不许用力拧、砸、敲。如不慎损坏，应主动赔偿，故意破坏房内物品或损坏了物品不声不响，甚至把房内不属于自己的东西随意拿走等，都是违背社会公德的不文明行为。

图 3-18　客房

5．保持卫生

在客房内衣物和鞋袜不要乱扔乱放。废弃物应投入垃圾桶内，也可放到茶几上让服务员来收拾，千万不要扔进马桶里，以免堵塞，影响使用。吸烟者不要乱弹烟灰、乱抛烟头，以免烧坏地毯或家具，甚至引起火灾。出门擦鞋应用擦鞋器，用枕巾、床单等物品擦鞋是不道德的行为。

强 化 演 练

一、单选题

1. 名片上不应该印的内容是(　　)。
   A. 单位　　　　　　B. 地址　　　　　C. 电话号码　　　D. 小名昵称
2. 与日本、韩国等东方国家的友人见面时最常见的礼仪方式是(　　)。
   A. 行鞠躬礼致意　　　　　　　B. 点头打招呼
   C. 合十礼　　　　　　　　　　D. 拥抱
3. 接电话时，拿起话筒的最佳时机应是(　　)铃声过后。
   A. 一声　　　　　　B. 二声　　　　　C. 三声　　　　　D. 四声
4. 商务交往中对对方的称呼正确的是(　　)。
   A. 姓与名　　　　　　　　　　B. 头衔+姓
   C. 与职业或身份有关的称呼语　D. 头衔+名
5. 翻译人员应安排坐于主谈人员的(　　)。
   A. 左侧　　　　　　B. 右侧　　　　　C. 后侧　　　　　D. 前侧

21世纪高职高专经管类专业立体化规划教材

6. 与客人并排行进时，以下说法错误的是(　　)。
   A. 中央高于两侧　　　　　　　　B. 外侧高于内侧
   C. 客人走在中央　　　　　　　　D. 客人走在内侧

7. 有人看守的电梯，以下说法正确的是(　　)。
   A. 先进后出　　B. 后进先出　　C. 先进先出　　D. 后进后出

8. 客轮舱位等级高的是(　　)。
   A. 一等舱　　　B. 二等舱　　　C. 三等舱　　　D. 四等舱

二、多选题

1. 相对式排列时(　　)。
   A. 以右为尊　　B. 以左为尊　　C. 以外为尊　　D. 以内为尊

2. 商务通话不可选(　　)。
   A. 周一上午　　B. 周五下班前　　C. 晚上10点后　　D. 周二上午

3. 引导者引导客人参观时，按商务礼仪下列说法不正确的是(　　)。
   A. 左前方引路　　B. 左后方引路　　C. 右前方引路　　D. 右后方引路

4. 电话公务应注意(　　)。
   A. 报　　　　　B. 转　　　　　C. 送　　　　　D. 批

5. 电话形象要素包括(　　)。
   A. 通话内容　　B. 通话时机　　C. 通话时举止形态　　D. 电话公务

6. 会客的座次排列分(　　)。
   A. 自由式排列　　B. 相对式排列　　C. 并列式排列　　D. 一排式排列

7. 握手时要注意(　　)。
   A. 神态　　　　B. 力度　　　　C. 时间　　　　D. 语言

8. 商务信函格式包括(　　)。
   A. 称呼　　　　B. 正文　　　　C. 署名　　　　D. 日期

9. 常见的商务信函有(　　)。
   A. 感谢信　　　B. 介绍信　　　C. 邀请函　　　D. 贺电

10. 电子邮件的优点是(　　)。
    A. 不用信纸和笔，用电脑就可以了　　B. 没有收信人人数的限制
    C. 能够取代传统的包裹或货物邮递　　D. 安全性强，不用担心信件遗失

11. 语言交际的特点是(　　)。
    A. 交流的双向性　　　　　　　　B. 交谈的灵活性
    C. 鲜明的口语特征　　　　　　　D. 距离的适度性

12. 公务舱可免费行李托运(　　)。
    A. 40kg　　　　B. 30kg　　　　C. 20kg　　　　D. 10kg

13. 索取名片的方法有(　　)。
    A. 交易法　　　B. 激将法　　　C. 谦恭法　　　D. 命令法

14. 属于致意礼的有(　　)。
    A. 点头礼　　　B. 拱手礼　　　C. 拥抱礼　　　D. 鞠躬礼

三、判断题

1. 客人和主人会面时，按商务礼仪接待人员应首先介绍客人。　　　（　　）
2. 职场交谈不涉及私人问题。　　　（　　）
3. 陌生场合可请教他人擅长的问题。　　　（　　）
4. 握手时对方如没主动权，但先伸手与你相握，此时你不可不握。　　　（　　）
5. 男士女士握手时，男士应把墨镜摘下来，而女士不用摘。　　　（　　）
6. 如果右手拿有物品，可以用左手握手。　　　（　　）
7. 行鞠躬礼时，女士的手应该贴放在身体两侧裤线处。　　　（　　）
8. 介绍他人时，应该把职位高的先介绍给职位低的。　　　（　　）
9. 递名片时可以单手递送。　　　（　　）
10. 应该把名片正面出示给对方。　　　（　　）
11. 三人并排行进，中间为尊。　　　（　　）
12. 聆听电话时，要仔细认真，并及时作答反馈。　　　（　　）
13. 电话交谈持续时间不宜过长，控制在 10min 以内。　　　（　　）
14. 收到传真要及时回复，避免疏漏造成传真丢失。　　　（　　）
15. 在交往中，如果对方的请求自己很为难，那么就要直接拒绝"说不"。　　　（　　）
16. 在火车车厢不要宽衣解带，更不能赤膊。　　　（　　）

四、简答题

1. 称呼的种类和用法有哪些？
2. 握手时应注意哪些礼貌礼节？
3. 介绍有几种类型？他人介绍的顺序是什么？
4. 使用名片应注意哪些礼节？
5. 接听电话有哪些礼节？
6. 谈话的基本技巧有哪些？
7. 发送电子邮件要注意什么？
8. 商务人员如何写商务信函？
9. 什么是位次？位次排序有哪些重要性？不同的场合位次是如何排序的？
10. 商务人员如何做到文明出行？

五、案例分析

"小姐"称呼的中国特色

《现代汉语词典》中，"小姐"解释为：旧时对未婚女子的称呼；母家的人对已出嫁的人也称为小姐。"小姐"这一称谓在我国可谓冷热几十年，宠辱一口间，颇体现出了中国特色。

50 多年前，一个女性如能被人称为小姐，那么她不是大家闺秀也是文化丽人。小姐这两个字，一般人是配不上的。要不然怎么会有"小姐的身子丫鬟的命"一说呢？

20 多年前，"小姐"一词臭了，你叫人一声小姐，不但被叫者不高兴，叫人者也要倒霉。那时男女老少流行统称同志，小姐是被批判的"封资修"的东西。

21世纪高职高专经管类专业立体化规划教材

十几年前，面对年轻的女子，你称呼一声"小姐"，对方不仅沾沾自喜，还会感到受宠若惊，"小姐"一词被《国家公务员条例》列为国家公务员的指定礼貌用语。

然而在今天，"小姐"一词又贬值了。北京一男士携妻购物，女店员笑容可掬："先生，您给小姐买点什么？"这位妻子当即相斥："你才是小姐呢。"小姐沾了"三陪"的光，成了"黄"称。而在国外，"小姐"这个称呼不知叫了多少年没有什么变化，就是对未婚女子的称呼，而且你如果对年龄偏大的女士叫一声小姐，对方不但不会责怪你，还会心里暗暗高兴呢！因为这样有夸它年轻之意，她往往愿意接受。

讨论与分析：

1. "小姐"称呼的中国特色说明了什么？
2. "小姐"称呼究竟应该怎样使用？

老田鸡退二线

某局新任局长宴请退居二线的老局长。席间端上一盘油炸田鸡，老局长用筷子点点说："喂，老弟，青蛙是益虫，不能吃。"新局长不假思索，脱口而出："不要紧，都是老田鸡，已退居二线，不当事了。"老局长闻听此言顿时脸色大变，连问："你说什么？你刚才说什么？"新局长本想开个玩笑，不料说漏了嘴，触犯了老局长的自尊，顿觉尴尬万分。席上的友好气氛尽被破坏，幸亏秘书反应快，连忙接着说："老局长，他说您已退居二线，吃田鸡不当什么事。"气氛才有点缓和。

讨论与分析：

1. "莫对失意人谈得意事"（[清]冶家格言），结合本案例谈谈你对这句话的理解。
2. 在交际中开玩笑应该注意什么？

为他人介绍

(1) 这位是×××公司的人力资源部张经理，他可是实权派，路子宽，朋友多，需要帮忙可以找他。

(2) 约翰·梅森·布朗是一位作家兼演说家。一次他应邀去参加一个会议，并进行演讲。演讲开始前，会议主持人将布朗先生介绍给观众，下面是主持人的介绍语：先生们，请注意了。今天晚上我给你们带来了不好的消息。我们本想要求伊塞卡·马克森来给我们讲话，但他来不了，病了。(下面嘘声)后来我们要求参议员布莱德里奇前来，可他太忙了。(嘘声)最后，我们试图请堪萨斯城的罗伊·格罗根博士，也没有成功。(嘘声)所以，结果我们请到了——约翰·梅森·布朗。(掌声)

(3) 我给各位介绍一下；这小子是我的铁哥们儿，开小车的，我们管他叫"黑蛋"。

讨论与分析：

1. 以上介绍各存在什么问题？
2. 在商务交际场合中进行介绍应注意哪些规范？

失败的旅行

李军是某公司的销售人员，乘火车到外省某公司洽谈一笔生意，火车上人很多，李军很累，就将腿伸到过道上，整个人歪坐在座位上睡起来，他的头一会儿歪在了旁边的一位女孩身上，女孩很不好意思，不断地移开自己的身体，李军的头又一会儿歪在了另一位女士的身上，看着他熟睡的样子和听着他发出的呼噜声，大家觉得很好笑。

等他睡醒以后又开始打开MP3旁若无人般听起音乐来，嘴里还跟着音乐哼哼，声音很大，很多人都皱起眉头。

讨论与分析：

李军的哪些行为违背了商务出行礼仪的要求？

实 训 设 计

一、商务会面礼仪实训

1. 实训目的

通过常用礼节的训练，让学生掌握最常用的礼仪规范，如握手、鞠躬致意、介绍等，以便能在社交和商务活动中正确使用该礼仪。

2. 实训内容

(1) 握手。按照本章任务一中介绍的握手具体要求，掌握握手的顺序、握手的距离、握手的时间和面部表情。

(2) 鞠躬。行礼者和受礼者相互注视，不得斜视或环视；行礼时不可戴帽，行礼者在距离受礼者2m左右进行；行礼时，身体上部向前倾15°～19°不等，具体的前倾幅度视行礼者对受礼者的尊重程度而定(日本人第一次见面问候礼是30°，分手告别礼45°，韩国人一般鞠躬礼60°，对待特别尊重的人要求90°)；双手自然下垂平放膝前或两侧，鞠躬完毕后恢复直立。

(3) 名片的递接。一般情况下，地位低的人先向地位高的人递名片，男士先向女士递名片。递送名片时，应面带微笑，正视对方，将名片的正面朝着对方，恭敬地用双手的拇指和食指捏住名片上端的两角递送到对方胸前。接受名片后，应把名片慢读一遍，不懂之处应当即请教，随后将名片放入自己的名片盒内或公文包内，切不可随便放在桌上或裤子口袋内。

3. 实训要求

(1) 握手训练。学生两人为一组，在教师指导下进行握手训练，直到规范为止。

(2) 鞠躬。学生三人为一组，两两互相鞠躬，另一人在旁边规范其身体姿势，直到规范为止。

(3) 名片的递接。首先，每位学生为自己设计一张名片，在合乎礼仪规范和实用性的同时，适当突出个性，加深接受者的印象。其次，在规定的时间内写下十个"我是谁"。如"我是一个喜欢和人交往的人"等。然后，结合这些答案做一个完整的、有自己风格的自我介绍文稿。最后，学生每三人为一组，在进行自我介绍和他人介绍的同时练习名片的递接。

二、商务通联礼仪实训

1. 实训目的

通过模拟训练的方式使学生巩固电话礼仪、信函礼仪和电子邮件礼仪的基本常识。

21世纪高职高专经管类专业立体化规划教材

2. 实训背景

陕西华美装饰工程有限公司成立于2005年，主营内墙装饰板、吊顶、木地板、墙纸等产品，并集艺术涂料的研发、生产、销售于一体。2010年，该企业自行研发了液体壁纸这一产品，并把它作为公司业务发展的重点方向。自成立以来，它始终把打造关中最为专业的内墙材料供应商作为自己的企业愿景，把绿色、环保、专业作为企业发展的核心理念，把为客户提供精品作为企业发展的价值观念，把客户口碑相传视为产品传播的最佳途径。

为了更好地向客户宣传自己的液体壁纸，陕西华美装饰工程有限公司决定邀请自己的长期客户或潜在的客户来公司召开一次产品推介会。

3. 实训要求

(1) 请以公司经理的名义撰写一份参加产品推介会的邀请函。

(2) 以邮寄和电子邮件两种方式将写好的邀请函发送到客户手中。注意信封的填写格式。

(3) 打电话再次确认客户到会情况。提前准备通话内容，注意打电话时的正确姿势和语气。

三、商务语言实训

1. 实训目的

通过活动的开展增强学生的语言表达能力。

2. 实训内容

学生分组，扮演不同的角色，举办一场谈话节目。可模仿中央三套的"艺术人生"、湖南卫视"背后的故事"、安徽卫视"非常静距离"或其他综艺类节目(天天向上、快乐大本营等)。

3. 实训要求

(1) 分组：学生每5～6人为一组，选出小组长全权负责整个活动内容。

(2) 节目策划：组长带领小组成员商讨确定节目主题，并对整个节目流程进行策划，注意节目选题的可行性。

(3) 角色扮演：各小组成员根据策划内容进行角色扮演，在谈话中注意语气、语调和讲话的态度、方式，充分运用语言交际的技巧，如幽默、恭维、聆听等。

四、商务位次实训

1. 实训目的

通过课堂训练让学生掌握各种位次礼仪。

2. 实训背景

南城化工有限责任公司一行五人(包括总裁、销售经理、生产经理、总裁秘书和总裁夫人)飞往杨城秦风公司参观学习。在参观学习的三天里要进行会谈、参观、宴请等活动。请按照实训要求完成相关内容。

3. 实训要求

(1) 杨城秦风公司准备派车前往机场，将南城化工有限责任公司一行五人接回公司。请你以杨城秦风公司经理秘书的身份安排车辆、迎接人员和乘车位次。

(2) 杨城秦风公司安排客人入住当地五星级酒店。酒店房间有单人间、标准间和三人间，你认为最合理的入住搭配是什么？假设当地正在举办高新技术博览会，酒店房间有限，请根据不同的预留房间为这五人安排住宿。比如只剩一个标准间，其余都是三人间，那么这五个人如何搭配？

(3) 第一天，南城化工有限责任公司一行五人要参观杨城秦风公司，请你设计行走位次、上楼梯位次和电梯位次。

(4) 第二天，双方进行会谈，请你对会谈场地进行布置，重点是位次安排。杨城秦风公司参会人员由学生自己设定，简单地绘出会场布置平面图。

(5) 会谈完后要进行合影留念，请你为合影安排位次。

(6) 晚上杨城秦风公司经理热情款待南城化工有限责任公司一行五人，请安排杨城秦风公司陪同人员及宴请位次。

五、商务出行实训

1. 实训目的

培养学生对商务出行礼仪知识的掌握与运用能力。

2. 实训内容

学生分组分别针对商务人员出行设计一定的情节、场景、人物、对话等，模拟出行各个场合(如乘轮船、乘火车、乘飞机、住宿等场合)的基本礼仪，进行情景剧表演。也可通过违背礼仪规范的反面剧情表演，加深学生对正确礼仪规范的印象。

3. 实训要求

(1) 挑选小组负责人。在全班同学中选出 4～5 名同学作为小组负责人，每位负责人将带领自己的团队完成实训内容。负责人的选取可以是同学积极报名，也可以是老师指定。

(2) 分组。小组负责人制定团队选人标准，将班级其他同学选入自己的团队。

(3) 决策。小组负责人带领团队成员制定商务出行情景剧主题，编写剧本，角色分工，彩排预演。

(4) 情景剧展示。小组成员进行场地布置，准备表演道具，在指导老师指定的时间进行情景剧展示。可邀请相关老师或同学作为评委，按照预先制定好的评分标准对情景剧内容及现场表现打分。

项目四

商务职场礼仪

【知识目标】

- 了解办公室布置、办公设备使用礼仪。
- 熟悉商务会客礼仪。
- 掌握商务接待、拜访过程应遵循的礼仪要求。
- 掌握礼品馈赠礼仪。

【技能目标】

- 能够遵循办公室礼仪完成日常工作。
- 能够在商务接待拜访活动中遵守相应的礼仪规范和礼仪要求。
- 能够挑选礼品并进行馈赠。

【知识结构图】

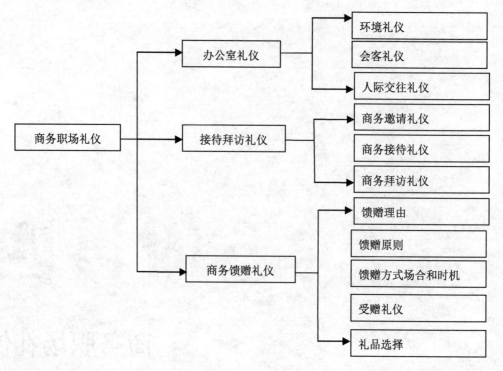

【情境导入】

王佳是刚毕业的大学生，最近应聘了一家贸易公司，下个月就可以上班了。初入职场的王佳希望与同事、客户以及方方面面的人员好好相处，王佳需要具备哪些办公室礼仪和接待拜访礼仪呢？

任务一　办公室礼仪

办公室是现代社会最为典型的工作场所，办公室礼仪是指人们在办公室这一特定的工作场所应具有的礼仪。良好的办公室礼仪，对于创造一个优美、和谐、融洽的工作环境，维护公务秩序，提高工作效率，营造文明氛围，改善服务质量是极为重要的。

一、环境礼仪

办公室是大家办公的地方，因此布置需要清洁安静。清洁安静的工作环境能愉悦心情，提高工作效率，增强来访者的严肃感。

(一)办公环境要求

1. 保持工作环境清洁卫生

上班前每天应对办公室进行清扫，保持地面无垃圾，墙壁、办公室桌椅、文件柜无灰尘，墙面上的张贴物、挂件整齐有序，工作期间不在办公室内随便乱扔纸屑，不随地吐痰。

2. 保持工作环境整齐有序

办公室的家具应摆放整齐、美观；不可过于花哨，否则会给工作人员眼花缭乱的感觉，影响工作情绪和效率，并且会给来访者留下杂乱无章的印象。办公室的文具用品、资料等应摆放有序，整理归类，便于查找。

3. 营造安静的工作气氛

很少有人可以在嘈杂的环境中安心工作，因此为了使工作有效率地进行，应在办公室营造安静的气氛，如墙壁使用吸音材料、安双层玻璃可以使办公室不受外界干扰，办公人员不大声喧哗等。

(二)办公用品布置

1. 办公桌

放在房间中光线较好的地方，与窗户保持 1.5～2m 的距离，如果是多人的办公室，可采用隔板，以保持各自工作区的独立和不受干扰。可选择一些风景画、盆景、有特殊意义的照片、名人字画、企业的徽标等作为办公室的装饰。

2. 文件柜

办公室文件柜的摆放应以利于工作为原则。通常情况下，应靠墙角放置，柜内文件要及时清理、归档、建立目录，以便随时查找资料，整理、收藏文件。

3. 电话机

办公室电话的摆放应以便利接听为原则。一般放在办公桌或写字台的右前缘。如果在同一写字台或办公桌上要安置几部电话，则应放置在办公桌或写字台的左右前缘。

(三)办公设备的使用礼仪

1. 使用计算机的基本礼仪

(1) 学会正确使用计算机。
(2) 共用时，要与他人协调好计算机的使用时间。
(3) 注意机密文件的保密。
(4) 不要在病毒发作时使用计算机。
(5) 不能在工作时间玩计算机游戏。
(6) 保持环境、设备的整洁。

2. 收发传真的礼仪

(1) 要选择好发传真的时间。
(2) 当接收方的传真设备为多人共用时，应事先给收件人去电话。
(3) 最好使用有本公司名称的公文纸发送。

21世纪高职高专经管类专业立体化规划教材

（4）传送图片时，应以黑白为宜，彩色的传真效果不好。

随身课堂

办公室礼仪禁忌

二、会客礼仪

办公场所会客，一般在办公室进行，如果来的是重要客人，也可在会客室或其他适合会客的地方进行。这里主要介绍办公室会客应注意的礼仪事项。

1. 起身让座

客人来访时，被访者应马上放下手中工作，起身相迎，并主动招呼就座，若手中工作紧急，也应起身让座说明情况，请其稍等。若有事暂不能接待，应安排秘书或其他人员接待。

2. 饮料递送

主动提供免费饮料服务并询问客户需求，如："我们为您准备好的饮料有茶、咖啡、可乐和矿泉水，请问您喝点什么？"饮品不要装得太满，使用托盘递送。送饮料时，按逆时针方向将饮料放于客户右手边，注意手指不触碰到杯边。将托盘正面朝外用左手托住，右手指示饮料请客户饮用，如"您请慢用"，然后点头示意并退下。随时注意观察客户饮料是否需要添加，以便及时续杯。

3. 认真倾听

接待来访者应认真倾听，对来访者的意见和观点不要轻率表态，应思考后再作答复。对一时不能作答的，要约定一个时间再联系。能够马上答复的或立即可办理的事，应当场答复迅速办理。对来访者的无理要求或错误意见，应有礼貌地拒绝或婉言提出借口，如："对不起，我要参加一个会，今天先谈到这儿，好吗？"

4. 陪同引导

为客人引路，接待人员应走在客人左前方或右前方 1m 左右处。当到达所去部门门口时，请客人先进；进门后为客人和被访者进行介绍；若客人所找人员不在，室内其他人员应主动接待向其说明有关情况，问明客人是否需要转达口信和留言，并尽量为其提供方便。

5. 送别客户

当客人告辞时，应起身送客，为客人打开门微笑道别："请慢走""谢谢您的来临。"尊贵的客人，应送到电梯前，替客人按钮，当客人进入电梯后，在门未关闭前，向客人告别，或陪同送至本公司楼下或大门口，待客人远去后再回公司；若是乘车离去的客人，应走至车前，至少保持 5s 微笑、挥手送别客户。

三、人际交往礼仪

在日常办公工作中，存在两种人际关系，即同事之间的关系和上下级之间的关系，能否协调处理好人际关系，是商务人员工作能力的重要体现。

(一)与同事相处的礼仪

办公室内部成员之间应建立一种健康的同事之间的关系，体现团队的力量，完成共同的任务。为此，与同事交往过程中应注意以下礼仪。

1. 相互团结、相互关心

同事之间往往同处一间办公室或一个办公场所，因此，只有同事之间团结共事，相互关心，对同事的喜怒哀乐做出真诚而适当的反应，尤其是主动关心同事的困难，才能共同创造出良好的工作氛围与和谐的人际关系。

2. 相互信任、相互协作

在日常工作中，应本着相互信任的态度，遇事同他人商量，虚心听取和参考他人的意见，主动创造同事间的安全感，在此基础上，清楚地认识到自己是群体中的一员，只有与其他同事密切配合，合作共事，才能实现共同的工作目标。

3. 相互尊重、保持距离

同事关系不同于亲友关系，是以工作为纽带的，一旦失礼，矛盾将难以愈合，故同事之间的关系应该在保持一定距离的基础上相互尊重。同事之间的相互尊重，就是尊重他人的立场、观点，尊重他人的人格，尊重他人的隐私。

如何化解误会

(二)与上级相处的礼仪

商务人员在实际工作中都有各自的领导，都需得到领导的认可、信赖才能更好地开展工作，因此商务人员要善于与上级沟通及交往，掌握与上级相处的礼仪。这些礼仪主要有以下几种。

1. 尊重上级、支持上级

上级的身份使其大多有很强的自尊心，故作为其下属应维护上级的自尊，即使上级有错也不要在公开场合挑战其权威，可选择一个私下场合向其说明。

能够正确领会上级的意图，是对上级工作的最大支持，也是一个优秀下属的重要标志，

21世纪高职高专经管类专业立体化规划教材

因此要注意体现在文件、批示或指示中的上级意图，充分领会上级精神。

2. 服从领导、尽职尽责

上下级关系是一种领导和被领导的关系，上级对下级有指挥权。在工作中，下属应遵守组织原则，服从分配，积极工作，遇事多向上级请示，不要擅自越权。

虽然应积极向上级展示自己的才华，但要注意不要造成故意卖弄和喧宾夺主的影响，避免结果适得其反。

3. 维护上级威信、体谅上级

作为下属，应学会站在上级的立场看待问题，设身处地为领导分忧，多看其优点，消除对上级的排斥心理，尽力维护上级的威信。

【案例评礼 4.1】

与性格火暴的上司相处

秦经理是公司业务能力很强的主管，反应灵敏，知识丰富，很受总经理的器重。可是他个性比较冲，常常讲话得理不饶人，很让人受不了。有一回明玉和玉珊因为弄错成本账，被秦经理骂得狗血喷头："这么简单都不会，你们老师是怎么教的，都是一群猪脑子！"

明玉年少气盛，被 K 了几次之后，终于忍不住火起来："我们做错了，犯不着连我们的老师一起骂！"办公室因为这一顶嘴，弄得气氛凝重紧张。已婚的玉珊想鼓起勇气与秦经理辩解几句，但她没有这样做，她知道此时表达任何意见都只会火上浇油。明玉吵着要辞职，一把鼻涕一把眼泪地在整理私人用品。她一边安抚明玉，一边想自己有家有小，有经济负担，不像明玉那样可以说辞职就辞职，因此暗暗下了决心：既然要在这个单位，就不能和"大石头"硬碰，也不能维持现状，继续挨骂。过几天她找到秦经理讲，表示自己要下功夫，重新找书本学习，如果还有不懂的地方就请教经理，希望经理能耐心地教她。

经过她的这番沟通，她跟秦经理的紧张关系终于得到了缓和，她也发觉秦经理只是个性很急，实际上心地是很善良的，慢慢地她成为同事们和秦经理之间沟通的桥梁。

玉珊这样处理事情并不是压抑，也不是讨好，而是带动自己和同事们一起成长。

(资料来源：吴娟瑜. 商务沟通与人际关系拓展[M]. 北京：北京大学出版社，2007.)

(三)与下级相处的礼仪

正确处理好与下级之间的关系，应注意以下三个方面的问题。

1. 礼贤下士、尊重下级

上下级之间没有高低贵贱之分，只有分工不同，所以上级首先不要以"领导"自居，应以平等友好的态度与下级相处。

上级人员要充分注意下级的表现，及时肯定他们的成绩和能力，尊重他们的权利，给他们平等的机会，与下级保持良好的关系，这将大大提高下级的工作积极性。

2. 体谅下级、注意沟通

首先，上级要了解自己下属的基本情况，甚至能了解其内心世界，做到知人善用。其次，要宽容下级，对他们的错误及时指出并纠正，不要一味批评。最后，要主动加强与下级的沟通。除重视平时的随意交流外，还可定期召开座谈会、设立意见箱等，使沟通制度化。

3. 关心下级、提供帮助

上级要主动为下级创造良好的办公环境，注意通过改进物质条件来调动下级的工作积极性，要经常了解下级的生活和工作情况，尽力帮助其解决各方面遇到的困难。对工作时遇到问题或者刚参加工作的年轻人，要热情而耐心地指导，帮助他们尽快提高个人素质。

任务二　接待拜访礼仪

接待是指商务人员在企业活动中对来访者所进行的迎送、招待、接谈、联系、咨询等辅助管理活动。拜访就是商务人员拜见、访问客户的活动。接待和拜访在商务交往过程中是经常的事，因此商务人员必须懂得商务接待拜访礼仪。

一、商务邀请礼仪

邀请是约请亲友、同志和有关单位、个人前来参加本人或本单位某项活动或进行会面的商定性通知。邀请有正式和非正式之分。正式邀请，既要讲究礼仪，又要设法使被邀请者备忘，所以多采用书面的形式，通常是有请柬、书信、传真、电报、便条等具体形式。非正式的邀请，通常是以口头形式来表现的，有当面、委托他人以及电话等不同形式，多适用于商界人士非正式的接触中，也可称为口头邀请，形式简单、方便，但语言要庄重、严肃、真挚、诚恳。

1. 请柬邀约

请柬又称请帖，一般由正文与封套两部分组成。

(1) 请柬正文用纸讲究，多用厚纸对折而成。以横式请柬为例，对折后的左面外侧多为封面，右面内侧则为正文的行文之处。封面通常讲究采用红色，并标有"请柬"二字；请柬内侧，可以同为红色，也可采用其他颜色。由于民间忌讳用黄色与黑色，通常不可采用；在请柬上亲笔书写正文时，应采用钢笔和毛笔，并选择黑色、蓝色的墨水和墨汁。红色、紫色、绿色、黄色以及其他鲜艳的墨水，则不宜采用。

(2) 横式请柬的行文，是自左向右、自上而下横写的。竖式请柬的行文，则是自上而下、自右而左竖写的。

(3) 请柬行文，通常包括活动形式、活动时间、活动地点、活动要求、联络方式以及邀请人等内容。

(4) 请柬左下方应注有"备忘"二字，提醒被邀请者届时勿忘。

(5) 对外交往时应采用英文书写。

(6) 请柬封套上，被邀请人姓名要书写清楚。

2. 书信邀请

以书信形式对他人发出的邀请叫作书信邀请。书信邀请的措辞不必过于拘束，内容以

21世纪高职高专经管类专业立体化规划教材

邀约为主，语言要求言简意赅。邀请人尽可能打印并亲笔签名。在装贴与款式方面，邀请信均不必过于考究，其封套的写作与书信基本相同。

3. 传真邀约

传真邀约指利用传真机发出传真的形式，对被邀请者所进行的一种邀约。

4. 电报邀约

电报邀约指以拍发专电的形式，对被邀请者所进行的邀约。文字上要求准确、精练。

5. 便条邀约

便条邀约即将邀约写在便条纸上，然后留交或请人代交给被邀请者。便条选用纸张应干净、整洁。便条应装入信封中送交至被邀请者手中。

不论以何种书面形式邀约他人，均须做得越早越好。通常，邀约应提前一周到达对方手中，以便对方有所准备。

二、商务接待礼仪

(一)接待准备

接待工作是从接到来客通知后，就进入准备阶段，准备工作主要从以下几方面入手。

1. 了解客人基本情况

接到来客通知后，首先必须了解客人的单位、姓名、性别、职业、级别、人数等；其次要了解客人来访目的和要求，以及到达日期、所乘车次和到达时间。

2. 制订接待方案

在了解客情后，要及时与主管领导汇报，以确定接待规格，通知有关部门及相关人员。接待一般客人，可根据惯例直接接待，但接待重要客人和高级团体就要事先制订接待方案。其内容包括客人的基本情况、接待工作的组织分工、陪同人员和迎送人员名单、食宿地点及房间安排、伙食标准及用餐形式、交通工具、费用支出意见、活动方式及日程安排、汇报内容的准备及参加人员等。接待方案要报送企业领导批准。

【温馨贴士 4.1】

▪ 怎样接待残疾人士

残疾人是一个特殊而困难的群体。与正常人相比，残疾人在学习、求职、工作、生活等方面会遇到更多、更大的困难，甚至由于生理上的缺陷，限制了他们活动的天地、职业的选择、工作的开展和学习的进行。因此，他们比正常人更需要别人关心、帮助、支持和鼓励。只有经常得到别人的关心、帮助、支持和鼓励，才能使他们看到人生的价值和感到社会的温暖。在公共场所要处处礼让残疾人，尽可能为他们提供方便和帮助，但提供帮助前应先征得他们的同意，在他们愿意接受你的帮助并告诉你怎么做后再做。

在社交场合，当被介绍给残疾人时应主动上前致意，做好握手的准备。对双目失明的人，可以先问一下"我们握握手好吗？"然后把手伸给他(她)。相互交流时，应尽量与残疾者交谈，眼光正对着他们。不要面对别人用第三人称称呼他们。如果对方坐在轮椅上，应尽量保持视线与他等高，并用正常的声调说话，不要拍他的头和肩膀，更不要靠在他的轮椅上，因为椅子已被视为他身体的一部分。绝不要对肢体残疾的人使用侮辱性的称呼，更不应该将残疾人作为逗乐、欺侮的对象。嘲笑别人的生理缺陷是一种可耻的不文明行为。

(二)正式接待

1. 迎接客人

客人到达后，应安排专人迎接。迎接人员安排一般遵循对等原则。对于一般客人，可以由业务部门或经理秘书人员到车站(机场、码头)迎接，对于重要客人，有关领导要亲自前去接站。由于特殊原因，身份职位对等的主人不能前往，前去迎接的主人应向客人做出有礼貌的解释。迎接客人应提前到场，决不能迟到，让客人久等。

2. 安排生活

客人到达后，主人应提前为外地客人安排住宿，协助客人办理入住手续，引导客人进客房。同时，与客人协商好活动日程。

3. 组织活动

根据日程安排和活动内容，精心组织好各项活动，如合同洽谈、参观游览等。在组织活动中，对活动的场所、陪同人员、交通工具、茶水点心等都要预先准备，时间的把控也很重要。

4. 安排返程

根据客人要求为其安排返程，如订购返程车(机、船)票，并及时送到客人手中，安排交通工具送客到车站(机场、码头)。

5. 送客

要根据接待规格，安排对等的送别，事先安排好交通工具，要准时到达。如客人来访时带有礼品，接待方也应有礼品回赠。注意告辞语的使用。

三、商务拜访礼仪

商务拜访是指亲自或派人到商务往来的客户单位或相应的场所去拜见、访问某人或某单位的活动。良好的拜访礼仪有助于实现拜访目的。

(一)拜访前的准备

1. 计划准备

计划准备就是要在拜访前做好详细的计划，计划包括拜访的目的、任务和开场白等。

(1) 目的。上门拜访的目的是推销自己和企业文化而不是产品。

(2) 任务。商务人员的首要任务就是把自己"陌生之客"的立场在短时间转化为"好友立场"。对被拜访者性格做出初步分析，选好沟通的切入点。

(3) 开场白。商务人员应准备一段开场白，好的开始是成功的一半，可以掌握 75%的先机。

2. 外部准备

(1) 仪表准备。"第一印象的好坏 90%取决于仪表"。上门拜访要成功，就要选择与个性相适应的服装，以体现专业形象。最好是穿公司统一服装，男士不留长发，女士不散发，不佩戴任何饰品，让顾客觉得公司很正规，企业文化良好。

(2) 资料准备。"知己知彼，百战不殆"。要努力收集到顾客资料，尽可能了解顾客的情况，并把所得信息加以整理，装入脑中，当作资料。不仅要获得潜在顾客的基本情况，如对方的性格、教育背景、生活水准、兴趣爱好、社交范围、习惯嗜好以及和他要好的朋友的姓名等，还要了解对方目前得意或苦恼的事情，如乔迁新居、结婚、喜得贵子、子女考大学，或者工作紧张、经济紧张、充满压力、失眠、身体欠佳等。总之，了解得越多，就越容易确定一种最佳的方式来与之谈话。此外，还要努力掌握活动资料、公司资料、同行业资料。

(3) 时间准备。提前预约好时间的，应准时到达，到达过早会给顾客增加一定的压力，到达过晚会给顾客传达"我不尊重你"的信息，同时也会让顾客产生不信任感，最好是提前 5～7min 到达，做好进门前的准备。

3. 内部准备

(1) 信心准备。事实证明，心理素质是决定成功与否的重要原因，突出自己最优越的个性，让自己人见人爱，同时还要保持积极乐观的心态。

(2) 知识准备。上门拜访是销售活动前的热身活动，这个阶段最重要的是制造机会，制造机会的方法就是提出对方关心的话题。

(3) 拒绝准备。大部分顾客是友善的，换个角度去想，通常在与接触陌生人的初期，每个人都会产生本能的抗拒和保护自己的方法，找一个借口来推却你罢了，并不是真正讨厌你。

(4) 微笑准备。管理方面讲究人性化管理，如果你希望别人怎样对待你，你首先就要怎样对待别人。

(二)拜访礼节

1. 有约在先

拜访外国人时，切勿未经约定便不邀而至。尽量避免前往其私人居所进行拜访。约定的具体时间通常应当避开节日、假日、用餐、过早或过晚等，以及其他一切对对方不方便的时间。

2. 登门有礼

切忌不拘小节，失礼失仪。当主人开门迎客时，务必主动向对方问好，互行见面礼节。

倘若主人一方不止一人时，则对对方的问候与行礼，在先后顺序上应合乎礼仪惯例。标准的做法有二：一是先尊者；二是由近及远。

在主人的引导下，进入指定的房间，切勿擅自闯入；在就座之时，要与主人同时入座。倘若自己到达后，主人住处尚有其他客人在座，应当先问一下主人，自己的到来会不会影响对方。

拜访外国友人时，要随身携带一些备用的物品，如纸巾、擦鞋器、袜子与爽白液等，简称为"涉外拜访四必备"。"入室后的四除去"是指除去帽子、墨镜、手套和外套。

3. 举止有方

在拜访他人时要注意自尊自爱，并且时刻以礼待人。与主人或其家人进行交谈时，要慎择话题，切勿信口开河，出言无忌。与异性交谈，要讲究分寸。对于主人家遇到的其他客人要表示尊重，友好相待。不要在有意无意间冷落对方，置之不理。若遇到其他客人较多的情况，既要以礼相待，也要一视同仁，切勿明显地表现出厚此薄彼，而本末倒置地将主人抛在一旁。

4. 适可而止

礼节性的拜访，尤其是初次登门拜访，应控制在一刻钟至半小时之内。最长的拜访，通常也不宜超过两个小时。重要的拜访需由宾主双方提前议定拜访的具体时间以及时间的长短。在这种情况下，务必要严守约定，绝不单方面延长拜访时间。自己提出告辞时，虽主人表示挽留，仍须执意离去，要向对方道谢，并请主人留步，不必远送。在拜访期间，若遇到其他重要的客人来访，或主人一方表现出厌客之意，应当机立断，知趣地告退。

(三)拜访时注意事项

(1) 进入会见室内，客人应把公文包和手袋放在地上。

(2) 若碰到下雨或特别的天气，不要随身携带雨具去见所要拜访的人，应先请教柜台人员或工作人员放置雨具的地方。

(3) 拜访若是初次见面，应马上递送名片表明身份。

(4) 在商业场合，最好不要抽烟，如果非抽不可，应征求主人的意见，并不可朝他人脸部吐烟。

(5) 说过再见后应立即起身，不要"半个小时前说再见，半个小时后还坐在椅子上"，这是很不礼貌的行为。

【强化演练 4.1】

角色分工：A 扮演销售人员，B 扮演王经理

A："王经理，早上好！"（欠身，伸手，打招呼）

B："您好！"/"早上好！"/"欢迎光临！"（马上起立，目视对方，面带微笑，握手，回礼）"请问您是……?"/"请问您贵姓？找哪一位？"

A："这是我的名片，谢谢您能抽出时间让我见到您！"（自我介绍，双手递上名片）

B：（双手接过名片，轻声阅读）"您是秦丰公司的陈先生，请坐！"

A："是！王经理，我是您部门张工介绍来的，听他说，您是一个很随和的领导。"（面

21世纪高职高专经管类专业立体化规划教材

带微笑，语调温和)

B："张工已经跟我说了，我专门等您的。"(面带微笑，目视对方)

A："王经理，今天我是专门来向您了解贵公司对××产品的一些需求情况，通过了解你们明确的计划和需求后，我可以为贵公司提供更方便的服务，我们谈的时间大约只需要五分钟，您看可以吗?"(交谈规范)

B："可以，您就简明扼要地介绍重点吧?"(目视对方，及时应答)

A："好！王经理，您能不能介绍一下贵公司今年总体的商品销售趋势和情况?"/"贵公司在哪些方面有重点需求?"/"贵公司对××产品的需求情况，您能介绍一下吗?"/"王经理，贵公司的产品需求计划是如何报审的?"/"王经理，像我们提交的一些供货计划，是需要通过您的审批后才能在下面的部门去落实吗?"/"王经理，你们每个月销售××产品大概是六万元，对吧?"(谈话的语言)

B：……(语气和蔼，简单——回答)

A："王经理，今天我跟您约定的时间已经到了，很高兴从您这里听到了这么多宝贵的信息，真的很感谢您！您今天所谈到的内容一是关于……二是关于……三是关于……，是这些，对吗?"(身体前倾，准确的坐姿)

B："是的！"(点头致意)

A："王经理，今天很感谢您用这么长的时间给我提供了这么多宝贵的信息，根据您今天所谈到的内容，我将回去好好做一个供货计划方案，然后再来向您汇报，您看我下周二上午将方案带过来让您审阅，可以吗?"

B："行！那就下周二上午 10 点，好吗?"

A："好的，谢谢！再见！"起身，离去。(起立姿态准确，握手道别)

B："再见！"送去门外。(握手，回礼)

任务三　商务馈赠礼仪

馈赠本义指将食物或者财务无代价地送给别人。商务馈赠是指商务交流中为了达到交流感情、表达敬意、谢意、沟通信息的目的而互赠礼品的活动。

【温馨贴士 4.2】

馈赠六要素

馈赠礼品是以礼品为媒介传递着双方的情义，达到送的人高兴，收的人开心，共赢的局面是双方共同期待的。得体的馈赠要考虑六个方面的问题，即送给谁(Who)、为什么送(Why)、送什么(What)、何时送(When)、在什么场合送(Where)和如何送(How)。也就是要考虑馈赠对象、馈赠目的、馈赠物品、馈赠时机、馈赠场合、馈赠方式六个要素，简称馈赠"5W1H"规则。

一、馈赠理由

馈赠的理由多种多样，如以交际为目的、以酬谢为目的、以公关为目的以及以沟通感情、巩固和维系人际关系为目的等。商务活动中馈赠也要有恰当的理由，莫名其妙地馈赠，不仅显得唐突，还可能引起对方的猜疑，失去送礼的意义，达不到馈赠的目的。馈赠的理由有下列几种。

1. 公务性馈赠

公务性馈赠多以交际和公关为目的。这种性质的送礼，针对交往中的关键人物和部门所赠送礼品，达到为组织(单位)带来经济效益或发展机会的目的。

2. 个人间馈赠

个人间馈赠则是以建立友谊、沟通情感、巩固和维系人际关系为目的。这种性质的送礼，一般讲究"礼尚往来"。所送礼品，不一定价格昂贵，重在情，重在送礼的方式。

3. 大规模馈赠

大规模馈赠礼品的活动，主要用于广告和促销，目的是吸引消费者，进行产品与服务的公关工作。

二、馈赠原则

1. 目的性

送礼是为了表示你对他人的祝贺、感谢、关怀、安慰、鼓励和思念等心情，是为了使对方在接受礼物后产生愉悦和幸福的情感。选择礼物要了解对方的兴趣、爱好，从对方立场出发精心挑选、精心制作，价值不一定昂贵，既投其所好，又使礼物表达诚恳的心意，即"礼轻情义重"。

2. 针对性

选择礼物时，要考虑受礼方的性别、年龄、婚否、职业、教养、国籍、民族、宗教信仰和兴趣等，还要考虑送礼的目的，如结婚、乔迁、探望病人、欢迎、告别等。送给外国人的礼物要挑选具有鲜明特色或特定意义的，具有深刻记忆性的，并适合在一定礼仪场合馈赠的礼物。

3. 纪律性

许多单位有廉政建设要求，制定有关送礼和受礼的制度和政策，因此，在馈赠和接受礼物时要有守纪性。如果对方单位政策不允许接受礼物，就要无条件遵守其规定。可以用别的办法代替送礼，如邀请对方人员及其家属欣赏音乐或参加其他活动。

4. 禁忌性

送礼还要注意送礼的禁忌，避免好心办坏事、南辕北辙。例如，安排献花，需用鲜花，并注意保持花束整洁、鲜艳。送花四禁忌包括忌送菊花、杜鹃花、石竹花、黄色花朵。在选择鲜花作为礼物时，至少要在品种、色彩和数目三个方面加以注意。

21世纪高职高专经管类专业立体化规划教材

三、馈赠方式、场合和时机

1. 馈赠方式

馈赠方式主要有亲自赠送、托人转送、邮寄运送等。馈赠的方式需要把握，能亲自赠送的尽量亲自送，见面三分情，不能亲自送的找人转送，由于条件所限，前两种都不能采用的，采用快递邮寄都是可以的。邮寄时地址、收货人和联系方式都要准确无误。

2. 馈赠场合

馈赠场合即馈赠的具体地点和环境，主要应区分公务场合与私人场合。给关系密切的人送礼应避开公众而私下进行，只有礼轻情义重的特殊礼物才适宜在大庭广众下赠送，如一本特别的书、一份特别的纪念品等。赠礼时应该当着受礼人的面，以便观察受礼人对礼品的感受，并适时解答和说明礼品的功能、特性等；还可有意识地向受礼人传递赠礼人选择礼品时独具匠心的考虑，从而激发受礼人对赠礼人一片真情的感激和喜悦之情。

3. 赠礼时机

(1) 为了表达对受赠者的敬意或谢意时馈赠礼品。
(2) 对方公司举行庆典活动时，带着礼品前去祝贺。
(3) 公共关系交往时，为了见面表达一种敬意，初次见面或者好久不见时馈赠礼品。
(4) 祝贺开张开业时，赠送礼品。
(5) 适逢重大节日时，带上与节日相符的礼品。
(6) 当对方生病住院，探视慰问时携带礼品。
(7) 应邀家中做客时，携带礼品。
(8) 遭受不测事件时，带上合适礼品及时慰问帮助，雪中送炭。

随身课堂

馈赠的注意事项

四、受赠礼仪

1. 心态开放

接受礼品时，受赠者应保持客观、积极、开放、乐观的心态，要充分认识到对方赠礼行为的郑重和友善，不能心怀偏颇，轻易比较礼品的价值高低，做出对方有求于己的判断。

2. 仪态大方

受礼时，受赠者应落落大方，起身相迎，面带微笑，目视对方，耐心倾听，双手接受。受礼后与对方热情握手。不可畏畏缩缩、故作推辞或表情冷漠、不屑一顾。

3. 受礼有方

按照国际惯例，受礼后一定要当面拆启包装，仔细欣赏，面带微笑，适当赞赏。切不可草率打开，丢置一旁，不理不睬。中国人比较含蓄，不习惯当面打开，所以交往时也可遵守这一传统习惯。另外，不是有礼必收，对于有违规受贿送礼之嫌的应果断或委婉拒绝。

4. 表示谢意

接受礼品时应充分表达谢意。表达时应让对方觉得真诚、友好，若是贵重礼品，往往还需要用打电话、电子邮件等方式再次表达谢意，必要时还应选择适当的时机加以还礼。

5. 拒收礼品的礼仪

应拒绝收纳的礼品包括：你并不熟悉的人送给你极其昂贵的礼品；隐含着需要你发生违法乱纪行为的礼品；你觉得似乎自己接受后会受到对方控制的礼品。在拒收礼品时，应保持礼貌、从容、自然、友好，先向对方表达感激之情，再向对方详细说明拒收的原因，切不可生硬地阻挡，以免对方难堪。

【温馨贴士 4.3】

拒收礼品的方法

当你不能接受送礼人给你的礼品时，你可以礼貌地拒收礼品，常见的方法有以下几个。

1. 婉言相告法

这就是采用委婉的不失礼貌的语言，向赠送者暗示自己难以接受对方的礼品。

2. 直言缘由法

既直截了当又所言不虚地向赠送者说明自己之所以难以接受礼品的原因。

3. 事后退还法

有时拒绝他人所送的礼品，若是在大庭广众之下进行，往往会使受贿者有口难张，使赠送者尴尬异常。遇到这种情况可当时接受下来礼品，但不拆启包装，事后不超过24小时把礼品退还给赠送者。

五、礼品选择

1. 根据馈赠目的选择礼品

公司庆典一般送鲜花；慰问病人可以送鲜花、营养品、书刊；朋友生日送卡片、蛋糕；节日庆祝送健康食品、当地特产；旅游归来送人文景观纪念品、当地特产；走亲访友送精致水果、糖酒食品。

2. 根据馈赠对象选择礼品

(1) 考虑彼此的关系现状。如亲缘关系、业缘关系、性别关系、友谊关系、文化习惯关系、偶发性关系等。亲缘关系是指有亲情血缘联系在一起的人们；业缘关系是指由于工作关系、业务往来联系在一起的同事或者合作伙伴；性别关系是指男女朋友关系；友谊关

21世纪高职高专经管类专业立体化规划教材

系是指广泛的朋友往来的关系;文化习惯关系是指因为有相同的文化背景或者信仰的人们,如同一民族、同一教派等;偶发性关系是指双方因为偶然的事件或者机会认识,比如一起参加了一次会议,这种关系具有偶然性、不确定性。例如,玫瑰是爱情的象征,是送给女友或夫人的佳礼。若把它随便送给一位普通关系的异性朋友,就可能引起不必要的误会。礼品馈赠时考虑彼此之间的关系是非常有必要的。

(2) 了解受赠对象的爱好和需要。因为在受赠对象看来,只有了解和关心他的人,才会明白他的需求。例如,教师在学生取得佳绩时可以赠给有益的书籍,给书法爱好者赠送文房四宝,给音乐爱好者赠送乐器等。

3. 尊重对方的禁忌

一般而言,选择礼品不应忽视的禁忌有四类:第一,个人禁忌,送情侣表给一位刚刚守寡的妇女,送一条烟给一位从不吸烟的长者,都会触犯对方的私人禁忌;第二,民俗禁忌,如俄罗斯人最忌讳送钱给别人,因为这意味着施舍和侮辱;汉族人忌送钟、伞,因为这意味着不吉利;第三,宗教禁忌,如对伊斯兰教徒不能送人形礼物,也不能送酒、雕塑和女人的画片,因为他们认为酒是一切万恶之源;第四,伦理禁忌,如各国均规定不得将现金和有价证券送给公务人员。

4. 礼品的包装

精美的包装不仅使礼品的外观更具艺术性和高雅情调,并显现出赠礼人的文化艺术品位,而且还可以使礼品保持一种神秘感。

(1) 注意包装的材料、容器、图案造型、商标、文字、色彩的选择和使用,应符合政策法规和习俗惯例,不要违反受赠方的宗教、民族禁忌。

(2) 注意数字禁忌:"4""9"是日本的忌讳,"13"是欧美人的忌讳。

(3) 注意色彩:日本忌绿色,喜红色;美国人喜欢鲜明的色彩,忌紫色;伊斯兰教徒讨厌死亡象征的黄色,喜欢绿色等。

【温馨贴士 4.4】

> **礼品选择小技巧**
>
> 对家贫者,以实惠为佳;对富裕者,以精巧为佳;对恋人、情人,以纪念性为佳;对朋友,以趣味性为佳;对老人,以实用为佳;对孩子,以启智新颖为佳;对外宾,以特色为佳。

随身课堂

赠花礼仪

强 化 演 练

一、单选题

1. 访客接待的第一秘诀就是(　　)。
   - A. 展现你亲切的笑容
   - B. 展现你优雅的举止
   - C. 掌握视线服务功能
   - D. 使用温馨合宜的招呼语
2. 拒绝礼品应在(　　)小时内退还。
   - A. 6
   - B. 12
   - C. 24
   - D. 36
3. 除了正式商务邀请外，还有(　　)。
   - A. 请柬邀请
   - B. 书信邀请
   - C. 传真邀请
   - D. 口头邀请

二、多选题

1. 请柬的行文要包括(　　)内容。
   - A. 活动时间
   - B. 活动地点
   - C. 活动要求
   - D. 联络方式
2. 商务接待前所应做的准备有(　　)。
   - A. 了解客人到达时间
   - B. 了解客人来访目的
   - C. 了解客人来访人数
   - D. 制定接待方案
3. 以下属于馈赠要素的是(　　)。
   - A. 送给谁
   - B. 何时送
   - C. 送什么
   - D. 如何送

三、判断题

1. 受礼后应该当面拆启包装，适当赞赏。 (　　)
2. 办公室环境应清洁安静。 (　　)
3. 当工作做完后，是可以在办公室里打游戏放松一下。 (　　)
4. 接待准备的第一项工作应该是了解客人基本情况。 (　　)
5. 赠礼者只需要挑选自己喜欢的物品赠送给受礼者。 (　　)
6. 在公开场合，如果上级领导有错误应直接指出并纠正。 (　　)
7. 在私下场合，可以八卦同事的隐私。 (　　)
8. 上级领导应经常了解下属的生活和工作情况，尽力帮助解决问题。 (　　)
9. 双方是普通异性朋友，不应该赠送玫瑰以免误会。 (　　)
10. 请柬封套上要写清楚被邀请人姓名。 (　　)
11. 下雨天拜访客户，进门后要把雨伞撑开晾干。 (　　)

三、简答题

1. 办公室环境的要求有哪些？
2. 如何与办公室同事相处？
3. 如何撰写请柬？
4. 接待的程序是什么？

5. 礼品馈赠的原则是什么？

6. 赠礼的时机有哪些？

7. 拒收礼品应注意哪些礼仪？

五、案例分析

错在哪里？

李润大学毕业后在金泰电子有限公司做办公室工作。五一节前两天，办公室陈主任通知他，明天下午三点本公司的合作伙伴泰隆贸易有限公司刘副总经理将到本市(金泰电子有限公司的出口订单主要来自泰隆贸易公司)，这次来的主要目的是了解金泰电子有限公司是否有能力和技术在 60 天内完成美国的一批电子产品订单，金泰电子有限公司很希望拿到这份利润丰厚的订单，公司张经理将亲自到车站接站。由于陈主任第二天将代表张经理出席另外一个会议，临时安排李润随同张经理一起去接刘副总经理。

李润接到任务后，征得张经理同意，在一个四星级宾馆预订了房间，安排公司最好的一辆轿车去接刘副总经理。

第二天上午，李润忙着布置会议室，通知一家花木公司送来了一批绿色植物，准备欢迎条幅，又去购买了水果，一直忙到下午 2:30，穿着休闲服的李润急急忙忙随张经理一起到车站。

不料，市内交通拥挤，到车站后发现，刘副总经理已经等了十多分钟。张经理不住地打招呼，表示抱歉，李润也跟着说，公司离市区太远，加上车堵才迟到的。

李润拉开车前门请刘副总上车，说："这里视线好，您可以看看我们市区的风景。"随后，又拉开右后门请张经理入座，自己急忙从车前绕到左后门上了车。

小车到达宾馆后，小张推开车门，直奔总台，询问预订房间情况，为刘副总办理入住手续，刘副总提着行李跟过来，李润将刘副总送到房间后，张经理和刘副总交流着第二天的安排，李润在房间里转来转去，看看是否有不当之处。

片刻后，张经理向刘副总告辞，临走时告诉刘副总，晚上 6 点接他到市内一家著名的餐馆吃晚饭，李润随张经理出来后，却受到了张经理的批评，说李润经验不足。李润觉得很冤枉，自己这么卖力，又是哪里出错了？

讨论与分析：

1. 李润的接待准备工作充分吗？

2. 李润的不足主要在哪些方面？

3. 李润接到这份工作后，应该怎样做更合适？

周凯的苦恼

周凯是一家酒业公司负责开拓集团消费(团购)业务的一名业务人员。他经常跟我说起他拜访客户时的苦恼，说他最担心拜访新客户，特别是初访，新客户往往是避而不见或者是在面谈二三分钟后表露出不耐烦的情形，听他说了这些，于是我就问他下面的问题。

你明确地知道初次拜访客户的主要目的吗？

在见你的客户时你做了哪些细致的准备工作？

在见你的客户前，你通过别人了解过他的一些情况吗？

在初次见到你的客户时，你跟他说的前三句话是什么？

在与客户面谈的时间里，你发现是你说的话多，还是客户说的话多？

结果小周告诉我，他说他明确地知道他初次拜访客户的主要目的就是了解客户是不是有购买他们公司产品的需求，当然他也做了一些简单的准备工作，如准备产品资料、名片等，不过，在见客户时他没有通过别人去了解过客户的情况，见到客户时的前三句话自然就是开门见山，报公司名称和自己的名字、介绍产品，然后问他是否有购买产品的兴趣；在与客户交谈时，小周说应该是自己说的话多，因为机不可失，时不再来嘛。

讨论与分析：

1. 商务拜访应该做哪些准备工作？
2. 案例中小周的商务拜访存在哪些问题？

实 训 设 计

一、商务接待礼仪实训

1. 实训目的

培养学生接待礼仪的掌握和运用。

2. 实训内容

某公司老总前来拜访你的上司，与你上司商量要事，可你的上司有事外出了。请你接待这位老总。

3. 实训要求

(1) 客人来访时，使用以下语言和处理方法。

使用语言："您好！""早上好！""欢迎光临"等。

处理方式：马上起立，目视对方，面带微笑，握手或行鞠躬礼。

(2) 询问客人姓名，使用以下语言和处理方法。

使用语言："请问您是……""请问您贵姓？找哪一位？"等。

处理方式：必须确认来访者的姓名；如接收客人的名片，应重复"您是××公司×先生"。

(3) 事由处理使用以下语言和处理方法。

使用语言：在场时，对客人说"请稍候"；不在时，"对不起，他刚刚外出公务，请问您是否可以找其他人或需要留言?"等。

处理方式：尽快联系客人要寻找的人；如客人要找的人不在时，询问客人是否需要留言或转达，并做好记录。

(4) 引路，使用以下语言和处理方法。

使用语言：请您到会议室稍候，××先生马上就来""这边请"等。

处理方式：在客人的左前方两三步前引路，让客人走在路的中央。

(5) 送茶水，使用以下语言和处理方法。

使用语言："请""请慢用"等。

处理方式：保持茶具清洁，摆放时要轻；行礼后退出。

(6) 送客，使用以下语言和处理方法。

使用语言："欢迎下次再来""再见"或"再会""非常感谢"等。

21世纪高职高专经管类专业立体化规划教材

处理方式：表达出对客人的尊敬和感激之情；道别时，招手或行鞠躬礼。

二、商务拜访礼仪实训

1. 实训目的

掌握商务拜访的礼仪要求与具体做法。

2. 实训内容

销售业务员李明进行第一次上门商务拜访教育局计算机室赵主任的情景模拟训练。要求情景设置内容丰富、情节真实，在服装与举止语气上尽量模拟出不同身份人员的特点。

3. 实训要求

(1) 全班分组，每3~4人一个小组，分别扮演销售业务员李明、秘书、教育局计算机室赵主任等不同角色。

(2) 在模拟过程中要运用适当的礼仪。

(3) 按照拜访程序模拟。预先告知准备到达；准时到达，在办公室前整理服装仪容。告诉秘书名字和约见时间；秘书进行通报；拜访者敲门入座；自我介绍递送名片；合理交谈；拜访者礼貌告辞。

三、商务礼品馈赠实训

1. 实训目的

学会根据不同的商务活动和送礼对象选择适合的礼品并送出礼品。

2. 实训内容

巴黎春天百货公司的第十家分店开业之际，你代表梦之岛百货公司公关经理选择商务礼品进行开业祝贺。

3. 实训要求

(1) 在模拟过程中要运用适当的礼仪来进行演示。

(2) 按照送礼程序进行模拟。明确本次送礼的目的；选择相应礼品；进行礼品包装；礼品赠送。

项目五

商务宴请礼仪

【知识目标】

- 熟悉宴会的种类与组织形式。
- 熟悉中餐、西餐和自助餐的就餐形式。
- 熟悉中餐、西餐的上菜顺序。
- 熟悉白酒、黄酒、啤酒及红酒的相关知识。
- 熟悉茶的种类及各自的特点。
- 熟悉咖啡相关器具的使用方法。

【技能目标】

- 掌握赴宴礼仪。
- 掌握中、西餐桌次和席位的安排。
- 掌握中、西餐餐具的使用方法。
- 掌握中、西餐和自助餐的就餐礼仪。
- 掌握斟酒、敬酒及饮酒礼仪。
- 掌握茶的饮用方法。
- 掌握品咖啡的礼仪。

【知识结构图】

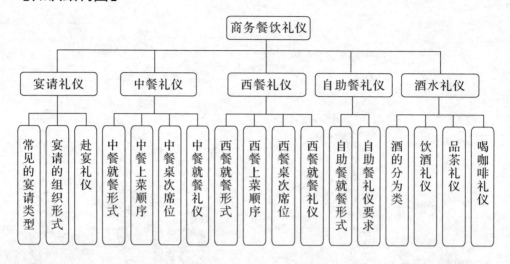

【情景导入】

　　嘉熠是一家著名跨国公司北京总部的总经理秘书，中午随同总经理和市场总监参加一个午餐会，主要研究未来一年市场的推广计划。午餐是自助餐形式，因与总经理一同进餐，嘉熠特意选取了能一口吃下的食物，放弃了自己平时喜欢的大龙虾。餐桌上，总经理告诉嘉熠，晚上公司要宴请国内最大客户王总裁等一行人，答谢他们一年来给予的支持，需要她提前安排好酒店和菜单。

　　下午回到办公室，嘉熠就开始忙碌预订酒店、安排菜单。算了算宾主双方共有 8 位，嘉熠安排了桌卡，因为是熟人，又只有几个客人，所以没有送请柬。可是她还是不放心，拿起电话找到了对方公关部李经理，详细说明了晚宴的地点和时间，又认真咨询了他们老总的饮食习惯。李经理说他们的王总是陕西人，不太喜欢海鲜，非常喜欢吃面食。嘉熠听后，打电话给酒店，重新调整了晚宴的菜单。

　　晚上嘉熠提前半小时到达酒店，检查了宴会的准备情况。宴会厅分内外两间，外边的是会客室，是主人接待客人小坐的地方，已经准备好了鲜花和茶点，里边是宴会的房间，中餐式宴会的圆桌上已经摆放好的各种餐具。嘉熠把印有自己老板名字的桌卡放在了正对门的主人位置上，将客户王总的桌卡放在主人位子的右边，把客户公司第二把手的桌卡放在主人位置的左侧。把自己顶头上司市场总监的桌卡放在桌子下首正位上，将客户公司两位业务主管的桌卡分别放在他的左右两边。为了便于沟通，嘉熠将自己的位子与客户公司公关部李经理位子放在了同一方向的位置上。

　　嘉熠看时间还差一刻钟，便在大堂内等候。提前 10min 看到了自己公司总经理一行到了酒店门口。嘉熠简单地汇报了宴会的安排，随即又返身到大堂等候客户的到来。晚宴在嘉熠的精心安排下顺利进行，宾主双方笑逐颜开，客户王总裁在席间决定继续与公司合作，增加订货量。

　　宴请是商务活动中的一项重要而且常见的活动，无论是初次见面的新朋友还是商务交往颇深的老朋友，都可以在轻松和谐的宴会中交流思想、增进了解、联络感情。商务宴请从组织宴请开始，就需要精心设计、安排宴请的种类、规格、范围、时间等；需要提前发出请束；比较大型的宴会场所，需要根据中、西餐和自助餐的不同要求，对桌次和位次进行必要、准确的排列；各式上桌餐具的摆法也要有所讲究；餐具的使用也不能太随意，特别是西式餐具，更应遵循各种约定俗成的使用方法；进餐用食时要服从一定的规矩规范；饮酒、品茶和品咖啡也有其各自的礼仪要求。只有这样，才能避免在宴会场合失礼和非礼。

任务一　宴请礼仪

商务宴请礼仪，通常是指人们在商务餐饮活动中所应遵守的礼仪行为规范和行为准则。它是商务活动中表示欢迎、饯行、答谢，以加强了解和融洽气氛的基本形式和重要手段。

一、常见的宴请类型

随着国内外商务交往活动的广泛开展和日益深入，宴请已经成为一种通行的较高层次的礼仪形式。宴请的种类复杂，形式多样。商务宴请可以根据不同的宴请目的、邀请对象、参加人数和经费开支，选择相应的宴请形式。

(一)宴会

宴会是盛情邀请贵宾餐饮的聚会。举办者为了表达敬意、谢意，或为了扩大影响等目的而专门举行的招待活动，是最正式、最隆重的宴请形式。按举办时间划分，宴会可分为早宴、午宴、晚宴；按形式划分，宴会可分为中餐宴会、西餐宴会、中西餐合并宴会；按性质划分，可分为工作宴会、正式宴会、节庆宴会。常见的宴会类型是按礼宾规格划分为国宴、正式宴会、便宴和家宴，这种划分法最符合国际惯例，下面着重进行介绍。

1. 国宴

国宴是国家元首或政府首脑为国家庆典或欢迎外国元首、政府首脑而举行的规格最高的正式宴会。国宴的举办要与国家重大庆祝活动或重大节日相结合，由国家领导人发布重要讲话，出席人员均为职务或知名度极高的领导人或外宾，宴会厅悬挂国旗，安排乐队演奏国歌和席间乐，席间一般有正式的致辞和祝酒词。

2. 正式宴会

正式宴会是指按照一定规格举行的宴会。有桌次、席次之分，围桌入座进食，由服务人员依次上菜的正餐。对到场人数、衣着打扮、菜肴数目、现场布置等都有十分严格的要求和讲究。它除了不挂国旗、不奏国歌、出席者级别不同外，其他安排大体与国宴相同。

3. 便宴

便宴属于非正式宴会，比较亲切、随便，更适合于日常友好的交往。通常是某个单位或组织为招待规模较小、人数较小的客人、合作者而采取的宴请方式。形式简便，偏重于人际交往，而不注重规模、档次，可不排座次，不作正式讲话致辞，菜肴的道数也可酌减。

21世纪高职高专经管类专业立体化规划教材

4. 家宴

家宴即在家中设宴招待客人，是便宴的一种形式。家宴形式上可分为家庭聚会、自助宴会、家庭冷餐会和在饭店请客等几种方式。家宴最重要的是创造亲切、友好、自然的气氛，使客人产生宾至如归的感觉，往往由主妇亲自下厨烹调，家人共同招待客人。

(二)招待会

招待会是指各种较为灵活的，不配备正餐但备有食品和酒水的宴请类型。通常不排固定的席位，宾客自由活动。常见的有冷餐会和酒会。

1. 冷餐会

冷餐会又叫自助餐宴会，可在室内或院子里、花园里举行，参加者可坐可立，并可自由活动，是一种非常流行、灵活、方便的宴请方式。一般在中午十二点至下午两点，下午五点至七点左右举办。菜肴以冷食为主，也可以用热菜，连同餐具陈设在桌子上。客人不排座次，可以按食品类别顺序多次取食。酒水陈放在桌子上，供客人自取，也可由服务人员端送。

2. 酒会

酒会也称鸡尾酒会，适用于各种节日、庆典、仪式及招待性演出前后。酒会的形式活泼、不设座椅，以便客人随意走动，自由交往。以酒水为主，略备小吃、果汁，不用或少用烈酒。食品多为三明治、小香肠、炸春卷等，不设刀叉，以牙签取食。食品和酒水由服务人员用托盘端送，或部分放置在小桌上由客人自取。举办的时间较为灵活，上午、下午、晚上均可。客人到达和退席时间不受限制。近年国际上举办大型活动采用酒会的形式渐趋普遍，庆祝各种节日，欢迎代表团访问，以及各种开幕、闭幕典礼，文艺、体育招待演出前后往往举行酒会。

随身课堂

鸡尾酒

(三)茶会

茶会是一种简便的招待形式，一般在下午四点左右举行，也有的在上午十点左右进行。其地点通常设在客厅，厅内摆茶几、座椅、不排座席。会上备有茶、点心和地方风味小吃，请客人一边品尝，一边交谈。茶会对茶叶的品种、沏茶的用水和水温以及茶具都颇有讲究。茶具要选用陶瓷器皿，不要用玻璃杯，也不要用热水瓶代替茶壶。欧洲人一般用红茶，日本人喜欢乌龙茶，美国人用袋茶。外国人参加的茶会还可以准备咖啡和冷饮。若为贵宾举行的茶会，在入座时主人要有意识地与主宾坐在一起，其他出席者可相对随意。

(四)工作餐

工作餐是国际交往中常用的非正式宴请形式，主客双方利用共同进餐的时间边吃边谈。

工作餐按用餐时间可分为工作早餐、工作午餐和工作晚餐。此类活动不请配偶和与工作无关的人员参加。一般不排座次，不必过于拘束，形式较为灵活，可以由做东者付费。在国外，工作进餐经常实行 AA 制，由参加者各自付费。这种宴请形式既简便又符合卫生标准，特别是在日程活动紧张时，它的作用尤为明显。

二、宴请的组织礼仪

宴请有严格的礼仪要求，从筹划到组织实施，每个细节、每个步骤都要考虑周到、准备充分。精心细致的宴请准备是确保宴会顺利进行并达到预期目标的重要保证。

(一)明确对象、目的、范围、形式

1. 对象

宴请的对象要注意以下几个方面：主宾的身份、国籍、习俗、爱好等，以便确定宴会的规格、主陪人、餐式等。

2. 目的

宴请的目的是多种多样的，可以是为了表示欢迎、欢送、答谢，也可以是为庆贺、纪念，还可以是为了某一件事、某一个人等。明确了目的，也就便于安排宴会的范围和形式。

3. 范围

宴请哪些人参加，请多少人参加都应事先明确。主客双方的身份要对等，主宾如携伴侣，主人应以夫妇名义邀请。哪些人作陪也应认真考虑。对出席宴会人员还应列出名单，写明职务、称呼等。

4. 形式

宴会形式要根据规格、对象、目的确定，可确定为正式宴会、冷餐会、酒会、茶会等形式。目前世界各国礼宾工作都在改革，逐步走向简化。

(二)选择宴请的时间和地点

宴请的时间应对主、宾双方都合适。驻外机构举行较大规模的活动，应与驻在国主管部门商定时间。注意不要选择对方的重大节假日、重要活动或禁忌的日子和时间。例如，对信奉基督教的人士不要选十三号，更不要选十三号星期五。伊斯兰教在斋月内白天禁食，宴请宜在日落后举行。小型宴请应首先征询主宾意见，最好口头当面约请，也可用电话联系。

宴请地点的选择，通常官方正式隆重的活动，安排在政府、议会大厦或宾馆内举行，其余则按活动性质、规模大小、形式、主人意愿及实际可能而定。选定的场所以容纳全体人员为原则。举行小型正式宴会，在可能条件下，宴会厅外另设休息厅(又称等候厅)，供宴会前简短交谈用，待主宾到达后一起进宴会厅入席。其他的可以把优先选择权交给宾客，

也可以提出几个不同风味的饭店供客户选择。另外，还要充分考虑到宾客来去交通是否方便，是否要为宾客预备交通工具等一系列的具体问题。

(三)发出邀请和请柬格式

各种宴请活动，一般均发请柬，这既是礼貌，也可对客人起提醒、备忘之用。便宴经约妥后，可发亦可不发请柬。工作进餐一般不发请柬。有些国家，邀请最高领导人作为主宾参加活动，需单独发邀请信，其他宾客发请柬。

请柬一般提前一周至两周发出(有的地方须提前一个月)，以便被邀请人尽早安排。已经口头约妥的活动，仍应补送请柬，在请柬右上方或下方注上"To remind"(备忘)字样。需安排座位的宴请活动，为确切掌握出席情况，往往要求被邀者答复能否出席。遇此，请柬上一般用法文缩写注上 R.S.V.P.(请答复)字样,如只需不出席者答复，则可注上 Regrets only(因故不能出席请答复)，并注明电话号码。也可以在请柬发出后用电话询问能否出席。

请柬内容包括活动形式、举行的时间及地点、主人的姓名(如以单位名义邀请，则用单位名称)。请柬行文不用标点符号，所提到的人名、单位名、节日名称都应用全称。中文请柬行文中不提被邀请人姓名(其姓名写在请柬信封上)，主人姓名放在落款处。请柬格式与行文中外文本差异较大，注意不能生硬照译。请柬可以印刷也可以手写，但手写字迹要美观、清晰。

请柬信封上被邀请人姓名、职务书写要准确。国际上习惯对夫妇两人发一张请柬，国内遇需凭请柬入场的场合每人一张。正式宴会，最好能在发请柬之前排好席次，并在信封下角注上席次号(Table No)。请柬发出后，应及时落实出席情况，准确记载，以安排并调整席位。即使是不安排席位的活动，也应对出席率有所估计。

(四)订菜

宴请的酒菜根据活动形式和规格，在规定的预算标准以内安排。无论哪一种宴请，事先均应开列菜单，并征求主管负责人的同意。获准后，如是宴会，即可印制菜单，菜单一桌两三份，至少一份，讲究的也可每人一份。选菜不以主人的爱好为准，主要考虑主宾的喜好与禁忌。优先考虑的菜肴有以下四类。

1. 有中餐特色的菜肴

宴请外宾时，这一条更要重视。像炸春卷、煮元宵、蒸饺子、狮子头、宫保鸡丁等，并不是佳肴美味，但因为具有鲜明的中国特色，所以受到很多外国人的推崇。

2. 有本地特色的菜肴

比如西安的羊肉泡馍、湖南的毛家红烧肉、上海的红烧狮子头、北京的涮羊肉，在那里宴请外地客人时，上这些特色菜，恐怕要比千篇一律的生猛海鲜更受好评。

3. 本餐馆的特色菜

很多餐馆都有自己的特色菜。上一份本餐馆的特色菜，能说明主人的细心和对被请者的尊重。

4. 主人的拿手菜

如果举办家宴时，主人一定要当众露上一手，多做几个自己的拿手菜。其实，所谓的拿手菜不一定十全十美。只要主人亲自动手，单凭这一条，足以让对方感觉到你的尊重和友好。

【温馨贴士 5.1】

饮 食 禁 忌

在安排菜单时，必须兼顾来宾的饮食禁忌，饮食方面的禁忌主要有以下五条。

(1) 宗教饮食禁忌。例如，穆斯林不吃猪肉，并且不喝酒；印度教徒不吃牛肉；国内的佛教徒不吃荤腥食品(它不仅指的是不吃肉食，而且包括葱、蒜、韭菜、芥末等气味刺鼻的食物)。

(2) 民族禁忌。满族人忌吃狗肉；藏族人忌吃马、驴肉等。

(3) 地方禁忌。不同地区，人们的饮食偏好往往不同。比如，湖南人普遍喜欢吃辛辣食物，少吃甜食。英美国家的人通常不吃宠物、稀有动物、动物内脏、动物的头部和脚爪。

(4) 职业禁忌。例如，国家公务员在执行公务时不准吃请，在公务宴请时不准大吃大喝，不准超过国家规定的标准用餐，不准喝烈性酒。再如，驾驶员工作期间不得喝酒。

(5) 出于健康原因的禁忌。比如，患有心脏病、脑血管、动脉硬化、高血压和中风后遗症的人，不适合吃狗肉，肝炎病人忌吃羊肉和甲鱼，胃肠炎、胃溃疡等消化系统疾病的人也不适合吃甲鱼，高血压、高胆固醇患者，要少喝鸡汤等。

(五)现场布置和服务

正式宴请活动现场要适当布置，现场包括宴会大厅和休息厅，现场布置要严肃、庄重、大方，适当点缀鲜花，有些宴会要悬挂会标。准备话筒等音响设备，一般在主桌背后设一立式话筒。要有专门的工作人员负责宴会的各项准备及服务工作，安排好迎宾人员、接待人员和引导人员。

三、赴宴礼仪

(一)及时答复

接到宴会的邀请后，应该第一时间尽快给主办方(主人)以能否出席的答复，以便主办人做出安排。答复可以书面作答，也可以使用电话等联络形式回复。接受邀请后不要随意改动，万一遇到特殊情况不能出席，尤其是作为主宾，要尽早向主人解释、道歉。同时，应邀出席某项活动之前，要向宴请的主人核实活动举办的时间、地点，是否邀请配偶以及主人对服饰的要求等。

(二)适度修饰

无论在国内还是国外，赴宴都被视为一种仪式、一种交际，所以，赴宴时应按照宴会

21世纪高职高专经管类专业立体化规划教材

性质和当地的习俗，选定服饰和妆容。在欧美等国，参加正式宴会，男士应穿深色西服套装，佩戴领带或领结，穿黑色皮鞋。女士穿裙装礼服、高跟鞋，戴手套。在国内，男士可穿西服或中山装赴宴，女士也可穿旗袍。服装不但要与自己的具体条件相适应，还必须时刻注意客观环境、场合对人的着装要求，即着装打扮要优先考虑时间、地点和目的三大要素。女宾应认真梳理，适度化妆，出席晚宴的妆容可比白天浓艳。发型的选择，要典雅高贵，可根据自己的身材、脸型和年龄选择，突出女性魅力。男宾赴宴前，要理发、剃须，力求大方优雅、沉着谨慎。

(三)按时抵达

按时出席宴会是最基本的礼貌。被邀请者应该掌握赴宴时间，按照请柬标明的或口头通知的宴会时间准时到场。出席宴会活动，抵达时间的迟早、逗留时间的长短，在一定程度上反映宾客对主人的尊重。迟到、早退、逗留时间过短，则被视为失礼或有意冷落，提前过多，也会给主人或主办单位带来不便。因此，出席宴会时间应根据活动的性质和当地习俗，正点或晚点一两分钟抵达为好。

(四)礼貌入座

应邀出席宴会活动，应听从主人安排。根据请柬上注明的席位或由服务生引座，或自己寻找适合自己身份的位置落座。入座时，要从椅子的左侧进入，手扶椅背；坐定后，上体挺直，不能或仰或俯、东倒西歪；应把双脚踏在本人座位下，不可随意伸出，影响他人，不可玩弄桌上的酒杯、盘碗、刀叉、筷子等餐具，不要用餐巾或口纸擦拭餐具等。

(五)告辞致谢

宴会开始后，席间不应提前退席。若要提前离开，应向主人打招呼后轻轻离去，也可事前打招呼到时离去。宴会结束后，主人会站在门口欢送，作为客人，要真诚地向主人表达谢意并道别，道别语要简练，不可冗长复杂，意思表达到位即可。

任务二 中 餐 礼 仪

民以食为天，中国饮食文化源远流长。餐桌上的表现，不仅对他人的心理有一定的影响，也反映了商务人士的修养和素质。

一、中餐就餐形式

中餐的就餐形式依据不同的划分标准可以有多种多样的划分。仅从餐具使用而言，可以划分为分餐式、公筷式、自助式、混餐式等。

1. 分餐式

分餐式用餐指在用餐过程中，为每一位用餐者所提供的主食、菜肴、酒水以及其他餐具，都是相同或相等的，只是各自分别使用。分餐式用餐的最大优点是卫生、方便、自由。它主要适用于各种宴会，尤其是正式宴会。

2. 公筷式

公筷式用餐指主食、菜肴等食物虽然共享，但是在取用时必须首先借助共用的餐具，将食物放入自己的餐盘，然后再使用自己专用的餐具享用。公筷式用餐的长处在于不仅卫生、方便，而且气氛热烈。它比较适合在家宴时采用。

3. 自助式

自助式用餐的主要特点是不排席位、不安排统一的菜单，而是将所能提供的全部主食、菜肴、酒水陈列在一起，由用餐者根据个人爱好自主地选择、加工、享用。自助式用餐的优点是各取所好、方便自由。可用于举行大型活动，招待为数众多的来宾时采用。

4. 混餐式

混餐式用餐指多人一道用餐时，主食菜肴被置于共用的碗盘内，用餐者使用自己的餐具，直接从中取用。这是中餐用餐的一种传统方式。它虽然能够体现和睦、团结、热烈的气氛，但是不够卫生。因此，适合于便宴或家宴。

随身课堂

宫廷筵宴摆放顺序

二、中餐上菜顺序

不管是什么风味的中餐，它的上菜次序一般都是相同的，上菜的顺序一定是冷盘热炒，和西方人的色拉汤主食是不相同的。正餐可能有12～14道菜，如图5-1所示。

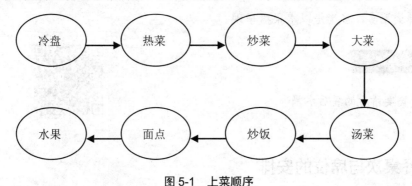

图 5-1　上菜顺序

1. 冷盘小菜

中餐的冷盘分成两种，一种是小菜，通常会准备2～4碟。

21世纪高职高专经管类专业立体化规划教材

2. 热炒

中餐的热炒通常有四盘，会安排在第一道大菜开胃拼盘后上菜，不过现在有许多筵席会省略这道菜。

3. 主菜

冷盘的另一种菜色就属于主菜类了，会以拼盘形式上菜，通常是筵席的第一道菜色。紧接着在开胃菜之后继续上主菜，主菜的道数通常是四、六、八等的偶数。菜肴使用不同的材料，配合酸、甜、苦、辣、咸五味，以炸、蒸、煮、煎、烤、炒等各种烹调法搭配而成。

4. 特殊菜色

中餐有些特殊菜色，食用时需用到手，像是明虾、料理可能要用到手来剥皮，薄饼包北京烤鸭及生菜包虾松，这两道菜要注意包紧，避免内馅掉落。贴心的主人更应准备洗指水盘，以利宾客用完这些菜色后，可将油腻的手指清理干净。

5. 汤

喝汤要懂得要领，注意不可以发出声音，中国人通常用嘴去吸汤，所以会发出声音，如果是正式晚宴是非常失礼的，可比照西方人的技巧，用汤匙来吃汤，就有礼貌多了。快喝完时，不可将汤碗拿起食用，而应以左手拇指和食指轻扶碗缘，像桌心方向稍微倾斜，以利取汤。

6. 点心

一般宴会不供应饭，而以糕、饼、面、包子、饺子等替代。

7. 甜点

甜点包括甜点和甜汤，如馅饼、蛋糕、冰糖莲子、银耳甜汤、杏仁豆腐等。

8. 水果

水果种类繁多，多半是以水果盘呈现。

随身课堂

中餐宴请后的餐后水果

三、中餐桌次与席位的安排

(一)桌次安排

正式宴会一般事先排好座次，以便宴会参加者各得其所，入席时井然有序，同时也是对客人的尊重礼貌。中餐宴请活动，往往采取圆桌布置菜肴、酒水。排列圆桌的主次次序，有两种情况。

1. 由两桌组成的小型宴请

这种情况，又可分为两桌横排和两桌竖排的形式。当两桌横排时，桌次以右为尊(这里的左右是由面对正门的位置来确定)；当两桌竖排时，桌次则讲究以远为上(这里的远近是以距正门的远近而言)，如图 5-2 和图 5-3 所示。

2. 由三桌或三桌以上的桌数所组成的宴请

在安排多桌宴请的桌次时，除了要注意第一种情况中所提的"面门定位""以右为尊""以远为上"等原则外，还应该兼顾其他各桌距离主桌的远近。通常，距离主桌越近，桌次越高，如图 5-4～图 5-6 所示。

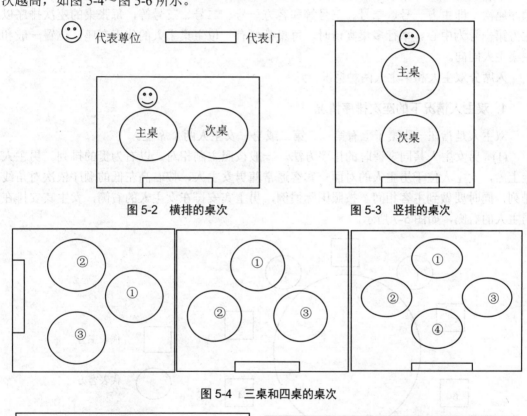

图 5-2　横排的桌次　　　　　图 5-3　竖排的桌次

图 5-4　三桌和四桌的桌次

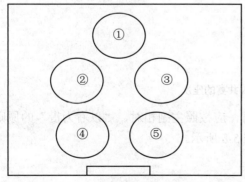

图 5-5　五桌的桌次

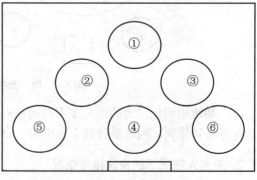

图 5-6　六桌的桌次

在安排桌次时，所用餐桌的大小、形状要基本一致。除主桌可以略大之外，其他餐桌都不要过大或过小。

随身课堂

中餐桌次安排原则

(二)席位排列

中餐宴请时，每张餐桌上的具体位次也有主次尊卑的分别，每张桌都排主、客双方的顺序座次，即主方一号、二号、三号等和客方一号、二号、三号等，每张桌的座次排序以主方第一号为中心。举行多桌宴请时，每桌都要有一位主桌主人的代表在座，位置一般和主桌主人同向。

入席分双主人和单主人两种情况。

1. 双主人情况下的座次排序情况

双主人是指在一张桌子上有第一、第二或男、女主人两个席位。

(1) 男女主人共同宴请时的排序方法。一般按照主副相对、以右为贵的排列。男主人坐上席，女主人位于男主人的对面。宾客通常随男女主人，按右高左低的顺序依次对角线排列，同时要做到主客相间。按照国际惯例，男主宾安排在女主人的右侧，女主宾安排在男主人的右侧，如图 5-7 所示。

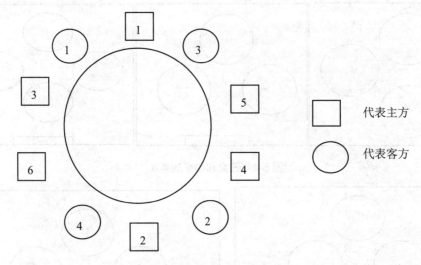

图 5-7　男、女主人共宴的座次

(2) 宴请由职位接近的两位主人共同举办时，应按照主副相对、"以右为贵"的原则依次按顺时针排列，同时要做到主客相间，如图 5-8 所示。

2. 单主人情况下的座次排序情况

以主人为中心，主方其余座位和客方人员各自按"以右为贵"原则依次按"之"字形排列，同时做到主客相间，如图 5-9 所示。

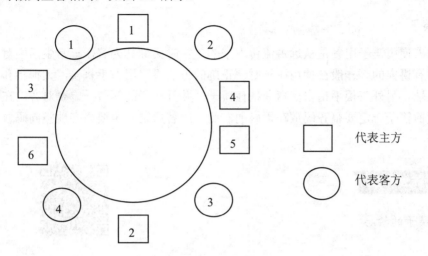

图 5-8　有两位主人时的座次

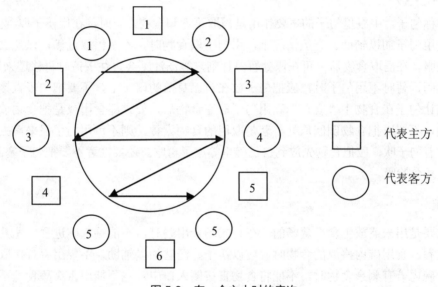

图 5-9　有一个主人时的座次

随身课堂

中餐位次安排的原则

四、中餐就餐礼仪要求

(一)中餐餐具的使用礼仪

中餐餐具，即用中餐时使用的工具，可分为主餐具与副餐具两类。通常包括筷子、勺

21世纪高职高专经管类专业立体化规划教材

子、碗、盘等。

1. 筷子

中国人使用筷子用餐是从远古流传下来的，古时又称其为箸，日常生活中对筷子的使用是非常有讲究的。一般在使用筷子时，正确的方法讲究用右手执筷，大拇指和食指捏住筷子的上端，另外三根手指自然弯曲扶住筷子，并且筷子的两端一定要对齐。在使用过程中，用餐前筷子一定要整齐码放在饭碗的右侧，用餐后则一定要整齐地竖向码放在饭碗的正中。

随身课堂

筷子的禁忌

2. 匙(勺子)

匙俗称勺子。中餐里勺子的主要作用是舀取菜肴和食物。有时，在用筷子取食的时候，也可以使用勺子加以辅助。一般情况下，用勺子取食物时，不要舀取过满，以免溢出弄脏餐桌或衣服。在舀取食物后，可在原处暂停片刻，等汤汁不会再往下流时再移过来享用。

用餐间，暂时不用勺子时，应把勺子放在自己身前的碟子上，不要把勺子直接放在餐桌上，或让勺子在食物中"立正"。用勺子取完食物后，要立即食用或是把食物放在自己的碟子里，不要再把食物倒回原处。若是取用的食物太烫，则不可用勺子舀来舀去，也不要用嘴对着勺子吹，应把食物先放到自己碗里等凉了再吃。还要注意不要把勺子塞到嘴里，或是反复舔食吮吸。

3. 碗

碗主要是用来盛放主食、羹汤的。在正式场合用餐时，不能端起碗进食，尤其不要双手捧碗就餐。食用碗内盛放的食物时，应以筷子、汤匙加以辅助，不要用手直接取用或用嘴吸食。碗内若有剩余食物时，不能将食物直接倒入口中，也不能用舌头舔食。不要向暂时不用的碗内乱扔东西，也不要把碗倒扣过来放在餐桌上。

4. 盘子

中餐的盘子有很多种，稍小点的盘子叫碟子，主要用于盛放食物，使用方法和碗大致相同。用餐时，盘子在餐桌上一般要求保持原位，且不要堆在一起。

需要重点介绍的是一种用途比较特殊的盘子——食碟。食碟在中餐里的主要作用，是用于暂放从公用的菜盘中取来享用的菜肴。使用食碟时，一般不要取放过多的菜肴在食碟里，不吃的食物残渣、骨头、鱼刺不要吐在饭桌上，而应轻轻取放在食碟的前端，取放时不要直接从嘴吐到食碟上，而要使用筷子夹放到碟子前端。放满时可示意服务员更换新碟。

5. 副餐具的使用

副餐具指进餐时可有可无、时有时无的餐具。它们主要在用餐时发挥辅助作用，最常见的中餐副餐具有水杯、湿巾、水盂、牙签等。

（1）水杯。中餐的水杯主要用于盛放清水、果汁、汽水等软饮料。需要注意，一是不要用水杯来盛酒，二是不要倒扣水杯，三是喝入口中的东西不能再吐回水杯里。

（2）湿巾。中餐用餐前，一般会为每位用餐者上一块湿毛巾。这块湿毛巾的作用是擦手，擦手后应该把它放回盘子里，由服务员拿走。宴会结束前，服务员会再上一块湿毛巾，和前者不同的是，这块湿毛巾是用于擦嘴的，不能用其擦脸或抹汗。

（3）水盂。即盛放清水的水盆。用餐者需要手持食物进食，如龙虾、螃蟹、烤鸡等食物，清洗手指是必要环节。其使用方法是：两手轮流蘸湿指尖，然后轻轻浸入水中涮洗。洗毕将手置于餐桌下，用纸巾擦干。

（4）牙签。牙签的主要作用是剔牙。用餐时尽量不要当众剔牙，非剔不可时，要用另一只手掩住口部，剔出来的食物，不要当众"观赏"或再次入口，更不要随手乱弹、随口乱吐。剔牙后，不要叼着牙签，更不要用其来扎取食物。

中餐餐具摆设礼仪

（二）中餐餐桌礼仪

1. 正襟危坐

用餐时要坐端正，椅子离餐桌不要太近，也不要太远，这样身子就不可能全部靠在椅子上了。双脚要平稳踏地，不跷二郎腿，也不要抖动，坐得端正可以更好地体现自己良好的形象。吃饭时，双手的手腕部分可轻轻地置于餐桌的边缘。

2. 文雅进餐

进餐时，举止要文雅，不要狼吞虎咽，每次进口的食物不可过大，应小块小口地吃。在品尝已入口的食物与饮料时，应细嚼慢品。喝汤时，不要发出"咕咕"或"叭叭"的声音，食物或饮料一经入口，除非骨头或鱼刺等，一般不宜再吐出来。需要处理骨刺时，可用餐巾掩嘴，用筷子取出放在自己的餐盘或备用盘里。口中有食物，勿张口说话，如别人问话，可等食物咽下后再回话。饮酒要留有余地，不善饮酒者，主人敬酒时可婉言谢绝，或用淡酒、饮料象征性表示一下。不粗鲁劝酒，更不硬逼酒、灌酒。商务宴会中，一般不宜猜拳行令，餐具不要用手擦，不应边吸烟、边吃菜、边饮酒。

3. 布菜有道

为表示友好、热情，彼此之间可以让菜，劝对方品尝，但不要为他人夹菜，不要擅自做主，不论对方是否喜欢，不要主动为其夹菜、添饭，以免让人家为难，可以把距离客人或长辈远的菜肴送到他们面前请其品尝。上菜后，不要先拿筷，应等主人邀请，主宾拿筷时再拿筷。取菜时要相互礼让，依次进行，不能争抢。取菜时要适量，不可把合自己口味的好菜一人包干。

21世纪高职高专经管类专业立体化规划教材

4．热情交谈

在用餐的时候主宾双方致辞、敬酒完毕，宴会即进入比较轻松自然的阶段，大家可以相互交谈。宴会上交谈的话题很多，在选择时应注意话题的大众性、趣味性和愉悦性，宜多选一些赞赏宴会和周围环境以及令主人愉悦的话题，以调节宴会气氛，避免出现冷场。需要注意的是，宴会可以谈笑风生，但是不能喧宾夺主或反客为主，要选择恰当的话题。

【温馨贴士5.2】

餐桌上适宜话题

(1) 选择和工作专业相关的话题。比如向对方请教他们行业情况；或者如果对方有兴趣，向对方介绍自己本行业的情况。

(2) 时事新闻。时事新闻都是大家关注的。这样的话题容易参与，切忌加入过多的个人感情色彩。

(3) 谈论共同感兴趣的话题。比如都爱好美食，就谈论美食；如果都在投资基金，谈论基金是非常好的选择。

(4) 谈论故乡。在中国人看来，稍加熟悉之后，询问对方是哪里人并不认为不礼貌。同时，知道对方是哪里人之后，谈论对方的故乡，比如故乡的美景、名人、名吃，是对方非常乐意听到的，也愿意谈论的，其他人也同样有兴趣洗耳恭听。

(5) 共同的经历。如果都毕业于同一所学校，或者在同一个地方生活过，谈论这样的话题不愁没有话说，同时也能大大拉近双方的距离。

餐桌上禁忌话题

"酒逢知己千杯少，话不投机半句多"。餐桌上，以下话题不宜谈论。

(1) 政治等敏感话题，以及有可能引发争议的话题。

(2) 男女共处时，玩笑开过头，或者说长道短，讲八卦流言。

(3) 议论第三方，特别是第三方的负面"新闻"。

(4) 讲有关疾病、不卫生、污染等可能影响食欲的话题。

(5) 议论他人的不幸遭遇，而且没有任何同情。

(6) 在餐桌上高调地谈论自己如何获得成功，没有任何谦虚的语气。

(7) 在客户面前，谈论本单位本行业的高利润。

(8) 个人的婚姻、收入、女士年龄、个人生活等隐私问题。

任务三　西　餐　礼　仪

西餐是我国对欧美地区菜肴的统称。西餐实行分餐制，即各自点菜，各持一份，就餐时用刀叉取食。最普遍的盘式服务是将餐食在厨房分装到每一个餐盘中，由服务员从厨房端出，再迅速、礼貌地送给每位客人。西餐就餐形式从表面上看似乎少了些热闹，多了些客气和独立，但实质上体现了卫生。

【案例评礼 5.1】

有一次，李鸿章出使德国，应德国"铁血宰相"俾斯麦之邀前往赴宴，由于不懂西餐礼仪，他把一碗吃水果后洗手用的水端起来喝了。为了不使李鸿章丢丑，善解人意的俾斯麦也将洗手水一饮而尽，见此情形，其他文武百官只得忍笑奉陪。由于受民族习俗的影响，西餐的摆台、餐具、酒水、用餐方式、用餐礼仪等都与中餐有较大的差异。如果对此一无所知，在就餐时难免贻笑大方。

一、西餐上菜顺序

西餐菜序，是指享用西餐时正规上菜顺序。与中餐相比，西餐的菜序具有明显的不同。例如，中餐上菜的顺序，是先冷后热，先炒后炸，以汤收尾；而在吃西餐时，汤往往是正餐开始的前奏。西餐亦有正餐和便餐之分，在菜序上二者是有很大差异的。

(一)正餐的菜序

1．头盘

西餐的第一道菜是头盘，也称为开胃品。开胃品的内容一般有冷头盘和热头盘之分，常见的品种有鱼子酱、鹅肝酱、熏鲑鱼、鸡尾杯、奶油鸡酥盒、焗蜗牛等。因为是要开胃，所以开胃菜一般都有特色风味，味道以咸和酸为主，而且数量少、质量较高。

2．汤

和中餐不同的是，西餐的第二道菜就是汤。西餐的汤大致可分为清汤、奶油汤、蔬菜汤和冷汤四类。品种有牛尾清汤、各式奶油汤、海鲜汤、美式蛤蜊汤、意式蔬菜汤、俄式罗宋汤、法式焗葱头汤。冷汤的品种较少，有德式冷汤、俄式冷汤等。

3．副菜

鱼类菜肴一般作为西餐的第三道菜，也称为副菜。品种包括各种淡水鱼类、海水鱼类、贝类及软体动物类。通常水产类菜肴与蛋类、面包类、酥盒菜肴品都称为副菜。因为鱼类等菜肴的肉质鲜嫩，比较容易消化，所以放在肉类菜肴的前面，叫法上也和肉类菜肴主菜有区别。西餐吃鱼菜肴讲究使用专用的调味汁，品种有鞑靼汁、荷兰汁、酒店汁、白奶油汁、大主教汁、美国汁和水手鱼汁等。

4．主菜

肉、禽类菜肴是西餐的第四道菜，也称为主菜。肉类菜肴的原料取自牛、羊、猪、小牛仔等各个部位的肉，其中最有代表性的是牛肉或牛排。牛排按其部位又可分为沙朗牛排(也称西冷牛排)、菲利牛排、T 形牛排、薄牛排等。其烹调方法常用烤、煎、铁扒等。肉类菜肴配用的调味汁主要有西班牙汁、浓烧汁精、蘑菇汁、白尼斯汁等。禽类菜肴的原料取自鸡、鸭、鹅，通常将兔肉和鹿肉等野味也归入禽类菜肴。禽类菜肴品种最多的是鸡，有山鸡、火鸡、竹鸡，可煮、炸、烤、焖，主要的调味汁有黄肉汁、咖喱汁、奶油汁等。

21世纪高职高专经管类专业立体化规划教材

5. 蔬菜类菜肴

蔬菜类菜肴可以安排在肉类菜肴之后，也可以和肉类菜肴同时上桌，所以可以算作一道菜，或称为一种配菜。蔬菜类菜肴在西餐中称为沙拉。和主菜同时服务的沙拉，称为生蔬菜沙拉，一般用生菜、西红柿、黄瓜、芦笋等制作。沙拉的主要调味汁有醋油汁、法国汁、千岛汁、奶酪沙拉汁等。沙拉除了蔬菜外，还有一类是用鱼、肉、蛋类制作的，这类沙拉一般不加味汁，在进餐顺序上可以作为头盘。还有一些蔬菜是熟的，如花椰菜、煮菠菜、炸土豆条。熟食的蔬菜通常和主菜的肉食类菜肴一同摆放在餐盘中上桌，称为配菜。

6. 甜品

西餐的甜品是主菜后食用的，可以算作第六道菜。从真正意义上讲，它包括所有主菜后的食物，如布丁、煎饼、冰激凌、奶酪、水果等。

7. 果品

鲜果主要有苹果、香蕉、橙子、葡萄等。干果主要有核桃、榛子、杏仁、腰果、开心果等。

8. 热饮

热饮主要是咖啡或茶。喝咖啡一般要加糖和淡奶油。茶一般要加香桃片和糖。

随身课堂

西餐的吃法

(二)便餐的菜序

在普通情况下，出于经济和时间方面的考虑，人们并不总是吃西餐正餐。西餐便餐的菜序方便简单，很受欢迎，上菜的程序通常是：面包、黄油；冷菜；汤；主菜；甜点；咖啡水果。

上菜时，菜肴从左边上，饮料从右边上。进餐时，冷菜和汤可以同时配着面包吃；冷菜作为第一道菜，一般与开胃酒并用；主菜往往只有一道肉食，而水果则可上可不上。

二、西餐桌次与席位的安排

(一)西餐桌次排列

西餐宴会时可以用圆桌、长桌或方桌，排列变化很多，排位的方式也不同。圆形的桌次尊贵以离主桌的距离远近而定，且右高左低。这项规则也称为"主桌定位"。西式的宴会以长桌较为普遍，依据宴会规模及实地限制，可能会布置成丁形桌、马蹄形桌等，如图5-10和图5-11所示。

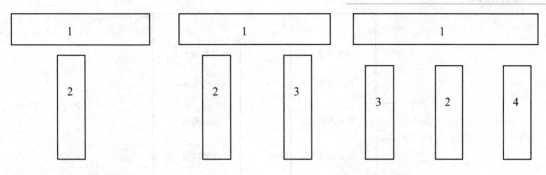

图 5-10　丁形桌的桌次排列　　　　　图 5-11　马蹄形的桌次排列

(二)西餐席次安排

西式宴请多采取长条餐桌，一般应遵循以下原则。

1. 恭敬主宾

在西餐中，主宾极受尊重。即使用餐的来宾中有人在地位、身份、年龄方面高于主宾，但主宾仍是主人关注的中心。在排定位次时，应请男、女主宾分别紧挨着女主人和男主人就座，以便进一步受到照顾。

2. 女士优先

在西餐礼仪里，女士处处备受尊重。在排定用餐位次时，主位一般应请女主人就座，而男主人则须退居第二主位。

3. 以右为尊

在排定位次时，应以右为尊，应请男、女宾分别紧挨着女主人和男主人右侧。例如，应安排男主宾坐在女主人右侧，安排女主宾坐在男主人左侧。

4. 面门为上

有时又叫迎门为上。它指的是面对餐厅正门的位子，通常在序列上要高于背对餐厅正门的位子。

5. 距离定位

一般来说，西餐桌上位次的尊卑往往与其距离主位的远近密切相关。在通常情况下，离主位近的位子高于距主位远的位子。

6. 交叉排列

西餐宴会在排列位次时，要遵守交叉排列的原则，如男女交叉排列、生人与熟人交叉排列。这样做的最大好处是可以广交朋友，加强沟通，促进了解。

(1) 长桌。以长桌排位，一般有两个主要办法。一是男女主人在长桌中央对面而坐，餐桌两端可以坐人，也可以不坐人，如图 5-12 所示；二是男女主人分别坐于长桌两端，位次尊卑顺序如图 5-13 所示。

(2) 桌子是 T 形或"门"字形排列时，横排中央位置是男女主人位，身旁两边分别为男女主宾座位，其余依序排列。位次尊卑顺序如图 5-14、图 5-15 所示。

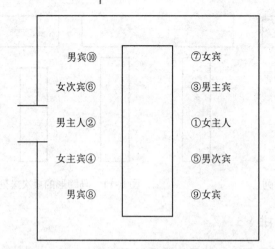

图 5-12　中央对坐的位次顺序

图 5-13　两端对坐的位次顺序

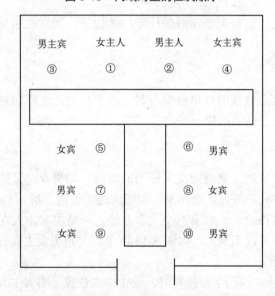

图 5-14　T 形桌的位次顺序

(3) 圆桌。在西餐里，使用圆桌排位的情况并不多见。在隆重而正式的宴会里，则尤为罕见。其具体排列，通常男女间隔而坐，用意是男士可以随时为身边的女士服务。位次尊卑顺序如图 5-16 所示。

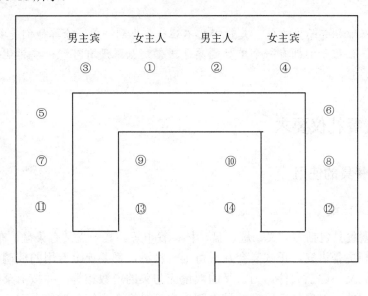

图 5-15 门字形桌子的位次顺序

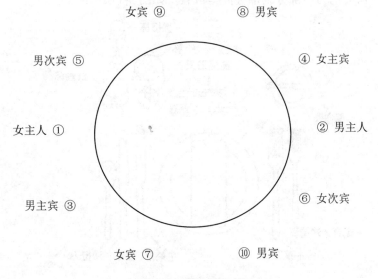

图 5-16 圆桌的位次顺序

【温馨贴士 5.3】

西餐客人席位安排的注意事项

为了让宴会能顺利进行，客人之间相互融合，在安排座位时须注意以下几点。

(1) 两位客人之间有隔阂的话，不宜放在一起。

(2) 两位客人的嗜好不同，谈不到一起的，也不应安排他们并排坐。

(3) 两位客人如在语言沟通上(不讲同一种语言)有障碍的话，安排在一起也是没有意义的。

(4) 两位客人的年龄相差很大的(当然近亲除外, 如祖孙关系)也不方便让他们坐在一起。

(5) 行动不便的客人一定要安排他们的监护人坐在旁边, 以保证他们的进餐便利和得到照顾。

(6) 男女搭配相邻而坐为佳, 夫妇俩人不必非要坐到一起, 除非他们是初恋的年轻人。

(7) 最好是让孩子们拥有一个单独的桌子进餐, 如果没有可能, 安排他们坐在进出比较方便的位置为宜。

三、西餐就餐礼仪要求

(一)西餐餐具的使用

1. 西式餐具摆设

广义的西餐餐具包括刀、叉、匙、盘、杯、餐巾等。其中盘又有菜盘、布丁盘、奶盘、白脱盘等; 酒杯更是讲究, 正式宴会几乎每上一种酒, 都要换上专用的玻璃酒杯。狭义的餐具则专指刀、叉、匙三大件。刀、叉的数量应与菜的道数相等, 并按上菜顺序由外向里排列。吃甜品用的一对餐具可以摆在最内侧, 也可以摆在中间餐碟的上方。所有的叉和匙都会朝上放置, 所有的刀锋部分则都会向里放置, 如图5-17所示。

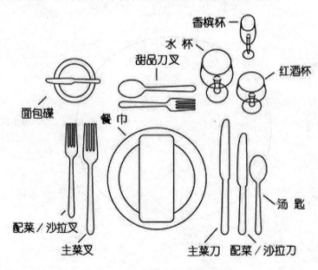

图5-17 西式餐具

(1) 刀与叉。放置的通则是依上菜次序由外往内, 奶油刀应水平横放在奶油碟上, 刀刃朝内。叉的种类有食用叉、肉叉、鱼叉、龙虾叉等, 叉口朝上放置。

(2) 匙。汤匙、甜品匙、茶匙等, 甜点的餐具可摆在席位最前端, 在最接近盘缘的地方摆叉子, 叉尖朝右, 再放汤匙, 匙凹向左, 有时餐桌上并无放置甜点餐具, 而是由服务生连盘带甜点叉匙端上。

(3) 碟和瓶罐。奶油碟应放在叉子前方, 每个碟内可先放一两块奶油。盐和胡椒罐如果数量够, 会放置在每位席位前方或侧边, 如果数量不够则会放在两席间(两人共享一组),

或放置在距桌中央较近的地方(四人共享一组)，如果只有两组就放置在桌子两端，由宾客互相传递使用。

(4) 玻璃杯。水杯在最内侧，其余酒杯则依序由外往内摆放。

(5) 桌面饰布。包括桌巾、餐垫、餐巾等，可用创造力发挥巧思布置一个特别的桌面，定能让宴会增色不少，增加许多浪漫的气氛，餐巾也可折叠成各种形状，置于托盘或餐垫上。

有些非常正式的宴会，会为每位或每两位宾客就制作一张菜单，放置的位子斜靠在玻璃杯前或平放在叉子左侧的桌面上，宾客可以根据此菜单预先知道菜量以估计自己的食量。通常客人超过一桌就要制作席位卡，有了席位卡宾客不需要特别的引导就能找到自己的位子。席位卡可平放或立放在桌面上，放置处可以在盘中餐巾的顶端，或盘子中央或餐位左前方的叉子上。正式的宴会，席位卡只需写姓加上性别或其他头衔称呼即可，如有同姓才需把全名写出，政界或军人的席位卡，不论是否仍任原职或已卸任，基于礼貌只需写先前的官衔和头衔，以示尊重。

2. 西餐餐具的使用

1) 刀、叉

西餐餐刀最主要有三种：一是切肉刀，这种刀比较大、刀面长，刀锯齿比较明显，吃牛排等肉食时使用；二是正餐刀，这种刀锯齿不明显，或干脆没有，主要用来配合餐叉切割蔬菜、水果等较软些的食品；三是黄油刀，这种刀比较小，用于往面包上涂抹黄油。此外，还有鱼刀、奶油刀等。

西餐餐叉也有三种：一是水果叉，主要用来吃水果或者甜品；二是沙拉叉，主要用来吃沙拉和冷拼；三是正餐叉，用来吃正餐热菜。此外，还有鱼叉、龙虾叉等。

【温馨贴士 5.4】

刀叉在具体使用过程中，主要有英国式和美国式两种通行方式，英国式用法始终为左手持叉，右手持刀，一边进行食物切割一边叉而食之。美国式用法是切完肉把刀放在盘子上，叉子从左手换到右手，然后右手持叉用餐。

宴席上最正确的拿刀姿势：手握住刀柄，拇指按住柄侧，食指则压在柄背上。不可把食指伸到刀背上，更不要伸直小指拿刀，尤其是女性。叉子的拿法有背侧朝上及内侧朝上两种，要视情况而定。背侧朝上的拿法和刀子一样，以食指压住柄背，其余四指握柄，食指尖端大致在柄的根部，若太往前方，外观不好看，太往后，又不太能使劲，硬的食物就不容易叉进去。叉子内侧朝上时，则如铅笔拿法，以拇指、食指按柄上，其余三指支撑柄下方；拇指和食指要按在柄的中央位置，如果太向前，会显得笨手笨脚。

随身课堂

刀叉的摆置方式传达用餐信息

2) 餐匙

餐匙又叫调羹，俗称勺子。在西餐的正餐里比较常见的有以下几种。

(1) 甜品勺。个头较小，在一般情况下，它应当被横向摆放在吃甜品所用刀叉的正上方，并与其并列。如果没有甜品，用不上甜品勺的话，它也会被个头同样较小的茶勺所取代。

(2) 汤勺。个头较大，通常它被摆放在用餐者右侧最外端，与餐刀并列纵放。

(3) 正餐勺。勺头呈椭圆形，主要在正餐、主食时使用。还可以与叉并用，帮助叉盛取食物，起到辅助餐叉的作用。

喝汤时，最规范的姿势应当是右手拿起汤勺，左手扶盘子，由桌沿朝向桌子中心方向慢慢舀取，剩下少许时，可用左手将靠自己一边的汤碗稍稍提起，再用汤勺由里向外舀取。

【温馨贴士 5.5】

餐勺使用的注意事项

(1) 餐勺除可以饮汤、吃甜品之外，绝对不可直接舀取其他任何主食、菜肴。

(2) 已经开始使用的餐勺，切不可再放回原处，也不可将其插入菜肴、主食，或是令其"直立"于甜品、汤盘或红茶杯中。

(3) 使用餐勺时，要尽量保持其干净清洁。

(4) 用餐勺取食时，动作应干净利落，切勿在甜品、红茶中搅来搅去。

(5) 用餐勺取食时，务必不要过量，而且一旦入口就要一次将其用完。不要一餐勺的东西，反复品尝几次。餐勺入口时应以其前端入口，而不是将它全部塞进嘴里。

(6) 不能直接用茶勺去舀取红茶饮用。

3) 餐巾

一般而言，餐巾摆放在餐盘的中央或左侧，或者叠出花型插放在口杯中。餐巾的用途主要有以下几个。

(1) 暗示。在宴会开始之前，主人(西餐通常是女主人)先把餐巾铺在腿上(如果餐巾较大，可以用对角线叠成三角形状，或平行叠成长方形状)，表明用餐的开始。用餐过程中，若想暂时离开座位，可将餐巾放在座位上或者座位椅背上；若将餐巾放在餐盘上，则表示进餐完毕。

(2) 保洁。避免菜汁、油渍溅落在衣服上。

(3) 揩拭。用餐的过程，不可避免地要在嘴角留下痕迹，及时利用餐巾的一角加以清理，则会不失风度。但不可用餐巾擦脸或擦刀叉等。

(4) 遮掩。在吐出鱼骨、鱼刺或水果籽粒时，或在用牙签剔牙时，餐巾用于遮挡嘴巴，以此避免给他人带来不便。

【案例评礼 5.2】

某商务公司职员小张，客户约他晚上 7 点在市内的一家高级西餐厅就餐，讨论业务上的事宜。因路上堵车，到了 7 点半小张才姗姗来迟，见到客户之后简单寒暄一番，就大声叫服务员点菜。因为这个餐厅有小张喜欢吃的小牛排，就擅自做主给客户也点了一份。饭菜上桌后，小张拿起刀叉使劲地切割食物，刀盘发出刺耳的摩擦声。客户提醒他，他却不以为然，之后又叉起一大块肉塞进嘴里，边跟客户讲话，同时将骨头等杂物吐在桌面台布上。中途客户有事先走，小张坐在餐桌前挥手告别。随后小张将刀叉随意往餐盘上并列一放，并将餐巾放在餐桌上，起身去洗手间。回来的时候发现饭菜已经被端走，桌面已经收拾干净，服务员站在旁边等他买单。见此情景，小张非常生气，在餐厅里与服务员大声吵了起来。

课堂讨论： 小张哪里做错了？

(二)西餐就餐注意事项

(1) 应等全体客人面前都上了菜，女主人示意后才开始用餐。在女主人拿起她的勺子或叉子以前，任何人不得食用任何一道菜。这是美国人的习惯，同欧洲有些国家不同。

(2) 餐巾应铺在膝上，如果餐巾较大，应叠放在腿上；如果较小，可以全部打开。餐巾虽然也可以围在颈上或系在胸前，但显得不大方，所以最好不这样做。

(3) 进餐时身体要坐正，不可过于向前倾斜，也不要把双臂横放在餐桌上，以免碰撞旁边的客人。

(4) 取面包应该用手去拿，然后放在旁边的小碟中或大盘的边沿上，绝不要用叉子去叉面包。

(5) 吃沙拉时只能用叉子。应用右手拿叉，叉尖朝上。

(6) 吃鱼时，可以用左手拿着面包，右手拿着刀子，把刺拨开。

(7) 要喝水时，应把口中的食物先咽下去。用玻璃杯喝水时，要注意先擦去嘴上的油渍，以免弄脏杯子。

(8) 进餐时不要将碗碟端起来。喝汤可以将盘子倾斜，然后用汤匙取食。喝茶或喝咖啡不要把汤匙放在杯子里。

(9) 吃饭，特别是喝汤，不要发出声响。咀嚼时应该闭嘴。

(10) 不要在餐桌前擤鼻涕或打嗝。如果打喷嚏或咳嗽，应向周围人道"对不起"。

(11) 在饭桌上不要剔牙。如果有东西塞了牙非去除不可，应用餐巾将嘴遮住，最好等没有人在场时再取出。

(12) 进餐时，始终保持沉默是不礼貌的，应该同身旁的人有所交谈，但是在咀嚼食物时不要讲话。

(13) 在餐桌上，食物一律应用刀叉去取。只有芹菜、小萝卜、青果、干点心、干果、糖果、炸土豆片、玉米、田鸡腿和面包等可以用手拿着吃。

(14) 当侍者依次为客人上菜时，走到你的左边，才轮到你取菜。如果实在不喜欢吃某种菜，也可以说："谢谢你，我不需要。"

(15) 当女主人要为你添菜时，你可以将盘子连同放在上面的刀叉一起传递给她或者交给服务员。如果她不问你，你就不能主动要求添菜，那样做很不礼貌。

(16) 餐桌上有些食品，如面包、黄油、果酱、泡菜、干果、糖果等，应待女主人提议后方可取食。进餐时，不能越过他人面前取食物。

(17) 用餐毕，客人应等女主人从座位上站起来，再一起随着她离席。起立后，男宾应帮助女士把椅子归回原处。

21世纪高职高专经管类专业立体化规划教材

【案例评礼 5.3】

在一次宴会上，一位教授和他的夫人以及他的学生们在一起吃饭。其中一位学生是美国人，他宴请了教授和其他的同学。美国的学生坐在教授的对面，而其他的学生则是随便坐。在吃饭的过程中，大家都在谈论关于中国与美国局势的话题。

课堂讨论： 请指出宴会上的失礼之处。

任务四　自助餐礼仪

自助餐又称冷餐会，它是目前国际上所通行的一种非正式的西式宴会，在大型的商务活动中尤为多见。自助餐的具体做法是，不预备正餐，而由就餐者在用餐时自行选择食物、饮料，然后或立或坐，自由地与他人在一起或独自用餐。用餐时间没有正式的限定，在整个用餐期间，用餐者可以随到随吃，不用在主人宣布用餐开始之前到场恭候。

随身课堂

自助餐的由来

所谓自助餐的礼仪，主要是指在以就餐者的身份参加自助餐时，要具体遵循的礼仪规范。通常，有下述八点。

1. 排队取菜

在享用自助餐时，必须自觉地维护公共秩序，讲究先来后到，排队选用食物。不允许乱挤、乱抢、乱加塞儿，更不允许不排队。在取菜之前，先要准备好一只食盘。轮到自己取菜时，应以公用的餐具将食物装入自己的食盘之内，然后应迅速离去。切勿在众多的食物面前犹豫再三。让身后之人久等，更不应该在取菜时挑挑拣拣，甚至直接下手或以自己的餐具取菜，如图 5-18 所示。

图 5-18　排队取菜

2. 循序取菜

享用自助餐时，应按照取菜先后顺序循序渐进，顺序依次是冷菜、汤、热菜、点心、甜品和水果。如果不了解取菜顺序，取菜时完全自行其是，乱吃一通，难免会本末倒置，咸甜相克，令自己吃得既不畅快又不舒服。

3. 量力而行

参加自助餐时，可根据本人的口味选取食物，但要量力而行，坚持"每次少取"原则。切勿为了吃得过瘾，而将食物狂取一通，结果自己"眼高手低"，力不从心，导致食物严重浪费。

4. 多次取菜

在自助餐上遵守"少取"原则的同时，还必须遵守"多次"的原则。它的具体含义是：用餐者在自助餐上选取某一种类的菜肴，允许其再三再四地反复去取。每次应当只取一小点，待品尝之后，觉得它适合自己的话，那么还可以再次去取，直至自己感到吃好为止。

5. 避免外带

所有的自助餐，都有一条不成文的规定，即自助餐只允许在用餐现场自行享用，而绝对不能在用餐完毕之后携带回家。用餐时吃多吃少不碍事，但不能偷偷往自己的口袋、皮包里装入食物，更不能要求侍者替自己"打包"。

6. 送回餐具

自助餐大都要求就餐者在用餐完毕之后、离开用餐现场之前，自行将餐具整理到一起，然后一并将其送回指定的位置。不允许将餐具随手乱丢，甚至任意毁损餐具。自己取用的食物，以吃完为宜，剩下的少许食物也不要乱丢、乱倒、乱藏，而应将其放在适当之处。

7. 照顾他人

参加自助餐时，除了对自己用餐时的举止表现要严加约束外，还须与他人和睦相处，多加照顾。若同伴不熟悉自助餐，不妨向其简单介绍，抑或是提出一些有关选取菜肴的建议。但是不可以自作主张地为对方直接代取食物，更不允许将自己不喜欢或吃不了的食物"处理"给对方吃。在排队、取菜、寻位以及行动期间，对于其他用餐者要主动谦让，不要目中无人、蛮横无理。

8. 积极交际

在参加自助餐时一定要主动寻找机会，积极进行交际活动。不应当以不善交际为由，只顾自己躲在僻静处埋头大吃，或者来了就吃，吃了就走，而不同其他在场者进行任何形式的正面接触。在自助餐上，交际的主要形式是几个人聚在一起进行交谈。介入陌生的交际圈，大体上有三种方法。一是请求主人或圈内之人引见；二是寻找机会，借机加入；三是毛遂自荐。

任务五　酒 水 礼 仪

　　酒水是对用来佐餐、助兴的各种酒类和其他饮料的一种统称。"酒"一般指含有一定酒精的饮品，而"水"则通常指不含酒精的各种饮料。长久以来，世界各地关于酒水的选择、饮用以及佐餐的具体方法已经形成了一套比较完备的礼仪。

一、饮酒礼仪

　　饮酒是各种宴请中都不可缺少的，不同的是根据宴会的级别、规格所选用的酒的品种有所不同。

(一)斟酒礼仪

　　就餐时，人们以为他人斟酒或敬酒来向他人表示敬意。选择酒具时，一定要清洁、无破损，酒瓶应当场打开。为客人斟酒时应站在客人的右侧，酒杯应放在餐桌上，瓶口不能与酒杯相碰，酒不宜斟得太满。斟酒的顺序应该是先为高者、年长者、远道而来者，然后顺时针逐个斟酒。自己的酒杯最后斟，也可以不斟。

　　当有人为你斟酒时，应表示感谢，或用语言表达，或用叩指礼。如果不想喝酒，可以婉言谢绝，斟酒者可以适当劝酒，但不能勉强。

> **随身课堂**
>
> 扣指礼

(二)敬酒礼仪

　　敬酒是用自己喝酒的方式来表示敬意。宴会中有权首先提议敬酒的是宴请的主人，第一资格是男主人，男主人不在时是女主人。在宴会开始时，由主人向大家敬酒，并说上几句祝福的话，这时大家应站立互相碰杯，人多时可以举杯示意不必碰杯，然后象征性地喝上一口。主人敬酒后，客人们可以互相敬酒，也可以回敬主人。碰杯时，位卑者一般杯沿低于对方杯沿。在主人和主宾祝词时，其他人应停止进餐、停止交谈、注意倾听，敬酒时可以多人敬一人，决不可一人敬多人，除非你是领导。

　　喝完酒后，应用目光回应以示礼貌。一般来说，敬酒者应该把自己的酒喝干，才能表达诚意。如果知道对方酒量不错，可以提议干杯，反之则不必勉强，可以说"我干了，你随意"，尤其是对待长者切不能勉强。

　　如果你不善于饮酒，当主人或别的客人向你敬酒时，可以婉言谢绝，如果主人请你喝一些酒，则不应一味推辞，可以选淡一点的酒或饮料，喝一点作为象征，以免扫兴。

(三)饮酒礼仪

1. 姿势正确

合乎礼仪的喝酒姿势应该是端起酒杯，首先观赏颜色，闻一闻酒香，然后轻轻吸一口，慢慢品味。为了显示自己的酒量而端起酒杯一饮而尽是不文雅、没修养的。同时，喝酒也不应该让别人听到自己的吞咽声，喝酒的速度尽可能不要超过宴请自己的主人。慢喝也是一种很聪明的防醉方法。

2. 酒量适宜

酒后失言或酒后失礼是常见的，所以，在宴请饮酒中主客双方都应该控制酒量。切忌见到美味佳肴就忘乎所以，在热烈的气氛中随性豪饮，是有失礼仪的。在正式的宴请中，主宾的饮酒量均应控制在正常酒量的一半以下。

3. 拒酒得体

在宴请的过程中，不会喝酒或不打算喝酒的人，可以有礼貌地阻止他人敬酒，但不应该一概拒绝，至少应喝一点饮料或果汁。拒绝喝酒的方式很多，可以解释说明不会喝酒，也可以让斟酒人在自己的杯子里少斟一点，不要东躲西藏，更不要把酒杯扣在餐桌上，或把自己杯中的酒偷偷倒在地上。按照礼仪，酒可以不喝，但空着杯子是不合适的。

二、饮茶礼仪

茶是中华民族的国饮，是世界三大饮料之一，并位居三大饮料之首。饮茶在我国不仅是一种生活，也是一种文化传统，并形成了相应的饮茶礼仪。以茶待客，客来献茶一直是我国各族人民的传统美德和习惯，掌握一定的饮茶礼仪十分必要。

(一)茶的分类

茶叶品种繁多，其中以我国为最多。按照茶叶的商品形态可把茶叶分为绿茶、红茶、乌龙茶、白茶、黄茶、黑茶、加工茶七类。

(二)茶具的选择

饮茶，讲究茶具，这是我国自古以来的传统，也体现出对客人的尊重。茶的色、香、味与泡茶使用的茶具关系很大。因而，正确地选择和使用茶具，既能发挥茶的价值，又能陶冶人们的情操。目前我国常用的茶具主要有以下几种。

1. 陶土茶具

陶土茶具中的佼佼者首推宜兴紫砂茶具，用这种茶具泡茶，能保持茶叶真味，使用年代越久，泡出的茶香味越纯正。只是这类茶器多为褐色，较难欣赏到茶的汤色。

21世纪高职高专经管类专业立体化规划教材

2. 瓷质茶具

瓷质茶具以白为贵，多为盖碗，能反映出茶汤色泽，传热慢，且保温适中，加之瓷器造型各异，为饮茶器皿之上品。

3. 玻璃茶具

用玻璃杯泡茶，传热快，不透气，茶香易损失，但透明度高，能增加欣赏的乐趣。至于搪瓷杯和保温杯，容易将茶叶泡熟，影响茶叶的品质，特别是饮用高级茶时，更不宜使用其作为茶具。

(三)品茶的礼仪

品茶礼仪包括待客有道和品茶礼仪两个方面。

1. 待客有道

自古以来，中国人待客就有"坐，请坐，请上座；茶，上茶，上好茶"的说法，由此可见，以茶敬客在待客之际是一种绝对不可缺少的重要礼仪。需要注意以下几个方面。

1) 客人的嗜好

如有可能，应多备几种茶叶方便客人选择。在上茶之前，应先询问客人喜欢可供选择的哪类茶，不要自以为是，强人所难。若只有一种茶叶，则务必实事求是说清楚。如果来宾不喜欢喝茶，可为之提供其他饮品，如白开水、矿泉水、咖啡、可口可乐、雪碧等。若客人没有特殊要求，为之所上的茶水不应过浓，斟茶不可过满，应以七分满为佳。

2) 上茶的规矩

(1) 奉茶之人。以茶待客时，由何人为来宾奉茶，往往涉及对来宾重视的程度问题。在家中待客时，通常可由家中的晚辈或服务人员为客人上茶。接待重要的客人时，则应由女主人，甚至由主人亲自为之奉茶。在工作单位待客时，一般应由秘书、接待人员、专职人员为来宾上茶。接待重要的客人时，则应由本单位在场的职位最高者亲自为之上茶。

(2) 奉茶顺序。如来访的客人较多时，合乎礼仪的做法应当是：其一，先为客人上茶，后为主人上茶；其二，先为主宾上茶，后为次宾上茶；其三，先为女士上茶，后为男士上茶；其四，先为长辈上茶，后为晚辈上茶。如果来宾彼此之间差别不大时，可采取下列四种顺序上茶：其一，以上茶者为起点，由近而远依次上茶；其二，以进入客厅之门为起点，按顺时针方向依次上茶；其三，在上茶时以客人的先来后到即先后顺序；其四，上茶时不讲顺序，或是由饮用者自己取用。

3) 敬茶的方法

以茶待客时，一般应当事先将茶沏好装入茶杯，然后放在茶盘之内端入客厅。如果来宾较多时，务必多备几杯茶，以防"僧多粥少"、供不应求。

上茶时，应双手端着茶盘进入客厅，首先将茶盘放在邻近客人的茶几上或备用桌上，然后右手拿着茶杯的杯托，左手附在杯托附近，从客人的左后侧双手将茶杯递上去。茶杯放置到位之后，杯耳应朝向外侧。若使用无杯托的茶杯上茶时，也应双手奉上茶杯，同时轻声告之："请您用茶。"双手托杯时，切勿将手指搭在茶杯杯口上，或是将指头浸入茶水，污染茶水。

4) 续水的时机

为客人端上头一杯茶时,应当斟到杯深的 2/3 处,随后为客人勤斟茶、勤续水。当然,为来宾续水让茶一定要讲究主随客便,不可再三再四地以斟茶续水搪塞客人,而始终一言不发。以前,中国人待客有"上茶不过三杯"一说,即第一杯叫作敬客茶,第二杯叫作续水茶,第三杯叫作送客茶。如果一再劝人用茶,而无话可讲,则往往意味着提醒来宾"应该打道回府了"。有鉴于此,在以茶招待较为守旧的老年人或海外华人时,切勿再三为之斟茶。

在为客人续水斟茶时,以不妨碍对方为佳,最好不要在其面前进行操作。续水时,不要续得过满,也不要使用自己的手指、茶壶或者水瓶弄脏茶杯。如有可能,应在续水时在茶壶或水瓶的口部附上一块洁净的毛巾,以防止茶水"自由泛滥"。

2. 品茶礼仪

1) 态度谦恭

当主人以茶待客,征求意见询问"想喝什么"的时候,客人如果没有特别的禁忌,应该在对方可提供的选择中任选一种,或告之以"都可以",而不应该向主人提出过高的要求。如果不喜欢饮茶,应及时向主人说明。如果尚未说明,而茶已端上,不喝就是,但不能面露不快,或责怪主人或为自己上茶的人。

若主人,特别是女主人或者长辈为自己上茶时,应起身站立,双手捧接,并道以"多谢"。当其为自己续水时,应向其答谢以礼相还。如果不方便站立答谢,也应面含微笑,点头致意,或者欠身施礼。不喝的凉茶、剩茶,不能随手泼洒在地上。

2) 认真品味

在饮茶时,要懂得悉心品味。每饮一口茶汤后,应使其在口中稍作停留,再慢慢地咽下去。不要大口吞咽,一饮而尽,喉中"咕咚咕咚"直响,茶水顺腮直流。

端无杯耳的茶杯,则应以右手手握茶杯的中部。不要双手捧杯,或是用手握住茶杯杯口。饮茶时,如有茶叶进入口中,切勿将其吐出,应嚼而食之。

饮盖碗茶时,可用杯盖轻轻拂去漂浮于茶水上的茶叶,不要用口去吹。茶太烫的话,最好待茶自然冷却再饮用。饮用红茶或奶茶时,不要用茶匙舀茶,也不要将其放在茶杯中。

若主人告之所饮的是名茶,则饮用前应仔细观赏一下茶汤,并在饮用后加以欣赏。不要不予理睬,或是随口加以贬低,说什么"没听过这种茶的名字""喝起来不怎么样""这茶有些走味"或是"没把好茶泡好"等让主人不快的话。

三、品咖啡礼仪

咖啡是用经过烘焙的咖啡豆制作出来的饮料,与可可、茶同为流行于世界的主要饮品。使用咖啡,有专用的器具,了解相关器具的使用可以更好地遵守品咖啡礼仪。

(一)咖啡相关器具使用

1. 咖啡杯

在餐后饮用的咖啡,一般是用袖珍型的杯子盛出。这种杯子的杯耳较小,手指无法穿

21世纪高职高专经管类专业立体化规划教材

出去。即使使用较大的杯子，也不要用手指穿过杯耳再端杯子。咖啡杯的正确拿法，应是右手拇指和食指捏住杯柄将杯子端起，然后将杯子端起送至嘴边，不可以手指穿杯环去拿。站立式，则应该以左手将杯、碟一起端至胸高，再以右手端起杯，送至嘴边饮用，饮用完立即将杯子置于咖啡碟中。

2. 咖啡匙

咖啡匙是专门用来搅拌咖啡的，但搅动时动作不要过大，也不要用匙去捣碎杯中的方糖，饮用咖啡时应当把它取出来，将匙放于碟子左边或横放于靠近身体的一侧，不要用咖啡匙舀着咖啡一匙一匙地慢慢喝，如果咖啡太烫，应充分发挥匙的作用，轻轻搅动使其降温，切不可用嘴去吹。

3. 杯碟

盛放咖啡的杯碟都是特制的。它们应当放在饮用者的正面或者右侧，杯耳应指向右方。饮咖啡时，可以用右手拿着咖啡的杯耳，左手轻轻托着咖啡碟，慢慢地移向嘴边轻啜。注意不要满把握杯、大口吞咽，也不宜俯首去就咖啡杯，这些都是失礼行为，喝咖啡时，不要发出声响。

咖啡碟与咖啡杯不分开，即使添加咖啡时，也不要将咖啡杯从咖啡碟中拿起持握咖啡杯。

(二)品咖啡的注意事项

1. 步骤

正式开始喝咖啡之前，先喝一口冰水，冰水能帮助咖啡味道鲜明地浮现出来，让舌头上的每一个味蕾，都充分做好感受咖啡美味的准备。一杯咖啡端到面前，先不要急于喝，应该像品茶或酒那样，有个循序渐进的过程，以达到放松、提神和享受的目的。

(1) 闻香。闻一下咖啡扑鼻而来的原香。

(2) 观色。咖啡最好呈现深棕色，而不是一片漆黑，深不见底。

(3) 品尝。你所喝的每一杯咖啡用的咖啡豆都是经过五年生长才能够开花结果的，经过了采收、烘焙等繁复程序，再加上煮咖啡的人悉心调制而成。所以，先喝一口黑咖啡，感受一下原味咖啡的滋味，咖啡入口不要急于将咖啡一口咽下，应暂时含在口中，让咖啡的香气自鼻腔呼出，然后再将咖啡咽下。

(4) 加糖：依个人喜好加入适量的糖，并用小汤匙搅拌，趁着搅拌的咖啡旋涡，缓缓加入奶油球，让油脂浮在咖啡上，保持咖啡的热度也可蒸发奶香，享受到多层的口感。

2. 温度和容量

(1) 饮品咖啡的最佳温度是 80℃左右，因为普通咖啡的质地不太稳定，所以最好趁热品尝。为了不使咖啡的味道降低，要事先将咖啡杯预热。咖啡的适当温度在冲泡的刹那为83℃，倒入杯中时为 80℃，而到口中的温度为 61～62℃最为理想。一般来说，趁热品尝主人为你端上的咖啡，把咖啡尽可能在 10min 内饮尽，也是喝咖啡的基本礼节。

(2) 咖啡一般不上满怀，满杯的咖啡，看了就失去喝的兴趣。一般七八分满为适量，分量适中的咖啡不仅会刺激味觉，喝完也不会有腻的感觉，使身体消除疲劳，头脑为之清爽。同时，适量的咖啡也可以满足某些喜欢直接加糖、奶的客人，以免因糖、奶加进后杯内咖啡太满。

3．加糖

给咖啡加糖时，可用咖啡匙舀砂糖，直接加入杯内；也可先用糖夹子把方糖夹在咖啡碟的近身一侧，再用咖啡匙把方糖夹在杯子里。如果直接用糖夹子或手把方糖放入杯内，有时可能会使咖啡溅出，从而弄脏衣服或台布。

4．取食甜点

接受邀请去他人住所饮用咖啡，或参加咖啡宴，一般会同时招待以各式甜点，以免空腹饮用咖啡伤及胃肠。吃甜点与喝咖啡会搭配进行，但应注意以下几点。

(1) 取食甜点适量。毕竟这种场合中，应以咖啡为主，食用点心次之。不能食用过多的点心，以免影响社交气氛。

(2) 甜点与咖啡不能同时享用。即不能一手拿点心一手拿咖啡杯，边吃边喝。正确做法是，吃点心时，先放下咖啡杯，吃完点心，再继续饮用。

5．正确交谈

社交场合中喝咖啡只是社交的媒介和借助手段，饮用时双方彼此交谈、增进了解。在饮用咖啡时，切不可只顾品尝咖啡，忘了"主要任务"。交谈时，不要高谈阔论，宜柔声细语；不要乱开玩笑，大声喧哗，宜含蓄有度，礼让谦恭。注意不要在他人饮用咖啡时忽然提问，以免对方仓促应对。

随身课堂

古代宴饮礼仪

强 化 演 练

一、单选题

1. 下列中餐上菜顺序正确的是(　　)。
   A. 先凉后热　　　B. 先热后凉　　　C. 先烧后炒　　　D. 以上都不对
2. 完整的西餐正餐要由八道菜肴组成，其中最后一道(　　)。
   A. 热饮　　　　　B. 水果　　　　　C. 甜品　　　　　D. 点心
3. 西餐礼仪中最得体的入座方式是从(　　)。
   A. 避免直接入座　　　　　　　　B. 左侧入座
   C. 右侧入座　　　　　　　　　　D. 以上都不对
4. 用餐时，若有事需中途离席，餐巾应(　　)。
   A. 放在桌子上　　　B. 放在椅子上　　　C. 任何位置皆可

5. 将刀与叉放在餐盘上并拢是代表(　　)。

    A. 结束用餐信息　　　　　　　　B. 继续用餐信息

    C. 添加菜肴信息　　　　　　　　D. 无任何意义

6. 以下哪种宴请需要安排客人座位次序?(　　)

    A. 酒会　　　　　B. 冷餐会　　　　C. 茶会　　　　D. 国宴

7. 以下说法错误的是(　　)。

    A. 穆斯林忌吃猪肉　　　　　　　B. 满族人忌吃兔肉

    C. 藏族人忌吃马肉　　　　　　　D. 印度教徒忌吃牛肉

8. 中餐的最后一道菜是(　　)。

    A. 汤　　　　　　B. 点心　　　　　C. 甜点　　　　D. 水果

9. 下列中餐位次安排原则错误的是(　　)。

    A. 右高左低原则　　　　　　　　B. 中座为尊原则

    C. 面门为上原则　　　　　　　　D. 靠过道为好原则

10. 咖啡饮用时的最佳温度是(　　)。

    A. 60℃　　　　　B. 70℃　　　　　C. 80℃　　　　D. 90℃

二、判断题

1. 冷餐会也称鸡尾酒会。　　　　　　　　　　　　　　　　　　　　(　　)

2. 宴会上,最好不要在嘴里含着食物时说话。　　　　　　　　　　　(　　)

3. 吃西餐,刀叉并用时左手持刀,右手持叉。　　　　　　　　　　　(　　)

4. 家宴和便宴通常不设座位卡,所以客人可以随意入座。　　　　　　(　　)

5. 在进餐前,可以用餐巾擦碗、筷、杯等,以保证干净。　　　　　　(　　)

6. 西餐宴会位次的排列应遵循女士优先、左高右低等原则。　　　　　(　　)

7. 参加宴请时,嘴里有鱼刺、肉骨头等可以直接外吐。　　　　　　　(　　)

8. 自助餐取菜时,为了顾及卫生和不让其他排队的人倒胃口,每取一道餐后应该更换新的盘子。　　　　　　　　　　　　　　　　　　　　　　　　　　　　(　　)

9. 自助餐每次用餐时间不宜长于两个小时。　　　　　　　　　　　　(　　)

10. 吃饭时最好不要在酒具上留下口红印。　　　　　　　　　　　　　(　　)

11. 当你不能参加宴会时,一定要打电话或回函告知对方。　　　　　　(　　)

12. 吃饭的时候,最好不要谈论健康问题。　　　　　　　　　　　　　(　　)

13. 如果你在吃饭的时候要打饱嗝的话,用餐巾捂住嘴巴,然后对大家说"对不起"。

                                                 (　　)

14. 喝咖啡时,盘子和咖啡杯应该一起端起来喝。　　　　　　　　　　(　　)

三、简答题

1. 宴请有哪些形式?

2. 如何准备宴会?

3. 赴宴应注意哪些礼仪?

4.　中餐的用餐方式有哪些？

5.　宴请活动中，安排菜单时应注意什么问题？

6.　如何安排中餐宴会的桌次、座次？

7.　使用西餐的刀、叉时应注意什么？

8.　怎样向他人敬酒？

9.　目前我国将茶叶分为几种？其特点是什么？

10.　饮用咖啡时应注意什么问题？

11.　试举例对比说明中西餐礼仪的差异。

四、案例分析

小张的尴尬

刘小姐和一位姓张的男士在一家西餐厅就餐，男士小张点了海鲜大餐，刘小姐则点了烤羊排。主菜上桌，两人的话匣子也打开了。小张边听刘小姐聊起童年往事，一边吃着海鲜，心情愉快极了，正在陶醉的当口，他发现有根鱼骨头塞在牙缝中，让他不舒服。小张心想，用手去掏太不雅了，所以就用舌头舔，舔也舔不出来，还发出啧啧喳喳的声音，好不容易将它舔吐出来，就随手放在了餐巾上。之后他在吃虾时又在餐巾上吐了几口虾壳。刘小姐对这些并不太计较，可这时男士想打喷嚏，拿起餐巾遮嘴，用力打了一声喷嚏，餐巾上的鱼刺、虾壳随着风势飞出去，其中的一些正好飞落在刘小姐的烤羊排上，这下刘小姐有些不高兴了。接下来，刘小姐话也少了许多，饭也没怎么吃。

讨论与分析：

请指出本例中小张的失礼之处。

自助餐风波

小陶有一次代表公司参加某跨国公司的年会，正式的庆典活动结束后，该跨国公司为全体来宾安排了一顿十分丰盛的自助餐。小陶是第一次参加如此高规格的自助餐餐宴，但想想自己参加过很多中餐宴会，礼仪上没有出现过什么差错，自助餐也大概如此，便轻松上阵。宴会开始，小陶发现，大家都非常轻松地随意用餐，自己也就照葫芦画瓢地大快朵颐。因为没有熟识的朋友，小陶很快就进入角色，拿了两个大盘子，随意在餐台上选取自己喜爱的食物。很快小陶就"满载而归"，找到一个桌位坐下闷头大吃。

看到宴会有鲍鱼供应，小陶赶紧起身，不小心摔碎了一个玻璃水杯，还好人多声杂没有人发现，小陶连忙用脚把碎片踢进桌子底下。"巧妙地"插队挤在排队取食的队伍前面，当时他的想法是：好不容易吃一回海鲜，而且还是平常吃不到的鲍鱼，再接二连三地来取，别人会笑话自己没见过什么世面，可要一次吃个够。

可是，当小陶盛着满满两盘鲍鱼从餐台前离开的时候，周围的人居然用异样的眼光盯着他。这时服务员也跑过来询问他就餐桌下破碎水杯的事情，小陶觉得尴尬极了。

讨论与分析：

小陶做错了什么？

失败的洽谈

有一位法国华侨，到国内洽谈投资项目，谈了好几次，最后一次来之前，他对下属说：

"这家公司的潜力非常大，我要跟他们的最高领导好好谈谈，把这次项目定下来，预备今后长期合作。"可是华侨跟该公司对接之后没过多久，就要回法国，下属问："为什么没签合同呢？不是准备长期合作吗？"他回答；"对方很有诚意，进行得也很好，就是跟我吃饭的时候他们的那个副总坐在我旁边，当我跟他说话时，他不停地抖腿，夹菜还挽起袖子……我觉得还没跟他合作，我的财就要被他抖光了。"

讨论与分析：

为什么这位法国华侨放弃了这次的合作？

实 训 设 计

一、宴请准备

1. 实训目的

了解宴请准备礼仪。

2. 实训内容

海尔集团为庆祝公司成立 60 周年，为答谢社会各界人士，尤其是与公司有着长期稳定合作关系的企业合作伙伴，特意举办周年庆典活动。举行活动的当天晚上相约在本市的国贸酒店举行宴请，请以活动负责人的身份，对本次宴请进行筹划与组织。

3. 实训要求

(1) 学生先进行分组，八人为一组，制订宴请计划。

(2) 撰写请柬向合作伙伴发出邀请，并讨论宴请准备应该注意哪些问题和应做哪些工作。

(3) 考核要点：①宴请的对象、目的和形式；②宴请时间和地点的选择；③请柬格式；④菜单的选择；⑤现场如何布置和服务。

二、中西餐席位的排列

1. 实训目的

掌握中西餐宴请桌次的基本原则，理解中餐宴请位次排列的基本原则，熟悉中餐和西餐座次排列的差异。

2. 实训内容

针对宴请的主宾身份、性别和人数，找出多种中、西餐席位排列的方案。

3. 实训程序

(1) 学生先进行分组，五人为一组。

(2) 教师随机设定宴请主宾身份、性别和人数，学生讨论、商量中西餐席位的排列方案，把讨论结果用图画出。

(3) 各小组派一位学生代表进行展示，并进行详细说明。

(4) 教师点评。

三、西餐餐具摆台训练

1. 实训目的

掌握西餐餐具摆放方法。

2. 实训内容

清点西餐餐具，并将其放置在桌面正确的位置上。

3. 实训要求

(1) 学生分组，每两人为一组，将全套西餐餐具按规范逐一摆台，包括刀叉的摆放、汤匙的摆放、盘的摆放、酒杯的摆放。

(2) 教师点评。

四、中西餐用餐礼仪训练

1. 实训目的

了解迎客的正确姿势，掌握中餐餐桌礼仪，熟练掌握西餐餐具(刀、叉、匙、餐巾等)的正确运用，理解中西餐用餐礼仪的区别。

2. 实训内容

分角色扮演主人、客人和服务生，模拟中、西餐迎客和就餐场景，练习刀、叉、匙、餐巾等餐具的使用方法。

3. 实训要求

学生先进行分组，五人一组。每组学生分角色演练迎客礼仪、中餐就餐礼仪和西餐餐具使用礼仪。

五、饮酒、饮茶、咖啡饮用礼仪训练

1. 实训目的

掌握斟酒、泡茶的方法，学会说祝酒词，熟练运用敬酒敬茶礼仪、咖啡饮用礼仪。

2. 实训内容

(1) 分角色扮演服务员或主人向客人斟酒，晚辈及主人向长辈和客人敬酒，客人饮酒和拒酒的场景。

(2) 分角色扮演办公室接待人员、经理及客人准备开水、绿茶、红茶和白茶，几套盖碗、紫砂壶和玻璃茶具，让学生选择茶具为客人泡不同的茶，办公室接待人员奉茶，客人品茶。

(3) 练习端咖啡杯、用咖啡匙和碟，给咖啡加糖，取食甜点。

3. 实训要求

(1) 学生先进行分组，5～8人为一组。

(2) 每组学生分角色演练斟酒、敬酒和饮酒礼仪。酒不能斟得太满(茶七酒八)、姿势优雅，拒酒得体。

(3) 演练泡茶、奉茶、续茶和品茶礼仪。茶不能斟得太满(茶七酒八)、奉茶的次序，续茶的时机，姿势优雅，品茶得体。

(4) 演练咖啡饮用。单手执杯，给咖啡加糖，用咖啡匙轻轻搅动咖啡，咖啡品尝，取食甜点适量。

21世纪高职高专经管类专业立体化规划教材

项目六

商务会议礼仪

【知识目标】

- 掌握会议的相关准备工作。
- 掌握各种商务会议礼仪的规范。

【技能目标】

- 能正确进行商务会议的筹备工作。
- 能够举办发布会和展览会。

【知识结构图】

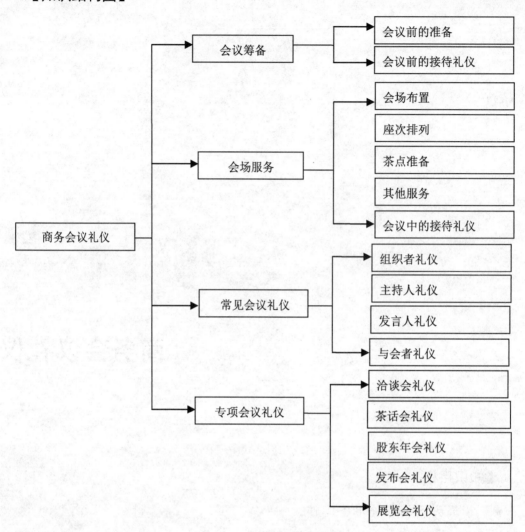

【情境导入】

　　雅盛服装集团为了开拓夏季服装市场，拟召开一个服装展示会，推出一批夏季新款时装。秘书小张拟了一个方案，内容如下。

　　(1) 会议名称：2018雅盛服装集团夏季时装秀。

　　(2) 参加会议人员：上级主管部门领导2人；行业协会代表3人；全国大中型商场总经理或业务经理以及其他客户约150人；主办方领导及工作人员20人。另请模特公司服装表演队若干人。

　　(3) 会议主持人：雅盛集团公司负责销售工作的副总经理。

　　(4) 会议时间：2018年5月18日上午9点30分至11点。

　　(5) 会议程序：来宾签到，发调查表；展示会开幕、上级领导讲话；时装表演；展示活动闭幕，收调查表，发纪念品。

　　(6) 会议文件：会议通知、邀请函、请柬；签到表、产品意见调查表、服装集团产品介绍资料、订货意向书、购销合同。

(7) 会址：服装集团小礼堂。

(8) 会场布置：蓝色背景帷幕，中间挂服装品牌标识，上方挂展示会标题横幅；搭设 T 形服装表演台，安排来宾围绕就座；会场外悬挂大型彩色气球及广告条幅。

(9) 会议用品：纸、笔等文具；照明灯、音响设备、背景音乐资料；饮料、足够的椅子，纪念品(每人发雅盛服装集团生产的 T 恤衫一件)。

(10) 会务工作：安排提前来的外地来宾在市中心花园大酒店报到、住宿；安排交通车接送来宾；展示会后安排工作午餐。

筹备商务会议，就必须对会议的礼节要求、仪式过程了如指掌，如邀请哪些人员与会、会议通知如何措辞、仪式顺序怎么安排、会场如何布置等。

任务一　会议筹备

会议是指有组织、有领导、有目的的议事活动，它是在限定的时间和地点，按照一定的程序进行的，是组织在日常活动中不可缺少的组成部分，是组织实现决策民主化、科学化的必要手段，是实施有效管理、有效领导、有效经营的重要工具，是贯彻政策、下达任务、沟通信息、指挥行动的有效方法，是保持接触、建立联络、结交朋友的基本途径。

一、会议前的准备

办会是指从事相关会务工作，即从会议开始筹备直至结束的组织、保证和服务工作。它是确保会议顺利召开并圆满结束的前提和基础。会议准备，要求组织者在安排或准备会议时，预定好会议场所，做好布置工作，与会者应当注意自己的仪表，以此来表示对会议的重视以及对与会者的尊重。

【温馨贴士 6.1】

办会注意事项

主要负责人在办会时，必须注意以下几点：一是要认真办会，奉命办会，就需要全力以赴、谨慎对待、精心安排并对此一丝不苟；二是要务实，召开会议重在解决实际问题，中央政府也多次要求各级各部门单位精简会议，在这一前提下，要争取少开会，开短会，严格控制会议的数量与规模，彻底改善会风。

(一)会议组织者会议筹备内容

"凡事预则立，不预则废。"做好会议筹备工作，必须有目标、有计划、有分析、有论证，准备充分，具体包括以下内容。

1. 确定五个基本事项(4W1O)

(1) What：会议的议题，就是会议要讨论哪些问题。

21 世纪高职高专经管类专业立体化规划教材

(2) When：会议时间安排，组织人员要告诉所有的参会人员会议开始时间、持续时间，便于参会人员合理、科学地安排自己的时间。

(3) Where：会议地点确认，会议地址的确定要本着适中、方便、舒适、经济的原则，不可选择过于奢华或者简陋的地点开会，会场的附属设施要齐全；会场选择要考虑是否便于与会者前往；根据参会人员的多少来选择会场的大小；如果会场不易寻找，应在会场附近安设路标提供指示。

(4) Who：会议出席人，会议召开前，以慎重的态度确定参加会议人员名单或者人员范围，做到该邀请的邀请、该控制的控制。

(5) Others：接送服务安排、会议设备和会议物品的准备、公司纪念品的发放等，根据会议类型和目的，准备需要配备的物品，如纸、笔、笔记本、投影仪、小点心等。

【案例评礼 6.1】

跑 题 会

某部门召开常委会议，学习上级下发的文件，与会的常委都是基层单位的领导，大家一段时间没有见面，聚在一起特别热闹，彼此都忙着交流信息、联络感情。开会前你争我抢地发言，会场静不下来。会议开始，主持人传达完文件的内容，让大家就文件内容表态时，会场上却出奇的安静。有看报的、喝茶的、交头接耳的，就是没人往正题上说。这时，某领导发言了，挑头说起了与会议内容不相干的内容。会场立即活跃起来，大家争先恐后发言，热热闹闹地跑了题。会议的时间很快到了，主持人只好无奈地宣布散会。同时，他让秘书整理一份会议讨论情况，向上级汇报。秘书心里想，大家都跑题了，什么都没有说，让我怎么写呢？

诊治分析：

这是会议中典型的跑题现象。如何解决这个问题？

首先，秘书要分清轻重缓急，协助领导安排好会议的议题。

其次，要及时把会议议题通知给与会人员，让与会者提前准备，开会发言才能有的放矢。

最后，会议应严格按照议题进行，如果出现跑题现象，提醒主持人，说明会议的重要性，组织与会人员发言，促使会议围绕议题进行。

2. 寄发会议通知

将会议的五项内容确定好后，应当发出会议通知或者简要成文寄发给参会人员。会议的"五要素"即会议名称、内容、范围、时间、地址都要一一列出，缺一不可。寄发通知时，应做到"尽早、详细、规范"，具体来讲，通知需要提前一周左右甚至更早的时间发出，以便于参加者有所准备。通知的内容要具体、详细，写明会务费用、食宿安排、推荐路线、联系电话等内容。通知的格式要规范，做到庄重严肃、行文规范，避免出现过多的口头用语。

【案例评礼 6.2】

漏了技术干部

某集团军传达中央工作会议精神，要求传达到师以上干部。会议刚结束，就有几位老干部接二连三地打电话找军政委，问为什么不让他们参加会议，有的老干部还发起了牢骚，搞得军政委很窝火，还得一个劲地在电话里做检讨。放下电话一查，原来秘书处在确定与会人员时，忘记了这几位享受副师级待遇的技术干部。

诊治分析：

确定与会人员的名单是秘书工作的一项重要内容。确定与会人员，应根据会议性质、议题、任务，确定出席会议人员的范围、资格、条件、人数，供有关领导审查后确定。秘书提名错漏，可能会给领导造成工作上的被动，甚至带来不良影响。

(二)与会人员会前准备工作

对于出席正式大型会议的人员，务必要注意衣着整洁、仪表大方。

男士应当理发剃须，而不应蓬头乱发。女士应选择端正、素雅的发型，并且化淡妆，不可作过于摩登或超前的发型，不可染彩色头发，不可化艳妆或使用香气过于浓烈的化妆品。同时，出席正式庄重的会议场合，参会人员应着传统、简约、高雅、规范的服装。一般而言，参加会议时，男士穿背心、拖鞋或者袒胸露背，女士穿紧身装、透视装、低胸装、露背装、超短装、运动装，并全身上下戴满各式首饰，从耳垂一直"武装"到脚脖子，这样的打扮都是极为不妥的。

二、会议前的接待礼仪

会议主办方在会议前接待中的礼仪表现，不仅体现接待人的形象，更涉及他所代表的组织形象。接待工作的基本要求是主动、准时、热情、周到。会议的组织者应根据与会人员的身份、人数、到会时间来确定接待的规格、所需车辆等具体事项。

接待人员应穿戴整齐，仪态大方，引领与会者进入会场。对上级、长者或者 VIP 贵宾等的来访要上前迎候。

如果参会来宾数量众多，主办方则应尽量安排较多的接待人员。接待人员在接待与会者时，应关闭通信工具，以免中断正在进行的接待，让与会者坐冷板凳或受到冷落。

如果宾客不是本次会议的邀请对象，不符合参会条件，或者会议已开始不再接待时，接待人员应说明缘由，婉言相拒，坚守职责。

大中型会议，在会议室的入口处设置了签字台，与会者应自觉做好签到工作，领取相关会务用品。会务组人员对来宾的提问应耐心予以解答。

任务二 会场服务

会场服务体现了会议的重要性，也直接体现了会议主办人员的服务质量，关系着办会者的形象，所以说会场服务对商务会议来说是不可或缺的一部分。

【温馨贴士 6.2】

会场服务的内容及要求

大中型会议一般设有专门的会场服务人员，其工作内容一般是引领答疑、供应茶水、调试音响、担当保卫等，会议进行中的工作要做到主动、稳重、大方、敏捷、及时。

21世纪高职高专经管类专业立体化规划教材

一、会场布置

会场的布置是一种艺术。例如，人民代表大会要布置得隆重庄严，庆祝大会要搞得喜庆热烈，经验交流会要布置得和谐亲切。会场背景选择不同的图画、鲜花、灯光，都会给与会者带来不同的感受。所以，主办方应多花费一点心思，给参会者一个"先入为主"的良好印象。

会场的布置除了整洁、安静、明亮、通风、安全等要求外，还应考虑形状、大小、桌椅安排等布置，不同类型的会议对于会场布置的要求也有一定差异。

(一)会场布置基本要求

小型会议可安排在一般会议室，会议室可以是方形、长方形、圆形、椭圆形等。会议室的中央放置长方形或长圆形会议桌，桌子正中可放置一两盆鲜花，四边供与会者放置文件、文具、茶杯之用。桌子的周围放置靠背椅，数量视人数而定。主席的位置一般在会议桌的两端，视门的方向而定，通常面门为上。

【温馨贴士 6.3】

> 多边会议可以采用正圆形会议桌，或多边形桌位，因为正圆形或多边形会议桌的席位无主次之分。

大中型会议应该安排在会议厅，扇形会议厅比长方形的效果要好。会议厅的前方安排主席台与讲台，主席台应用长方形桌，上铺白色、天蓝色或其他颜色桌面。主席台上方或后方悬挂会标，会标一般用红底白字，企业也可用红底金字。讲台不宜过大、过高，应与讲话人的身材比例协调。台前可放置花草盆景，使主席台整体上显得色彩和谐、舒心悦目。面对主席台的是与会者席位，应有桌有席。便于放置文件和做记录，席位之间不应太挤，便于进出活动。

研讨会、座谈会可将桌椅排成半圆形或小方块形，席前除文件、资料外，可放置饮料、水果，还应多备话筒，便于与会者发言和多向交流。会场大小应与人数相适应，与其过大，不如偏小。会场过大则显得松散，容易产生迟到、早退现象，不利于产生好的会议效果；偏小反而显得紧凑，容易使人思想集中、情绪饱满。

(二)会场布置——桌型摆放形式

1. 剧院式会场

桌形摆设：在会议厅内面向讲台摆放一排排座椅，中间留有较宽的过道。

特点：在留有过道的情况下，最大限度地摆放座椅，可以最大限度地将空间利用起来，在有限的空间里可以最大限度地容纳人员；缺点是参会者没有地方放资料，也没有桌子可用来记笔记。

2. 课桌式会场

桌形摆设：会议室内将桌椅按横排端正摆放或呈 V 形摆放，按教室式布置会议室，每个座位的空间根据桌子的大小而定。

特点：此种桌型摆设对于会议室面积和观众人数在安排布置上有一定的灵活性，参会者可以放置资料与进行会场记录，还可以最大限度地容纳人员。

3. U形会场

桌形摆设：将桌子连接摆放成长方形，在长方形的前方开口，椅子摆在桌子外围，通常开口处会设置投影装置，中间通常会放置绿色植物以作装饰。

特点：此种方式一般不设会议主持人的位置，以营造比较轻松的氛围；在布置时需要多摆设几个麦克风以便与会者自由发言。

4. 鸡尾酒会式会场

桌形摆设：以酒会式摆桌，只摆放供应酒水、饮料及餐点的桌子，不摆设椅子，是以自由交流为主的一种会议摆桌形式。

特点：拥有较大的自由活动空间，可以让参会者自由交流，构筑轻松自由的氛围。

5. 长方形会场

桌形摆设：将桌子摆成方形中空，前后不留缺口，椅子摆在桌子外围，桌子铺设桌布，中间放置较矮的绿色植物，投影设备放置在最前端专用的小桌子上。

特点：此种类型的摆桌常用于学术研讨会，前方设置主持人位置，分别在各个位置上摆放麦克风，方便不同位置的参会者发言；此种台型容纳人数较少，对会议室空间有一定的要求。

【温馨贴士6.4】

会议室物品摆放标准

(1) 会议桌：整洁、摆放整齐。

(2) 椅子：椅子与桌边距离30cm，椅子之间距离30cm。要求：干净、整洁、无破损。

(3) 垫板：椅子对应桌面的中间位置，下沿与桌沿对齐。要求：整洁、无破损。

(4) 纸：垫板中间，底部对齐。

(5) 铅笔：垫板右侧笔槽，笔尖朝上，标识朝上。

(6) 矿泉水：垫板右上角位置，与垫板上沿对齐，标识朝内。

(7) 杯垫：矿泉水右侧对齐。要求：无破损。

(8) 盖杯：杯垫中间，杯柄朝右下方45°。要求：干净、无污渍、无破损。

(9) 纸杯：盖杯右侧、标识朝内，与盖杯对齐。要求：重要会议使用杯托。

(10) 烟灰缸：根据人数按每两个人一只烟灰缸摆放，呈一条直线。要求：满三个烟头更换。

(11) 桌签：垫板上方20cm中间位置。

(12) 麦克：统一一条直线，距离桌面20cm。

(13) 白板：板面干净、无字迹，并配有板擦和两支或两支以上的白板笔，摆放合理。

(14) 窗帘：根据会场需要，调整适当位置。

(15) 灯光：会议开始前15min，将灯光全部打开。待会议开始后酌情关闭。

(16) 空调：开启状态，温度适中。

(17) 衣架：进门位置，摆放合理。

(18) 门：会议开始前15min全部为开启状态，会议开始后全部关闭，挂"请勿打扰"牌。

(19) 果盘：根据数量均匀摆放整齐，配纸巾。

(20) 绿植：无枯枝败叶、无灰尘、无异味、无虫等，摆放合理。

(21) 操作台：备纸、铅笔、签字笔、插线板、白板笔、无线话筒(电池)。

二、座次排列

会场布置完成之后，由于座位有前有后、有正有偏，为避免参会人员到达会场后尴尬，主办方应提前进行座次排列，在排座位时要妥善安排，照顾全面。

(一)对参会者的座次安排

1. 按汉字笔画排列

按汉字笔画的多少，从少到多的顺序排列。笔画数目相同的，按起笔横、竖、撇、折的顺序排列；起笔相同的，再按第二笔顺排列，以此类推，这种排列座次方法较为常见，如召开全国性会议，可按各省(自治区、直辖市)名称的笔画多少排列座次区域。召开政治协商会议、人民代表大会等，为了体现平等精神，也可以按姓氏笔画排列座次。

2. 按地理位置排列

在召开有多个地、市代表参与的会议时，可考虑按地理位置排列座次。例如，召开全省行政会议时，可以按统一的市、县排列秩序，安排各市、县人员的座次。

3. 按行业系统排列

在召开有多个行业、多个系统参与的会议时，可考虑按行业系统排列座次。例如，召开全市性会议，可以把同一个系统的单位集中排列在一起。

【温馨贴士6.5】

会议座次安排要领

正式会议必须排座次、放席卡，以便与会人员对号入座，避免互相谦让。

会议座次安排以左为上(中国政府惯例)、以右为上(遵循国际惯例)、居中为上(中央高于两侧)、前排为上(适用所有场合)、以远为上(远离房门为上)、面门为上(良好视野为上)。

必要时需要灵活掌握座次安排。例如，对德高望重的老同志，可适当往前排；对邀请的上级单位或兄弟单位来宾，其实际职务略低于主人一方领导的，可安排在主席台适当位置就座。

(二)主席台的座次安排

国内会议主席台座次安排应该遵循：领导为单数时，主要领导居中，二位次领导在一位次领导左手位置，三位次领导在一位次领导右手位置；领导为偶数时，一、二位次领导同时居中，二位次领导依然在一位次领导左手位置，三位次领导依然在一位次领导右手位置。

国际会议遵循以右为尊，主席台座次安排与上述正好相反。

会前务必对主席台领导同志能否按时出席会议逐一落实。领导同志到会场后，安排在休息室稍候，并逐一核实，告之上台后所坐方位。如主席台人数很多，应准备座位图供领导查看。如有临时变化应及时调整桌签，防止主席台桌签不符或领导空缺。

【案例评礼 6.3】

座位风波

某分公司要举办一次重要会议，请来了总公司经理和董事会的部分董事，并邀请当地政府要员和同行业重要人士出席。由于出席的重要人物多，领导决定用 U 形的桌子来布置会议桌。分公司领导坐在 U 形桌横头处的下首。其他参加会议者坐在 U 形桌的两侧。在开会时，贵宾们进入了会场，按安排好的座签找到自己的座位就座，当坐在横头桌子上的分公司领导宣布会议开始时，发现会议气氛有些不对劲，有些贵宾相互低语后借口有事站起来要走，分公司领导不知道发生了什么事或出了什么差错，非常尴尬。

三、茶点准备

在会议召开之前，首先应当为与会者提供优质足量的茶点。茶叶、茶具务必精心准备，应挑选上品，避免滥竽充数。其次应注意照顾与会者的不同口味，准备几种茶叶、咖啡、纯净水或者饮料以供选择，茶具最好使用一次性纸杯或塑料杯。会桌上准备的点心、水果或是地方风味小吃，应品种适合、数量充足、方便拿取，同时还要配上擦手巾。

斟茶服务

四、其他服务

1. 音乐布置

音响控制人员提前半小时到达音响室做好准备，播放背景音乐、调试语音设备，避免会议过程中出现杂音或无音的现象。根据会议流程及会议内容，在需要时播放音乐背景。

2. 器材管理

工作人员在会前半个小时开启会议有关区域的照明设备、空调、音响、话筒、摄影仪等，保证设备的正常使用。

21世纪高职高专经管类专业立体化规划教材

3. 安全管理

会前检查安全出口是否通畅，安全疏散指示标志、应急照明是否完好；消防设施、器材和消防安全标志是否在位、完整；检查所有器材是否安全用电；做好与会人员登记，避免危险状况发生；保证会议过程中有专职安全人员全程跟进。

4. 应急预案

根据会议性质，针对会议过程中的突发状况，制订会议应急预案。在不影响会议质量和会议效果的情况下，确保会议顺利进行。

五、会议中的服务礼仪

1. 会议签到

与会人员较少时，可以备签到簿签到；与会人员较多时，可采用发入场证(票)、签到卡、座次表签到、签到机签到等。

2. 例行服务

会议正式进行时，在会场内外安排专人迎送、引导和陪同与会人员。

3. 会议主持

会议开始时，主持人要清楚地介绍会议的议题及安排；要围绕会议的目的和内容组织好讨论；会议结束时，主持人应准确、扼要地将讨论的情况和决议通报与会者。会议主持人要胸有全局，对议题要科学安排，对每一个议题的大致时间要求要予以限定。

4. 会议发言、讨论、记录

会议发言安排要注意照顾不同层次、不同地区的平衡和主题的平衡。会议讨论通常采取分组的形式，各级要确定召集人和小组秘书，并及时向大会传递讨论意见，共同提高会议质量。会议记录是重要的文书档案，主要包括：会议的组织情况(会议的名称、届次、时间、地点、出席者、缺席者、列席者、主持人、记录人等)；会议的内容 (会议的议题、讨论发言、形成的决议等)。会议记录有摘要记录和详细记录两种。

5. 会议简报

大型会议往往要编发会议简报，以便反映会议情况，指导会议正确进行。简报一般分为标题、导语、主体、结尾四部分。简报编写要真实、新颖、简单、迅捷。简报可发与会全体或只发领导。

6. 财务管理

要做好会议经费预算，主要包括会场租用费、布置费、文件印刷费、证件制作费、办公用品费、住宿费、伙食补助费、交通工具费、医疗费、书报费及其他符合会议规定的杂项支出费。会议要严格按预算支出，杜绝浪费和随意增加支出项目。要认真搞好会议经费决算，对会议的各种物品全部收回。

7. 医疗卫生工作

医疗卫生工作主要包括疾病治疗、会场卫生、环境卫生、住宿卫生、个人卫生、食品卫生和饮水卫生等。大型会议要安排好会议医疗组，配备必要的药品和救护车，特别要防止食物中毒。

8. 交通安排

根据会议日程制订详细的使用交通工具计划，包括车辆的类型、数量、线路、发车时间、行驶时间、送达地点及会议机动(应急)车辆安排。

9. 保卫工作

保卫工作主要负责出席会议人员，特别是重要人物的人身安全、会议接送交通安全、会议场所(住所)的安全、会场内外与社会秩序的安全等，此外还要做好饮食、财务、文化娱乐和各种用具、设备使用的安全保卫工作。

10. 保密工作

涉及保密的会议分为绝密、机密、秘密三级。包括的内容主要有：会议召开的时间、地点、与会人员；会议议题、内容、活动日程；会议文件、资料；会议记录、纪要、简报、快报；尚未公开的领导讲话、谈话；会议照片、录音带、录像带；其他涉密的工作事务。

任务三　常见会议礼仪

会议礼仪就是在会议中应遵守的礼节和仪式，不论什么类型的会议，在注重礼仪方面的要求是一致的。

【案例评礼 6.4】

> 小王是机关单位的一名公务员，与领导一起参加一个高级别的研讨会。该次研讨会邀请了很多上级领导、商界知名人士以及新闻界知名人士参加。
>
> 小王比较年轻，晚上多玩了一会儿，导致早上睡过了头，他赶到会场时，会议已经开始了 20min，他急急忙忙地推开会议室大门，"吱"的一声脆响，他一下成为全场的焦点。刚坐下不到 5min，肃静的会场突然又响起了欢快的"小苹果"，原来是小王的手机又响了，这下小王成了全会场的"明星"，领导的脸色非常难看。

一、组织者的礼仪

在会议的组织中，组织者要始终保持清醒的头脑和细致的观察力，要热情、耐心、发现问题并解决，力争做到有求必应、有问必答、准备充分，要用严肃、认真的态度完成整个会议的工作。

二、主持人的礼仪

主持人的仪容应该精神饱满，切忌不修边幅、邋里邋遢，应该衣着整洁、大方庄重，

21世纪高职高专经管类专业立体化规划教材

要求步伐自信稳健。一般的纪念、悼念性会议，主持人的步伐频率应该稍慢，每秒钟约一步，且步幅要小。欢快、热烈的会议，主持人的步伐频率应稍快，每秒钟三步左右，步幅要大。主持庄严的大会，主持人的步伐以每秒钟两步为宜，步幅要自然。

主持人站立时，应双腿并拢，腰背挺直。持稿时，右手持稿的中下部，左手五指并拢自然下垂。双手持稿时，应与胸齐高。坐姿主持时，应身体挺直，双肩前倾，两手轻按于桌沿。主持过程中切忌出现揉眼、抖腿等不雅动作。

主持人的言谈应口齿清楚、思维敏捷、简明扼要，应根据会议性质调解会议气氛，或庄重，或幽默，或沉稳，或活跃。主持人在会场上不能与熟人打招呼，更不能寒暄交谈。但落座后会议还未正式开始时或者会议休息时间，可以与熟人适当点头、微笑示意。

三、发言人的礼仪

1. 正式发言

正式发言者应衣冠整齐，走上主席台时应步态自然、刚劲有力，体现出一种胸有成竹、自信的风度和气质。发言时应口齿清晰，讲究逻辑，简明扼要。如是书面发言，要时常抬头扫视一下会场，不能低头念稿，旁若无人。发言完毕，应向听众致谢。

2. 自由发言

发言人自由发言时则较为随意，应注意发言的顺序和秩序，不能争抢发言，发言时应先自我介绍。发言应简短，观点要明确，有不同意见要以理服人、态度平和，听从主持人的安排。如果有与会者对会议发言者提问，要礼貌作答，对不能回答的问题应机智而礼貌地说明理由，对提问人的批评和意见应认真听取，即使提问者的批评是错误的，也不应失态。

四、与会者的礼仪

与会者应该衣着整洁、仪表大方；准时入场、进出有序；依会议安排落座，开会时应关闭手机，认真倾听，不要私下小声说话或交头接耳，不能随意走动；发言人发言结束时，应鼓掌示意；中途退场应轻手轻脚，不影响他人。

五、会议座次礼仪

如果受到邀请参加一个排定座位的会议，最好等待工作人员将自己引导到座位上去。会议主席通常坐在离会议室门口最远的位置。主席两边的座位是为参加公司会议的客人和拜访者准备的，或者是给高级管理人员、助理安排的，方便帮助主席分发有关材料、接受指示或完成主席在会议中需要做的事情。客人一般坐在面对门口的座位上。需要注意的是，会议不区分性别，不应男女对坐。

任务四　专项会议礼仪

专项会议是指商务企业专门组织的会议，包括茶话会、洽谈会、发布会、展览会等。

一、洽谈会礼仪

洽谈是指因洽谈而举行的有关各方的会晤，是商务交往中存在着某种关系的有关各方，为了保持接触、建立联系、进行合作、达成交易、拟定协议、签订合同、要求索赔，或是为了处理争端、消除分歧，而坐在一起进行面对面的讨论与协商，以求达成共识的会议。

1. 筹划准备工作

洽谈准备有技术性准备和礼仪性准备两个方面。

1）洽谈会技术性准备

这是要求洽谈者事先充分地掌握有关各方的情况，了解洽谈的"谋篇布局"，酝酿正确的洽谈手法与洽谈策略。商界人士在准备商务洽谈时，应当谨记以下几项基本原则。

(1) 客观原则。即在准备洽谈时，商界人士所占有的资料及决策时的态度要客观。占有的资料要客观，是要求谈判者尽可能地取得真实而准确的资料，不要以道听途说或是把对方有意散布的虚假情报作为自己决策时的依据，决策时的态度要客观，要求谈判者在决策时态度清醒冷静，不为感情所左右，或者意气用事。

(2) 预审原则。含义有两层：一是指准备洽谈的商界人士，应当对自己的谈判方案预先反复审核、精益求精；二是指准备洽谈的商界人士，应当将自己提出的谈判方案，预先报请上级主管部门或主管人士审查、批准。

(3) 自主原则。是指商界人士在准备洽谈或洽谈过程中，要发挥自己的主观能动性，相信自己、依靠自己、鼓励自己、鞭策自己，在合乎规范与惯例的前提下争取主动权，为自己争取有利位置。

(4) 兼顾的原则。要求商界人士在准备洽谈或洽谈中，在不损害自身根本利益的前提下，应当尽可能地替洽谈对手着想，主动为对方保留一定的利益。

2）洽谈会礼仪性准备

(1) 仪容仪表。男士应当一律理发、剃须、吹头发，不准蓬头垢面、不准留胡子或留大鬟角；女士应选择端庄、素雅的发型，化淡妆，不准做过于摩登或超前的发型、不准染彩色头发、不准化艳妆或使用香气过于浓烈的化妆品。

商界人士在洽谈时，应穿着传统、简约、高雅、规范的最正式的礼仪服装。男士应穿深色三件套西装和白衬衫、打素色或条纹式领带、配深色袜子和黑色系带皮鞋；女士则须穿深色西装套裙和白衬衫，配肉色长筒袜或连裤式丝袜和黑色高跟鞋或半高跟鞋。

(2) 洽谈地点。根据商务洽谈举行地点的不同，可以将它分为客座洽谈、主座洽谈、客主座轮流洽谈以及第三地点洽谈。客座洽谈，是在洽谈对手所在地进行的洽谈；主座洽谈，是在主方所在地进行的洽谈；客主座轮流洽谈，是指在洽谈双方所在地轮流进行的洽谈；第三地点洽谈，是在不属于洽谈双方任何一方的地点所进行的洽谈。四种洽谈会地点

21世纪高职高专经管类专业立体化规划教材

的确定，应通过各方协商而定。

（3）座次布置。举行双边洽谈时，应使用长桌或椭圆形桌，宾主应分坐于桌子两侧。若桌子横放，客方则面对正门而坐，主方则背对正门而坐。若桌子竖放，则应以进门的方向为准，客方右侧，主方左侧。各方的主谈人员应在自己一方居中而坐，其余人员应遵循右高左低的原则，依照职位的高低自近而远地分别在主谈人员的两侧就座。假如需要译员，则应安排其坐于仅次于主谈人员的位置，即主谈人员之右。

举行多边洽谈时，按照国际惯例举行"圆桌会议"。具体就座时，有关各方的与会人员尽量同时入场同时就座，主方人员不应在客方人员之前就座。

2. 洽谈方针

商界人士在参加洽谈会时需更新观念，树立正确的指导思想来指导自己的洽谈表现，这就是洽谈方针。

（1）礼敬对手。要求洽谈者在洽谈中，对洽谈对手以礼相待，时时、处处、事事让对方感到己方对洽谈的真心诚意及敬意。

（2）依法办事。要求商务人员自觉地树立法制思想，在洽谈的全部过程中提倡法律至尊。

（3）平等协商。一方面，要求洽谈各方在地位上要平等一致、相互尊重，不允许仗势压人、以大欺小；另一方面，则要求洽谈各方在洽谈中要通过协商，即相互商量，求得谅解，而不是通过强制、欺骗来达成一致。

（4）求同存异。洽谈双方因利益不同会出现争议，因此需要求同存异。对于不同观点需要适当妥协，"两利相权取其重，两害相权取其轻"。

（5）互利互惠。最理想的洽谈结局，是有关各方达成了比较一致的合约，在同等条件下做到了互利互惠，竞争与合作共存。

（6）人事分开。商界人士在洽谈会上要做到对"事"严肃、对"人"友好、对"利"必争、对"人"必敬。做到人与事分离，各自分别而论。既不要指望对手之老友能够"不忘旧情"，良心发现，对自己"手下留情"，也不要责怪对方"见利忘义""不够朋友"，对自己"太黑"。

【案例评礼 6.5】

华威公司与金坤公司洽谈合作事宜，委派年轻能干的屈先生先行商谈，屈先生去了不久，对方就打电话过来要求换人；否则将不再合作。华威公司的负责人很惊讶，恳请对方解释原因。对方说，屈先生来后，和他们谈话时跷着"二郎腿"，仰靠沙发。当他们谈自己的想法时，屈先生不是玩弄自己的笔，就是东张西望。对方说："虽然事情不大，但是我们不愿意和这种人合作。"

屈先生的举动说明他在与对方谈话时心理过于放松而忽视了对方的感受，让对方误解为根本不重视，或者看不起。因此，对方不能容忍与这样轻浮的人合作。

二、茶话会礼仪

茶话会是指意在联络老朋友、结交新朋友的具有对外联络和进行招待性质的社交性集会。因其以参加者不拘形式的自由发言为主，并且因之备有茶点，故此称为茶话会。

茶话会礼仪在商务礼仪中特指有关商界单位召开茶话会时所应遵守的礼仪规范。其要求主要体现在会议的主题、来宾的确定、时空的选择、座次的安排、茶点的准备、会议的议程、现场的发言等几个方面。

【案例评礼6.6】

海尔公司的茶话会

海尔公司每年的年终岁末，都会组织全国乃至全球的经销商到公司参加茶话会。除了参加各种娱乐活动之外，海尔公司还会对当年成功和失败两方面的案例进行剖析，及时为各个经销商提供一个交流生意、经验和教训的平台。针对国际经销商对中国和海尔公司了解不多的情况，海尔公司会事先让他们了解中国博大精深的传统文化，了解公司"真诚到永远"的企业文化，并邀请他们深入公司的生产第一线，切实感受企业文化和企业对产品质量一丝不苟的追求。此举极大地调动了各位经销商的热情，树立了他们对海尔产品的信心，促进了海尔公司产品的市场开拓和销售。

1. 会议主题

(1) 以联谊为主题。它是为了联络、加强主办单位同应邀与会的社会各界人士的友谊。主、客通过叙旧与答谢，增进了解、加强关系。此外，它还为与会各界人士提供了一个扩大社交的良好契机。

(2) 以娱乐为主题。主要是指在茶话会上安排了一些文娱节目或文娱活动，以此作为茶话会的主要内容。这一主题的茶话会，主要是为了活跃现场，增加热烈而喜庆的气氛，调动与会者人人参与的积极性。

(3) 以专门内容为主题。主要指在某一特定的时刻，为了某些专门的问题而召开的茶话会。它的主要内容是主办单位就某一专门问题收集反映，听取某些专业人士的见解，或者是同某些与本单位存在特定关系的人士进行对话。

2. 确定来宾

茶话会的来宾是指除主办茶话会单位的会务人员之外的人士。在一般情况下，茶话会的主要与会者，大体上可以分为下列五种情况。

(1) 本单位的人士。主要是邀请本单位的各方面代表参加，意在沟通信息、通报情况、听取建议、嘉勉先进、总结工作。

(2) 本单位的顾问。旨在表达对有助于本单位的各位专家、学者、教授的敬意。他们受聘为本单位的顾问，为单位的发展做出了积极的贡献。邀请他们与会，既表示对他们的尊敬与重视，也可以进一步直接向其咨询并听取建议。

(3) 社会上的名士。名士，即有名之士，通常是指社会上品质、才能、声望都很高的人士。以社会上的名士为主要与会者的茶话会，可使本单位与社会名士直接进行交流，加深对方对本单位的了解与好感，并且倾听社会各界对本单位直言不讳的意见或反映。

(4) 合作中的伙伴。特指在商务往来中与本单位存在着一定联系的单位或个人。除了自己的协作者之外，还应包括与本单位存在着供、产、销等其他关系者。以合作中的伙伴为主要与会者的茶话会，重在向与会者表达谢意，加强彼此之间的合作关系。

21世纪高职高专经管类专业立体化规划教材

（5）各方面的人士。以各方面的人士为主要与会者的茶话会，除了传递主办单位必要信息外，主要是为与会者创造一个扩大个人交际面的社交机会。

茶话会的与会者名单一经确定，应立即以请柬的形式向对方提出正式邀请。按惯例，茶话会的请柬应在半个月之前被送达或寄达被邀请者之手，对方对此可以不必答复。

3. 时空选择

（1）茶话会举行的时机。通常认为，辞旧迎新之时、周年庆典之际、重大决策前后、遭遇危难挫折之时等，都是商界单位酌情召开茶话会的良机。

（2）茶话会举行的时间。根据国际惯例，举行茶话会的最佳时间是下午四点左右，有些时候也可将其安排在上午十点左右。在具体进行操作时，自可不必墨守成规，而主要应以与会者尤其是主要与会者的方便与否，以及当地人的生活习惯为准。整个茶话会时间可长可短，关键是要看现场有多少人发言、发言是否热烈。不过在一般情况下，一次成功的茶话会大都讲究适可而止。一般将其限定在1～2h。

（3）茶话会进行的地点。按照惯例，适宜举行茶话会的大致场地主要有主办单位的会议厅、宾馆的多功能厅、主办单位负责人的私家客厅和主办单位负责人的私家庭院或露天花园。高档的营业性茶楼或茶室、餐厅、歌厅、酒吧等处均不宜用来举办茶话会。在选择举行茶话会的具体场地时，还需同时兼顾与会人数、支出费用、周边环境、交通安全、服务质量、档次名声等问题。

4. 座次安排

（1）环绕式。是指不设立主席台，而将座椅、沙发、茶几摆放在会场的四周，不明确座次的具体尊卑，而听任与会者到场之后自由就座。

（2）散座式。它的座椅、沙发、茶几的摆放，可四处自由地组合，也可由与会者根据个人要求而自行调节随意安置。

（3）圆桌式。圆桌式排位通常又分为下列两种具体的方式：一是仅在会场中央安放一张大型的椭圆形会议桌，请全体与会者在其周围就座；二是在会场上安放数张圆桌，请与会者自由组合，各自在其周围就座。

（4）主席式。是指在会场上，主持人、主人与主宾应被有意识地安排在一起就座，并且按照常规居于上座之处，如中央、前排会标之下或是面对正门之处。

总体而论，为了使与会者畅所欲言，并且便于大家进行交际，茶话会上的座次安排尊卑并不过于明显。不排座次，不摆与会者的名签，允许自由活动。

5. 茶点准备

（1）茶具准备。对于用以待客的茶叶与茶具，务必要精心准备。

选择茶叶时，在力所能及的情况之下应尽力挑选上等品，切勿滥竽充数，同时注意照顾与会者的不同口味。对中国人来说，绿茶老少皆宜；而对欧美人而言，红茶则更受欢迎。

在选择茶具时，最好选用陶瓷器皿，并且讲究茶杯、茶碗、茶壶成套，千万不要采用玻璃杯、塑料杯、搪瓷杯、不锈钢杯或纸杯，也不要用热水瓶来代替茶壶。所有的茶具一定要清洗干净，并且完整无损，没有污垢。

（2）点心准备。除主要供应茶水外，在茶话会上还可以为与会者略备一些点心、水果或是地方风味小吃。注意品种要对路、数量要充足，并且要便于取食。

6. 会议议程

(1) 主持人宣布茶话会正式开始。

(2) 主办单位的主要负责人讲话。

(3) 与会者发言。

(4) 主持人略做总结。

随身课堂

茶话会现场发言

三、股东年会礼仪

股东年会又称股东大会定期会议，一般每年召开一次，通常是在每一会计年度终结的六个月内召开。

1. 时间和地点

年会应该一年开一次，一般在春季的会计年度会议之后举行。上市公司应该邀请所有的股东参加，在细则上注明开会的时间和地点。具体时间和地点可以是随机的，或早上或午后，场所可以选在总公司，也可以在宾馆的会议厅。

2. 通知

上市公司的执行总经理，有义务在股东年会召开三四周前把通知书寄给所有的股东。小公司的执行经理，就没有那么多限制，打个电话通知一下股东们即可。正式的做法还包括起草一份委托书，上面写明年会的主要内容，比如要通过投票表决的事情。

3. 年度报告

一般来说，同通知书一并寄出的还有年度报告，它是股东了解公司经营状况的主要资料。年度报告是公开的，公司执行领导阶层应该悉心准备。

4. 股东礼节

为确保年会顺利进行，避免态度恶劣的股东影响年会秩序，应事先规定会议行为守则。行为守则一般应列有下面一些条款。

(1) 参会人必须经得年会主持人同意才可以发言，年会事先要准备专门供发言时用的座位，此外还应该有麦克风。

(2) 发言时间一般不超过 5min，发言机会一般是一次。

(3) 尊重他人的权利，要做到对与会人员一视同仁、平等对待。

5. 年会议程

大部分年会都包括总经理自我介绍、公司主要领导介绍、总经理年度工作报告、明年

工作计划。

四、发布会礼仪

发布会又称为新闻发布会，是特定的社会组织为了宣布某项重要消息，把有关新闻机构的记者召集在一起，进行信息发布的一种特殊形式的会议。它可以及时、公开地把社会组织的重要信息传播给社会公众，扩大信息的传播范围，是社会组织与新闻媒介之间联络感情、协调关系的一种重要手段。

1. 发布会筹备

新闻发布会的筹备工作烦琐复杂，主要分为主题的确定、时空的选择、人员的安排、材料的准备等几项具体工作。

(1) 确定主题。新闻发布会的主题指的是新闻发布会的中心议题。一般而言，新闻发布会的主题大致有三种：一是发布某一消息；二是说明某一活动；三是解释某一事件。具体包括：本组织开业、扩建、合并或者关闭；组织创立的周年纪念日、经营方针发生改变或是推出新举措、新产品、新技术或者新服务面市；组织的首脑或高级管理人员发生变动；组织遭遇重大事故；组织遭到社会的误解或者批评等。

(2) 选择时空。新闻发布会的时空选择是指时间与地点的选择。

在选择具体日期时，一要避开节日与假日，二要避开本地的重大社会活动，三要避开其他单位的新闻发布会，四要避开与新闻界的宣传报道重点撞车或相左。一般来说，新闻发布会所使用的全部时间应当限制在两个小时以内。最佳时间在周一至周四的上午 10:00—12:00，或是下午的 3:00—5:00。

新闻发布会的举行地点，除可以考虑本单位本部所在地、活动或事件所在地之外，还可优先考虑首都或其他影响巨大的中心城市。必要时，还可在不同地点举行内容相似的新闻发布会。

新闻发布会的现场应交通方便、条件舒适、面积适中，本单位的会议厅、宾馆的多功能厅、当地最有影响的建筑场所等，均可酌情予以选择。

(3) 安排人员。主持人应当由主办单位的公关部部长、办公室主任或秘书长担任，基本条件是仪表堂堂、年富力强、见多识广、反应灵活、语言流畅、幽默风趣，善于把握大局、长于引导提问，并且具有丰富的主持会议的经验。

新闻发布会的发言人应由本单位的主要负责人担任。除了在社会上口碑较好、与新闻界关系较为融洽之外，还应具备修养良好、学识渊博、思维敏捷、记忆力强、善解人意、能言善辩、彬彬有礼等品质。

会议现场的礼仪接待人员，应由品行良好、相貌端正、工作负责、善于交际的年轻女性担任。

(4) 准备材料。发言提纲，要紧扣主题，又必须全面、准确生动、真实；问答提纲，要事先预测，并准备好有针对性的答案；宣传提纲，要精心准备，以有关数据、图片、资料为主，提供给外来与会者；辅助材料，如图表、照片、实物、模型、沙盘、录音、录像、影片、幻灯、光碟等要清晰准确。此外，在会前或会后，也可安排与会者进行一些必要的现场参观或展览、陈列参观，切勿弄虚作假和泄露商务秘密。

2. 媒体邀请

(1) 了解新闻界媒体特点。新闻媒体分为电视、报纸、广播、杂志四种。电视的优点是受众广泛、真实感强、传播迅速，缺点是受时空限制不容易保存。报纸的优点是信息容量大、易储存查阅、覆盖面广，缺点是感染力差，不够精美。广播的优点是传播速度快、鼓动性极强、受限制较少，缺点是稍纵即逝、选择性差。杂志的优点是印刷精美、系统性强、形式多变，缺点则是出版周期较长、读者相对较少。

(2) 邀请新闻界媒体必须有所侧重。为了扩大影响，提高本单位知名度时，邀请新闻单位通常多多益善。而在说明某一活动、解释某一事件时，特别是当本单位处于劣势时，邀请新闻单位的面则不宜过于宽泛。

不论是邀请一家还是数家新闻单位参加新闻发布会，主办单位都要尽可能地优先邀请那些影响巨大、主持正义、报道公正、口碑良好的新闻单位派人员到场。还应根据新闻发布会的具体性质，确定是邀请全国性新闻单位、地方性新闻单位、行业性新闻单位同时到场，还是只邀请其中的一部分。

3. 现场应酬

为确保新闻发布会的顺利进行，应注意会议程序要安排得详细、紧凑，避免出现冷场和混乱局面。同时，与会者还应注意各种礼节、礼仪。新闻发布会的入口处要设立签到处，安排专人负责签到、分发材料、引入会场等接待工作。接待人员要热情、大方、举止文雅。会议开始后，主持人将召开新闻发布会的目的、将要发布的消息或要公布的事情经过、真相做一简要介绍。主持人应根据会议主题调节好会议气氛，当记者的提问离会议主题太远时，要善于巧妙地将话题引向主题，当会议出现紧张气氛时，能够及时调节、缓和。切实把握好会议的进程和时间。

4. 领导发言

领导人在会上发言时，要突出重点，语言要生动、自然，吐字要清晰，切勿啰唆冗长。具体来说，应做到以下几点。

(1) 要注意相互的配合。不论是主持人还是发言人，二者之间需默契配合，一要分工明确，二要彼此支持。

(2) 要注意讲话的分寸。一要简明扼要，不管是发言还是答问，都要条理清楚、重点集中，使人一听就懂、难以忘怀；二要提供新闻，在不违法、不泄密的前提下，提供媒体需要了解的具有新闻价值的信息；三要生动灵活，讲话者的语言要生动、幽默风趣。面对冷场或者冲突，讲话者的语言要生动灵活，使尴尬处境化险为夷。

(3) 要温文尔雅。针对新闻记者提出的尖锐而棘手的问题，发言人语气应温文尔雅。能答则答，不能答则应当巧妙地进行闪避，不应吞吞吐吐、张口结舌，或恶语相加，粗暴地打断对方的提问。

5. 回答记者提问

领导人在回答记者提问时要准确、自如，不要随便打断记者的提问。对于不愿透露或不好回答的事情，不应吞吞吐吐，要婉转、幽默地向记者做出解释。遇到不友好的提问，应该保持冷静，礼貌地阐明自己的看法，不能激动、发怒引出负面报道。

21世纪高职高专经管类专业立体化规划教材

6. 整理和保存会议资料

新闻发布会结束，主办单位需要认真整理保存新闻发布会的有关资料。一类是会议自身的图文声像资料，包括会议进行过程中所使用的一切文件、图表、录音、录像等。另一类则是新闻媒介有关会议报道的资料，主要包括在电视、报纸、广播、杂志上公开发表的，涉及此次新闻发布会的消息、通信、评论、图片等。

7. 了解新闻界的反应

新闻发布会结束之后，首先，应将来宾签到簿与来宾邀请名单进行对照，核查新闻界人士的到会情况，据此推断出新闻界对本单位的重视程度。

其次，了解一下与会者对此次新闻发布会的意见或建议，尽快找出自己的缺陷与不足；了解一下与会的新闻界人士中有多少人为此次新闻发布会发表了新闻稿。

最后，对于在新闻发布会之后所出现的不利报道，特别要注意具体分析具体对待。对于批评性报道，主办单位应当闻过即改、虚心接受；对于失实性报道，主办单位应通过适当途径加以解释、消除误解；对于敌视性报道，主办单位则应在讲究策略、方式的前提下据理力争、坚定立场，尽量为自己挽回声誉。

随身课堂

新闻发布会的注意事项

五、展览会礼仪

通过实物、文字、图表、图片、解说等来展现成果、风貌、特征的宣传形式叫展览。展览会是典型的、综合运用多种传播手段的专题活动。

1. 展览会类型

展览会的类型可以从展览的主题、性质、规模、场所、时间等方面来加以划分。

(1) 根据展览主题，可分为综合性展览和专题性展览。综合性展览是全面地展示某个主题的全貌，或者有代表性成就的展览。专题性展览是围绕一个专题、一个专业或一个内容举办的展览。专题性的展览可以不求全面系统，但必须尽可能使展览主题突出，令人一目了然。

(2) 根据展览性质，可分为交易洽谈型、宣传欣赏型及酬宾娱乐型等，有时也将几种类型加以融合。交易洽谈型展览会是宣传介绍产品，从而直接促销产品，同时交流信息、洽谈项目，以促进贸易发展。宣传欣赏型展览会是传播某种观念、思想或提供文化、艺术欣赏，起到宣传、教育、引导、审美的作用。

酬宾、娱乐型展览会带有某种程度的优惠、答谢性质，通过酬宾增进感情，同时起到促销商品的作用。

(3) 根据展览规模，可分为大型、中型、小型和微型。大、中型展览会一般由政府或专门机构举办，众多公司、企业、团体联合参展。小型展览会一般由公司、企业主办，主要展出自己的产品。微型展览也称轻便型展览、袖珍型展览等，多利用橱窗、展车、剧院、图书馆、车站的门厅以及旅馆房间等举办展出活动。

此外，根据展览场所可分为室内展览和室外展览；根据展览时间可分为长期展览、短期展览和一次性展览等。

【案例评礼 6.7】

美国加州商会的展览会

美国加州商会为了在中国推广和销售加州杏仁，委托凯旋公关公司在中国策划一次宣传推广活动。经过调查分析，凯旋公司决定举行一次"健美人生巡回展"，希望在消费者心中树立杏仁有利于身体健康的形象。

活动选择具较强影响力的大型商场进行专业健美操表演活动，并采用各种生动的形式来最大限度地加强对加州杏仁的宣传和推广。例如，张贴各种吸引人的标牌，制作一个超人模样的杏仁吉祥物，进行一次主题生动的庆祝会，展示杏仁营养宣传品，进行消费者调查等活动。

为了突出加州杏仁的形象，要求表演者穿着统一的印有加州杏仁商会标记的服装。舞台的幕后背景以及舞台覆盖物均设计成富有生命活力的绿色，一棵绿色的杏树在这片田野中，突出了杏仁的健康形象。特大型的印有加州杏仁商会会标的舞台覆盖物和舞台背景非常有效地突出了这次活动的主题。此外，免费给在场的小朋友发放印有加州杏仁商会宣传语"送给幸福的人"的彩色气球。主持人不断地在舞台上带领小朋友们做游戏，并指导在场的观众参加健美运动。另外，加州杏仁商会的吉祥物也出现在这次活动中，颇受现场观众的喜爱，并引得媒体记者争相拍照留念。

这次以"健美人生巡回展"为主题的宣传推广活动，吸引了数十万观众参加，给消费者留下了深刻的印象，实现了产品信息的传递；同时通过吸引众多媒体的关注和报道，成功地拓展了中国市场，达到了预期的目的。

展览会的主题突出，布展时所用的道具、展品、背景等搭配合理、相映成趣。同时，展会的工作人员能够以参观者为中心，设计并且很好地组织多项与观众互动的活动，使展览会办得很成功。这次展览会既使美国加州商会的"加州杏仁"产品树立了健康的形象，又为未来成功拓展中国市场打下了良好基础。

2. 展览会的组织与筹备

(1) 确立展览目的与主题。例如，商品交易展览的目的是推销产品、扩大贸易，而非商业性展览；而普及法律知识展览、交通安全展览等，目的是传播某些观点或某种道德规范。一个展览会的内容很多，只有主题明确才能提纲挈领地把展览的实物、图片、图表及文字进行有机的组合排列。

(2) 确定时间地点。展览会举办的时间和地点，应根据展览会的目的、对象、形式及效果等多种因素综合考虑。时间的选择，要方便参展者和举办者，要考虑本行业的淡旺季，并考虑参展者方便与否。地点的选择，根据参展单位的地理区域不同，而确定在本地、外地或国外，应注意交通、住宿是否方便，辅助设施是否齐全等问题。

21世纪高职高专经管类专业立体化规划教材

(3) 邀请参展单位。应向参展单位提前发出邀请，或向社会发布招商广告，邀请函或广告中应明确展览会的宗旨、举办展览会的时间和地点、报名参展的具体时间和地点、咨询相关问题的联络方法、展位费用，以便对方决定参展与否。

(4) 展览的编辑与制作。编辑工作要根据展览的目的和主题，来规划或构思展览结构、重心、布局等。会标、主题词、主题画、前言、结束语、解说词等也应统一设计、撰写与编辑。制作前要请设计师根据需要画出展牌小样，按照小样进行文字、图表、图片的书写、绘制、扩大，并美化加工。展台、展厅的设计和装置，实物的拼装组接，电源、灯光及电气设备的安装等，也应在统一规划下进行编辑与制作。解说词应精练、精彩，真实感人，避免空洞的叙述和说教。

(5) 对外宣传。展览会期间，应安排专人负责与新闻界的联系，要主动提供新闻稿及其他有价值的新闻资料，对展览会的主题、内容进行报道，加强对展览会的宣传。

(6) 展览会的费用预算。展览会较其他专题活动需要更多的资金，要提前进行经费预算，列出各项费用开支的清单并进行核算，以免捉襟见肘，影响展览会的顺利进行。

(7) 其他组织工作。展品的运输、安装与保险；车船、机票的订购；通信联络设备的准备；展览会的安全保卫；公关服务人员的选拔与培训工作。

随身课堂

提高会议效率

强 化 演 练

一、单选题

1. 会务人员在着装时不应该出现的是(　　)。
   A. 着装规范　　　B. 整齐清爽　　　C. 干净利索　　　D. 奇装异服
2. 茶话会茶具可以选用(　　)。
   A. 陶瓷器皿　　　B. 玻璃杯　　　　C. 不锈钢杯　　　D. 纸杯
3. 在与参会人员交谈时不能(　　)。
   A. 热情、诚恳　　　　　　　　　B. 语言流畅
   C. "请"字当头，"谢"不离口　　D. 用手指指别人
4. 会务人员必须掌握参会人员乘坐的飞机、火车、船舶抵达的(　　)。
   A. 准确时间　　　B. 大致时间　　　C. 大概地点　　　D. 大概人数
5. 茶话会举办时间一般控制在(　　)。
   A. 半小时内　　　B. 1～2h　　　C. 2h 以上　　　D. 没有明确规定
6. 签到时，在向参会人员递钢笔时要做到(　　)。
   A. 不脱笔套　　　　　　　　　B. 如是毛笔，让参会人员自己蘸墨汁
   C. 笔尖对着参会人员　　　　　D. 双手递上笔
7. 股东年会一年召开(　　)。

A. 一次　　　　　B. 两次　　　　　C. 三次　　　　　D. 四次

8. 会务人员上茶时，不能是凉茶，也不能太热，水温以(　　)左右。

A. 100℃　　　　B. 80℃　　　　　C. 50℃　　　　　D. 60℃

9. 会议中斟茶时要按(　　)顺序进行，在参会人员右侧服务。

A. 先宾后主　　B. 先主后宾　　　C. 宾主同时　　　D. 先给离得近的

10. 一个会议至少有(　　)项议题，无议题或议题不明的，就是盲目开会。

A. 一　　　　　B. 二　　　　　　C. 三　　　　　　D. 多

11. 多边会议常采用(　　)桌位。

A. 长方形　　　B. V形　　　　　C. U形　　　　　D. 圆形

12. 会议发言人的无礼行为是(　　)。

A. 胸有成竹，自信风度　　　　　B. 口齿清晰

C. 简明扼要　　　　　　　　　　D. 低头念稿，旁若无人

13. 举行新闻发布会的最佳时间是在(　　)。

A. 上午8点　　　　　　　　　　B. 下午2点

C. 上午10—12点或下午3—5点　　D. 晚上19点

二、多选题

1. 一般会议具有的作用是(　　)。

A. 集思广益　　B. 协调矛盾　　　C. 资源共享　　　D. 推动工作

2. 每个会议都要经过三个阶段，它们是(　　)。

A. 会前筹备　　　　　　　　　　B. 会后落实、总结

C. 会中组织与服务　　　　　　　D. 会议的应急过程

3. 与会者的无礼行为有(　　)。

A. 准时入场　　B. 交头接耳　　　C. 随意走动　　　D. 认真倾听

4. 商务人士参加洽谈会应该(　　)。

A. 礼敬对手　　B. 平等协商　　　C. 求同存异　　　D. 互利互惠

5. 会议记录主要记载的内容有(　　)。

A. 会议组织情况　　　　　　　　B. 会议议题

C. 会议形成的决议　　　　　　　D. 会议突发事件

6. 会场服务要做到(　　)。

A. 主动　　　　B. 稳重　　　　　C. 大方　　　　　D. 及时

7. 会议的保密级别分为(　　)。

A. 绝密　　　　B. 机密　　　　　C. 特秘　　　　　D. 秘密

8. 洽谈会的地址是(　　)。

A. 主方城市　　B. 客方城市　　　C. 主客轮流　　　D. 第三方城市

9. 会场主持人应(　　)。

A. 精神饱满　　　　　　　　　　B. 步伐稳健

C. 口齿清楚　　　　　　　　　　D. 会议中主动与熟人打招呼

10. 茶话会地点可选择在(　　)。

A. 单位会议厅　B. 单位客厅　　　C. 营业性茶楼　　D. 单位负责人私家庭院

三、简答题

1. 会议筹备需要确定的五个基本事项是什么？
2. 会议桌型摆放有哪几种形式？
3. 洽谈会筹备的原则是什么？
4. 参加茶话会的来宾主要有哪几种？
5. 简述新闻发布会的具体程序。
6. 如何筹备一场展览会？

四、案例分析

会场的尴尬

某公司要举办一次关于公司转产的会议，请来了公司的股东和各部门的领导，并邀请当地政府要员和同行业知名人士出席。由于会议关系到公司未来的发展，领导们都非常重视，所需的相关材料也都准备得非常仔细。

到了开会这天，股东和领导们都到齐了，但主持人却迟迟未到场。原定于 9 点召开的会议，等到 9 点 10 分主持人才到，大家对此都非常不满。在会议进行中也频繁出现问题，一会儿话筒没有声音，一会儿投影仪又不好用了，股东们都非常生气。领导们这时发现会议气氛有些不对劲，会场十分混乱，有的股东甚至非常激动地说："这简直是笑话，知不知道我们的时间有多宝贵？"随后纷纷离开会场，留下一脸尴尬的公司领导们。

讨论与分析：

1. 股东为什么生气？
2. 会议正式开始前要做哪些准备？

请柬发出之后

某机关定于某月某日在单位礼堂召开总结表彰大会，发了请柬邀请有关部门的领导光临，在请柬上把开会的时间、地点写得一清二楚。

接到请柬的几位部门领导很积极，提前来到礼堂开会。一看会场布置不像是开表彰会的样子，经询问礼堂负责人才知道，今天上午礼堂开报告会，某机关的总结表彰会改换地点了。几位领导同志感到莫名其妙，个个都很生气，改地点了为什么不重新通知？一气之下，都回家去了。事后，会议主办机关的领导才解释说，因秘书人员工作粗心，在发请柬之前还没有与礼堂负责人取得联系，一厢情愿地认为不会有问题，便把会议地点写在请柬上，等开会的前一天下午去联系，才得知礼堂早已租给别的单位用了，只好临时改换会议地点。

由于邀请单位和人员较多，来不及一一通知，结果造成了上述失误。尽管领导登门道歉，但造成的不良影响却难以消除。

讨论与分析：

该案例给我们的启示是什么？

实 训 设 计

一、会场布置实训

1. 实训目的

通过实训，了解会场布置的基本要求，掌握会场布置的基本方法，能够根据会议的性质、规格、规模的因素设置主席台、排列座位、装饰会场。

2. 实训内容

拟设职业情景，完成报告会会场布置、研讨会会场布置和座谈会会场布置。

3. 实训要求

(1) 会场布置。布置形式有很多种，主要有课桌式、剧院式、U形、T形等。

(2) 茶水布置。茶具统一干净、无破损，按会议人数配放，并准备好备用杯子；水具准备充分，加好开水；茶叶准备充足，会前水杯放好茶叶摆放到位(要求：杯子摆放在客人右上角约50cm位置，杯柄与桌面约成45°，同排杯子成一条直线)。

(3) 音乐布置。音响控制人员提前半小时到达音响室做好准备，播放背景音乐。根据会议流程及会议内容，在需要的时候播放背景音乐。

(4) 设备布置。调试好相关设备，如音响、投影仪、视频、麦克风等，并确保其正常使用，根据情况提前打开空调，调整好室温，开灯。

(5) 其他物品布置。将水果、鲜花、台签、文具用品等摆放在指定位置，要求排放整齐划一。台签摆放在客人正前方桌子中间位置，水果、湿巾、纸抽应摆放在两位客人中间，以方便两人使用；鲜花摆放在主席台、发言席或会议桌中间位置。

以上各项准备工作应在会前30min准备完毕。

二、会场服务实训

1. 实训目的

通过实训，了解会议服务内容，掌握会场内外的服务技巧，学会协助领导掌握会议信息，对会议实施有效指挥和控制，培养会务服务的能力。

2. 实训背景

为进一步加强工商合作，滨江市商业糖酒批发公司决定召开商品供货商业务洽谈会，邀请年供货1000万元以上的30家企业老总莅临滨江市共谋发展。公司总经理吩咐办公室主任夏雨精心准备这次洽谈会。

3. 实训要求

请以办公室主任夏雨的身份策划本次洽谈会，并分组扮演不同角色模拟洽谈会全过程，重点进行洽谈会会场服务。

(1) 模拟参会客商会前迎接。

(2) 模拟会议签到服务。

(3) 模拟会场内座位引导。

(4) 模拟会间奉送茶水。

21世纪高职高专经管类专业立体化规划教材

(5) 模拟会议资料整理。

(6) 模拟会议主持。

三、新闻发布会实训

1. 实训目的

通过实训，了解新闻发布会的程序，掌握发布会的礼仪。

2. 实训背景

星宇技术有限公司新研制成功了一项高科技产品并申请了专利，为将新产品顺利上市，公司决定举办一场新闻发布会。王墨凯是公司公关部经理，受领导委托，组织并落实本次新闻发布会相关事宜。请以王经理的身份进行媒体邀请、主持人与发言人选择、发言稿拟定等新闻发布会筹备工作。

3. 实训要求

(1) 学生分组，每十人为一组。

(2) 扮演新闻发布会主持人、发言人、媒体记者等角色，模拟本次新闻发布会。

(3) 教师根据模拟表现点评，全组讨论新闻发布会礼仪及注意事项。

项目七

商务仪式礼仪

【知识目标】

- 掌握签字仪式的基本内容。
- 熟悉剪彩仪式的礼仪规范。
- 掌握庆典仪式的主要程序。

【技能目标】

- 能够举行签约仪式。
- 能够举行剪彩仪式。
- 能够举办庆典活动。

【知识结构图】

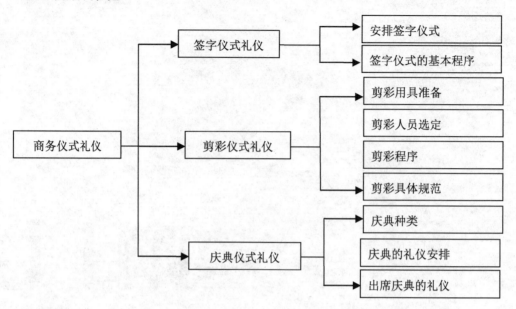

【情境导入】

　　某公司举行新项目开工剪彩仪式，李市长和当地各界名流受邀请参加，并坐在主席台上。仪式开始，主持人介绍了前来的嘉宾，并宣布："请李市长下台剪彩。"李市长端坐没动，主持人重复了好几遍，幸亏有人提醒，重新更换了主持词："有请李市长剪彩。"这才化解了尴尬。

　　主持人最大的错误是用词有歧义，"下台"有三个释义：①从舞台或讲台上下来；②卸去公职；③比喻摆脱困难、尴尬的境地。主持人原意是第一释义，而李市长作为领导，对"下台"两字比较敏感，怕大家理解为第二个释义，所以不想去剪彩。由此可见，一项仪式的成功举办，需要注意各方面的礼仪细节，小词语也能引起大误解。所以，无论哪类仪式，都需要注重仪式礼仪。

任务一　签字仪式礼仪

　　签字仪式是双方或多方就某个问题或某些问题通过谈判达成协议、协定时举行的一种仪式活动。

一、安排签字仪式

1. 准备待签合同文本

　　在正式签署合同之前，应由举行签字仪式的主方事前做好待签合同的文本准备。有关部门应按时做好文本的定稿、翻译、校对、印刷、装订等工作，同时准备好签字用的文具、国旗等物品。签署涉外商务合同时，比照国际惯例，待签的合同文本应同时使用有关各方法定的官方语言，或是使用国际上通行的英文。使用外文撰写合同时，应反复推敲、字斟句酌，不要望文生义、乱用词汇。

2. 布置签字厅

布置签字厅的总原则是要庄重、整洁、清静。一间标准的签字厅，室内铺设地毯，摆放必要的桌椅等物品。正规签字桌应为长桌，桌面上铺设深色台布，桌后摆放适量的座椅。签署双边性合同时，可放置两张座椅，签署多边性合同时，仅放一张座椅，供各方签字人签字时轮流就座，也可为每位签字人各自提供一张座椅。桌前摆放各自保存的合同文本，上端放置签字用笔、吸墨器等文具，桌中间悬挂签字国双方的国旗，国旗须插放在该方签字人座椅的正前方。

3. 安排签字座次

在签署双边性合同时，签字座次以右为尊，客方签字人坐于签字桌右侧，主方签字人坐于签字桌左侧。双方助签人，应分别站立于各自一方签字人的外侧。其他随员可以按照一定的顺序在己方签字人的正对面就座；也可以依照取位的高低，依次自左至右(客方)或是自右至左(主方)地站成一行，站立于己方签字人的身后。

4. 规范签字人服饰

出席签字仪式时，应当穿着具有礼服性质的深色西服套装或西装套裙，配以白色衬衫与深色皮鞋。男士还必须系上单色领带，以示正规。签字仪式上的礼仪人员、接待人员，可以穿工作制服或旗袍等礼仪性服装。

【案例评礼 7.1】

上海世博会万科馆剪彩仪式

2010 年 4 月 19 日上午，上海世博会万科馆与广东馆、广州馆、深圳馆和潮府馆五个广东省的展馆在世博园区内举行集体剪彩仪式，这标志着展馆建设工程和布展工作均已完工到位，达到了运营要求。

广东省委常委、常务副省长朱小丹，省贸促会会长、省参博工作领导小组副组长、广东馆馆长陈文杰，深圳市委常委，副市长、市参博工作领导小组副组长陈应春，广州市政府副秘书长、市参博工作小组副组长冉中德，万科企业股份有限公司总裁郁亮等领导出席了剪彩仪式，并为五展馆共同剪彩。同时，广东省委常委、常务副省长朱小丹还为万科企业股份有限公司执行副总裁兼万科馆馆长肖莉颁发了馆长证书。

作为唯一以独立建馆的方式参展世博的广东企业，同时也是唯一独立建馆参展的房地产企业，形如七个金黄麦垛的万科馆引起了广泛关注。五馆集体剪彩仪式之后，刘晓捷、陈文杰、陈应春、冉中德等政府领导与万科总裁郁亮来到了位于浦西 E 片区的万科馆，出席了万科馆的剪彩启动仪式，并共同启动了万科馆钥匙，万科馆馆长肖莉与广州万科总经理张海全程出席了相关仪式。至此，万科馆的建设和展演布展工程已全部完工到位，万科馆天光水色与金色麦垛交相映衬的全貌首次呈现在浦江西岸。

在仪式上，郁亮表示世博会是参与人数最多、持续时间最长的全球盛会，也是展现人

21世纪高职高专经管类专业立体化规划教材

类灵感与未来畅想的最高舞台，能在这个舞台上占有一席之地，是万科莫大的荣耀。对于万科来说，世博会是一次难得的学习机会，万科馆的主题命名为"尊重的可能"，正是抱着这种学习的心态，希望能通过这个主题，展示万科的一些思考所得；展示万科对生命、对未来的敬畏，对自然、对社会的感恩。

剪彩启动仪式之后，到场来宾随万科集团总裁郁亮进入万科馆最大的主题厅"尊重·可能厅"体验了由360°环幕和穹顶的巨幅球幕呈现的主题影片。影片中，来宾们看到了奚志农、梁丛诚、马军等一系列个人、组织为保护生态环境所做出的行动，以及每一个个体的力量如何汇聚成中国的环保行动。"自然""生命""震撼""感动"等主题贯穿了整个影像。

二、签字仪式的基本程序

1. 签字仪式正式开始

各方参加人员应按礼宾次序先后进入签字厅，在各自既定的位置上正式就位。助签人员分别站立于己方签字人员的外后侧，协助翻揭文本，指明签字处。

2. 签字人签署文件

签字人首先签署己方所保存的文本，然后再签署他方所保存的文本。

依照礼仪规范，签字人在己方所保留文本上签字时，应当名列首位，然后再交由他方签字人签署。

3. 签字人交换文本

签署文件后，各方签字人握手，互致祝贺，互换签字笔以作纪念，全场人员热烈鼓掌以表示祝贺。

4. 举杯庆祝

由礼仪小姐或礼仪先生分别为主客方的主签人或全体人员每人呈上约2/3杯的香槟酒，双方共饮香槟酒互相道贺，并与其他方面的人士一一干杯。

5. 签字仪式结束

签字仪式结束后双方在签字厅合影留念；接着请双方最高领导及客方先退场，然后主方再退场。整个签字仪式以半小时左右为宜。

随身课堂

产权交易项目签约仪式的主持用语

任务二　剪彩仪式礼仪

剪彩仪式是指有关组织为了庆贺公司的设立，工程的奠基、竣工，大型建筑物的启用，道路桥梁的开通，博览会的开幕等举行的一种隆重的庆祝活动和宣传活动。因其主要活动内容是邀请专人使用剪刀剪断被称为"彩"的红色缎带，故被人们称为剪彩。

一、剪彩用具准备

1. 红色缎带

红色缎带即剪彩仪式中的"彩"，一般以 2m 左右细窄的红色绸缎缎带，在中间结成数朵花团而成。红色缎带上所结花团具体数目比现场剪彩者人数多一个，可使每位剪彩者处于两朵花团之间。

2. 新剪刀

剪彩用剪刀必须崭新、锋利，人手一把。剪彩前要逐一检查剪刀是否已经开刃、是否好用，确保剪彩者在正式剪彩时 "手起刀落"，一举成功。在剪彩仪式结束后，主办方可将各位剪彩人使用过的剪刀精心包装后，送给对方以资纪念。

3. 白色手套

白色手套专为剪彩者准备。在准备白色薄纱手套时，除了要确保其数量充足外，还须使之大小适度、崭新平整、洁白无瑕。

4. 托盘

托盘用作盛放红色缎带、剪刀、白色手套。托盘应崭新、洁净，以银色不锈钢的为佳。剪彩时，为每位剪彩者配置一个专用托盘。

5. 红色地毯

红色地毯主要用于铺设在剪彩者剪彩时站立之处。长度以剪彩人数多寡而定，宽度不少于 1m。

剪彩仪式的起源

21世纪高职高专经管类专业立体化规划教材

二、剪彩人员选定

彩仪式上，剪彩的主要人员由剪彩者和助剪者构成。

1. 剪彩者

剪彩者是在仪式上持剪刀剪彩的人。剪彩者可以是一人，也可以是多人，一般不应多于五人。剪彩者多由上级领导、合作伙伴、社会名流、员工代表或客户代表担任。

2. 助剪者

助剪者是指在剪彩过程中从旁为剪彩者提供帮助的人员，一般由主办方的礼仪小姐担任。

【温馨贴士 7.1】

剪彩者是剪彩仪式的主角，一般具有较高的社会威望，深受大家的尊重和信任。作为剪彩者既要有荣誉感，又要有责任感。剪彩者衣着服饰应大方、整洁、挺括，容貌适当修饰，看上去容光焕发、充满活力；在剪彩过程中，剪彩者要姿态稳重、风度洒脱和举止优雅。

三、剪彩程序

1. 邀请来宾就位

在剪彩仪式上，通常只为剪彩者、来宾和本单位负责人安排坐席。在剪彩仪式开始时，来宾坐于已经安排好顺序的座位上。剪彩者应坐于前排。若为多人时，应按照剪彩的具体顺序就座。

2. 宣布仪式正式开始

主持人宣布仪式开始后，乐队演奏音乐，现场施放礼花礼炮，全体到场者热烈鼓掌。此后，主持人向全体到场者介绍到场的重要来宾。

3. 宾主发言

发言者依次应为东道主单位代表、上级主管部门代表、地方政府代表、合作单位代表等。发言内容应言简意赅，每人不超过 3min，重点应为介绍、道谢与致贺之类的话。

4. 开始剪彩

全体应热烈鼓掌，必要时还可奏乐或燃放鞭炮。在剪彩前，须向全体到场者介绍剪彩者。

5. 进行参观

剪彩之后，主办方应陪同来宾参观被剪彩之物。仪式至此宣告结束。随后主办方可向来宾赠送纪念性礼品，并以自助餐款待全体来宾。

四、剪彩具体规范

进行正式剪彩时，剪彩人员的做法必须合乎礼仪规范。当主持人宣告进行剪彩之后，礼仪小姐即应率先登场。在上场时，礼仪小姐应排成一行行进。从两侧同时登台，或是从右侧登台均可。登台之后，拉彩者与捧花者应当站成一行，拉彩者处于两端拉直红色缎带，捧花者各自双手手捧一朵花团。托盘者须站立在拉彩者与捧花者身后 1m 左右，并且自成一行。

在剪彩者登台时，引导者应在其左前方进行引导，使之各就各位。剪彩者宜从右侧出场。当剪彩者均已到达既定位置之后，托盘者应前行一步，到达前者的右后侧为其递上剪刀、手套。

剪彩者若不止一人，登台时应列成一行，主剪者行进在前。在主持人向全体到场者介绍剪彩者时，剪彩者应面含微笑向大家欠身或点头致意。

剪彩者行至既定位置之后，应向拉彩者、捧花者含笑致意。当托盘者递上剪刀、手套时应微笑道谢。

在正式剪彩前，剪彩者应向拉彩者、捧花者示意，待其有所准备后，集中精力，右盘手手持剪刀，表情庄重地将红色缎带一刀剪断。若多名剪彩者同时剪彩时，其他剪彩者应注意主剪者动作，与其主动协调一致，力争大家同时将红色缎带剪断。

剪彩后，红色花团应准确落入托盘者手中的托盘里，切勿使之坠地。剪彩成功后，剪彩者可以右手举起剪刀，面向全体到场者致意，然后将剪刀、手套放在托盘之内，举手鼓掌。依次与主人握手道喜，并在引导者的引导下列队退场。退场时，宜从右侧退场。剪彩者退场后，其他礼仪小姐方可列队由右侧退场。

不管是剪彩者还是助剪者，在上下场时都要注意井然有序、步履稳健、神态自然。在剪彩过程中，更是要表现得不卑不亢、落落大方。

随身课堂

礼仪小姐

任务三　庆典仪式

庆典是各种庆祝仪式的统称。在商务活动中，商务人员参加庆祝仪式的机会很多，既有可能组织本单位庆祝仪式，也可能应邀出席外单位庆祝仪式。

一、庆典种类

1. 节庆典礼

节庆典礼是指围绕重大节日和纪念日举行的庆祝活动。一类是传统的公共节日，如国庆、元旦、春节、建军节、三八妇女节、青年节、圣诞节等。另一类是一些纪念日，如企业成立周年纪念日。

2. 庆功典礼

庆功典礼是指根据单位或成员获得某项荣誉，取得某些重大成就、重大业绩、重大进

展而举行的庆祝活动。

3. 开业典礼

开业典礼是指单位机构成立创建、企业开始正式营业时隆重举行的庆祝仪式。这类典礼的目的是扩大宣传，树立组织机构的形象。

4. 奠基典礼

奠基典礼是指重大工程项目如楼宇、道路、桥梁、河道、水库、电站、码头、车站等建设项目正式开工时，举行破土动工的仪式。这类庆典起庆祝性、纪念性作用。

5. 竣工典礼

竣工典礼是指某一工程项目建成完工时举行的庆贺性仪式，包括建筑物落成、安装完工、重大产品成功生产等。这类典礼一般在竣工现场举行。

6. 通车典礼

通车典礼是指重大交通建筑如公路、铁路、地铁、桥梁、隧道等，在正式交付使用前举行的庆祝活动。

7. 通航典礼

通航典礼又称首航仪式，是指飞机、轮船正式开通一条新航线时举行的庆祝活动。

二、庆典的礼仪安排

1. 制订庆典活动方案

每一个庆典活动必须制订一个活动方案，包括典礼的名称、规格规模、邀请范围、时间地点、典礼形式、基本程序、主持人、筹备工作、经费安排等。

2. 确定参加活动的对象

庆典活动要精心选择参加的对象，发出邀请，确定来宾。庆典活动应邀请与组织有关的政府领导、行政上级、知名人士、社区公众代表、同行组织代表、组织内部员工和新闻记者等前来参加。

3. 庆典准备工作

(1) 选择场地。在选择地点时，应结合庆典的规模、影响力以及本单位的实际决定。本单位的礼堂、会议厅，本单位内部或门前的广场，以及外借的大厅等都可以作为庆典的场地。

(2) 布置现场。为了烘托出热烈、隆重、喜庆的气氛，根据庆典内容可在现场张灯结彩、悬挂彩灯、彩带，张贴一些宣传标语，并且张挂标明庆典具体内容的大型横幅。如有能力，可邀请乐队、锣鼓队届时演奏音乐或敲锣打鼓以增强气氛。但是这类活动应当适度，不要"喧宾夺主"。

(3) 文稿准备。庆典活动要提前草拟好各有关领导讲话、贺词等，并且将发言稿发给来宾。其他各种文字材料也应撰写、打印、装袋，及时分发到参加人手里。对记者，材料中应更加详细，以方便其撰写新闻稿件。

(4) 音响准备。在举行庆典之前，务必要把音响准备好，尤其是供来宾讲话时使用的麦克风和传声设备。在庆典举行前后，播放一些喜庆、欢快的乐曲，乐曲应先期进行审查。切勿临时自由选择，随意播放违背庆典主题的乐曲。

4. 安排接待工作

重要来宾的接待要由有关负责人亲自完成。要安排专门的接待室，以便正式开始前让来宾休息、交谈。要有专人引导入场、签到、留言、剪彩等。

5. 编排庆典活动程序

拟定庆典的程序时，时间宜短不宜长，大体应控制在一个小时以内。另外，程序宜少不宜多。

(1) 请来宾就座，出席者应保持安静，由主持人介绍嘉宾。

(2) 宣布庆典正式开始，奏国歌，全体起立，之后可唱本单位之歌。

(3) 本单位主要负责人致辞，其内容主要是对来宾表示感谢，介绍此次庆典的缘由等，其重点应是报捷以及点出庆典的可"庆"之处。

(4) 邀请嘉宾讲话，出席本次活动的上级主要领导、协作单位及社区关系单位，均应有代表讲话或致贺词。

(5) 安排专项活动，庆典活动结尾时，安排的专项活动有参观、座谈会、观看表演、宴请招待等。

【案例评礼 7.2】

滨河广场开业庆典活动

滨河广场位于海河之滨，拥有整合购物中心、写字楼、五星级服务式公寓、云霄餐厅于一体的国际化设施。它可以提供集办公、购物、居住、娱乐、餐饮共同架构的全功能平台。滨河广场的发展目标是成为都市核心，掌控都市心脏动脉的首善之区。

滨河广场决定在 2017 年 12 月 18 日举行开业仪式，仪式地点选择在滨河广场购物中心大厅。

在开业活动前，筹备人员对会场进行了环境布置。在会场外部，滨河广场主建筑物外沿，由银光闪闪的灯链勾勒得更加醒目。峰顶更被璀璨的群星包围(频闪泡)，其中乍现的一道道彩色激光直插夜空。同时，在大厦底层的群楼外部，帕尼灯打出滨河企业的标志信条和流水、焰火等特效灯光。探照灯照亮高空中的气球、充气物、条幅、彩带，使整个广场在一片花团锦簇中熠熠发光。在购物中心大厅内部，门口设签到台、礼品和纪念品发放台，地面铺设红地毯，引导嘉宾就座或参观。大厅内悬挂红绸、横幅。中心为半径 10m 的红色基础舞台和蓝色半球形升降舞台。上空悬垂巨大的金元宝。四周为嘉宾就座区域、餐饮台。

此次活动不同于以往的开业庆典，在年末隆冬之际，它为人们提供一个如沐春风、轻松愉快的环境，不失为新年将至、节日狂欢的前奏曲。开业活动由三部分组成。

21世纪高职高专经管类专业立体化规划教材

第一部分：迎宾茶会

下午 5:30，在购物大厅内举行迎宾茶会。电视大屏幕播放滨河广场宣传片。在半球形主舞台两侧，24 位女孩奏响《喜洋洋》《步步高》《紫竹调》等轻快的民间乐曲，为就座的嘉宾伴宴。由多名礼仪小姐向贵宾佩戴胸花，引导贵宾进入主会场。嘉宾入场时领取小礼物，礼物上皆标有数字。嘉宾可凭此礼物参与互动节目，也可在礼仪小姐的引领下到购物中心内部参观各种设施、场所，到自助餐饮台前拿取茶点，就座，自由交谈。轻松惬意的迎宾茶会为业内人士提供了叙旧、接洽的场所。

第二部分：文艺表演和晚宴

晚 6:00—7:00，在大厅内中心舞台举行文艺表演。文艺表演融合了众多当红星、实力派青春组合和技巧性、互动性极强的杂技、魔术。在文艺演出中，晚宴不知不觉地开始，跳出以往一切舞台形式的羁绊，不要司仪刻板的报幕，不让来宾拘泥宴会的礼节。热烈的气氛尽在轻松的环境中产生、升腾。嘉宾在欢乐祥和、热烈愉快的气氛中，一边进餐一边欣赏节目。

随着节目高潮的到来(在魔术中，邀请幸运嘉宾参与演出，共同开启纸花炮)迎接领导的到来。

第三部分：开业庆典仪式

晚 7:00，在中心舞台，开业庆典仪式正式开始。

开业庆典仪式的程序。

(1) 在缤纷的彩花中，伴着激昂的音乐，领导入场，随后静音。

(2) 主持人走上舞台，宣布滨河广场开业仪式开始。

(3) 主持人请领导致辞(政府领导、投资方领导、开发商领导)。

(4) 主办方领导宣布："滨河广场开业！"

(5) 三方领导一起拉动金元宝垂下的小元宝，金元宝裂开，释放出无数条幅、彩带元宝、放纸花炮。

(6) 开业庆典结束，来宾与文艺界明星合影签名。

(资料来源：王颖，王慧. 商务礼仪[M]. 大连：大连理工大学出版社，2007.)

三、出席庆典的礼仪

1. 仪容整洁

所有出席本单位庆典的人员，事先要洗澡、理发，男士应刮胡须，不允许蓬头垢面、胡子拉碴、浑身臭汗。

2. 服饰规范

出席庆典时，有统一式样制服的单位必须要求统一身着制服。无制服的单位，必须要求穿着礼仪性服装。

3. 遵守时间

上到本单位的最高负责人，下到普通员工，都不得迟到、无故缺席或中途退场。如果庆典的起止时间已有规定，则应当准时开始，准时结束。

4. 表情庄重

在庆典举行期间，不允许嬉皮笑脸、嘻嘻哈哈，或愁眉苦脸、一脸晦气、唉声叹气。在举行庆典的整个过程中，要做到表情庄重、全神贯注、聚精会神。

5. 态度友好

遇到来宾，要主动热情地问好。对来宾提出的问题，要立即予以友善的答复。不要围观来宾、指点来宾，或是对来宾持有敌意。不允许打断来宾的讲话，向其提出挑衅性质疑，与其进行大辩论，或是对其进行人身攻击。

6. 行为自律

庆典举行期间，不允许随意走动、交头接耳、心不在焉。

7. 发言简短

发言要在规定的时间内结束，宁短勿长，不要随意发挥，信口开河。少做手势，尤其是不明的手势坚决不用。

随身课堂

奠基仪式

强 化 演 练

一、单选题

1. 签订合同时，(　　)准备待签合同文本。
   A. 本方　　　　　B. 客方　　　　　C. 双方　　　　　D. 第三方

2. 与法国客商签订合同，待签合同文本应该使用(　　)语言。
   A. 中文　　　　　B. 法文　　　　　C. 中文、法文　　D. 英文

3. 合同签字人应先签(　　)合同文本。
   A. 己方　　　　　B. 他方　　　　　C. 双方

4. 签字仪式以(　　)时间为宜。
   A. 半小时　　　　B. 1h　　　　　　C. 2h　　　　　　D. 无明确规定

5. 剪彩人数不多于(　　)人。
   A. 3　　　　　　　B. 4　　　　　　C. 5　　　　　　D. 6

6. 签约的准备工作是(　　)。
   A. 签署文件　　　B. 交换文本　　　C. 布置签字厅　　D. 饮酒祝贺

7. 在剪彩仪式中，最先发言的是(　　)。
   A. 东道主单位的代表　　　　　　B. 上级主管部门的代表

21世纪高职高专经管类专业立体化规划教材

C. 地方政府的代表　　　　　　　D. 合作单位的代表

8. 在签约仪式中可以穿自己的工作制服，或是旗袍一类的礼仪性服装的人是(　　)。

A. 签字人　　　　B. 助签人　　　　C. 签约随员　　　　D. 接待人员

二、多选题

1. 签字厅应该(　　)。

A. 庄重　　　　　B. 整洁　　　　C. 清静　　　　D. 随意

2. 剪彩用的剪刀必须(　　)。

A. 崭新　　　　　B. 锋利　　　　C. 人手一把　　　　D. 开刃

3. 剪彩者可以是(　　)。

A. 礼仪小姐　　　B. 合作伙伴　　　C. 社会名流　　　D. 员工代表

三、判断题

1. 庆典活动的两大特点是，以展示实力为目的，以庆祝活动为表现。　　　　(　　)

2. 剪彩仪式程序，包括五项基本工作。　　　　　　　　　　　　　　　(　　)

3. 在参与庆典活动过程中，要表现积极，态度友好，遵守庆典大会的秩序。(　　)

4. 确定剪彩者名单，无论在剪彩仪式正式举行之前还是之后均可。　　　(　　)

四、简答题

1. 签字仪式的程序是什么？

2. 剪彩需要使用哪些工具？

3. 剪彩仪式的程序是什么？

4. 庆典仪式有哪些种类？

5. 出席庆典仪式要注意哪些礼仪？

五、案例分析

中国的一家企业前往日本寻找合作伙伴，到了日本之后，经过多方努力，找到一家很有声誉的日本大公司，经过长时间的讨价还价，双方决定草拟一份协议，正式签协议那天，由于有事耽误了几分钟，结果到达金字塔的时候，日方人员正在恭候他们的到来，他们个个衣着整齐，当见中方人员进来后，日方人员毕恭毕敬地鞠了一个 90° 的大躬，随后集体退出了大厅，合作功亏一篑。

讨论与分析：

1. 请指出在签约仪式中中方有哪些不当之处？

2. 分析签约仪式的基本礼仪包括什么？

实 训 设 计

一、签约仪式实训

1. 实训目的

通过实训，掌握签约仪式的文本准备、场地布置和服务要求、签字厅的布置等相关礼仪，学会制定签字仪式的程序，安排签字厅的座次，选择传播媒介，并能组织实施整个签字仪式。

2. 实训背景

北方专修学院与兴华化工集团的"订单式"培养签约仪式在北方专修学院的会议厅隆重举行。本次仪式由北方专修学院办公室王主任负责筹备，兴华化工集团参加签字仪式的领导有集团总经理、人力资源部部长、办公室主任、人力资源部主任、人力资源部办事员；北方专修学院参加签约的领导有学院院长、副院长、学院办公室主任、教务处处长及化工系主任；同时还邀请了当地新闻媒体记者参加。签字仪式上，大家举杯庆祝，共同祝贺这次合作的成功。

3. 实训要求

(1) 学生分组，每十人为一组，分别扮演不同角色。

(2) 进行签约场所的布置。

(3) 准备签约正式文本一式若干份；准备签字用文具、旗帜等物品。

(4) 角色扮演，模拟从进入签字厅到退出签字厅的整个程序(签字仪式程序为：进入签字厅、就位；正式签署合同文本；交换合同文本；举杯庆祝；合影留念；退出签字厅)。

二、剪彩仪式实训

1. 实训目的

通过实训，了解剪彩仪式的规范要求和过程。

2. 实训内容

(1) 观看视频，了解剪彩仪式的规范程序。

(2) 学生自设情景，模拟剪彩仪式场景。

3. 实训要求

(1) 学生分组，自设情景。

(2) 剪彩道具准备：红色缎带、剪刀、白色手套、托盘、红色地毯。

(3) 剪彩人员选定：剪彩者，一人或几人，最多五人；助剪者，由主办方礼仪小姐担任。

(4) 按照剪彩程序，进行角色扮演。在演练过程中注意遵守剪彩仪式的各项礼仪要求和规范。剪彩的具体规范是：礼仪小姐率先入场拉彩，捧花，托盘者就位，剪彩者登台，递剪刀，剪彩，举起剪刀致意，鼓掌，退场。

三、庆典仪式实训

1. 实训目的

通过实训，了解庆典活动的类型，掌握庆典筹备方式、议程安排及庆典的规范服务，并能熟练应用与庆典活动相关的技能；掌握传播媒介和约请方式的选择，掌握场地布置的礼仪规范。

2. 实训内容

苏宁家电某分店举行店庆活动，分别邀请了工商局局长、供应商代表、报社社长等重要人物，庆典仪式由分店店长主持。请同学们进行店庆策划，并进行角色扮演。

21世纪高职高专经管类专业立体化规划教材

3. 实训要求

(1) 学生分组，确定组长，明确分工，责任落实到人。

(2) 各小组编制庆典仪式的程序。

(3) 重要领导和来宾名单的单位、职务和姓名可由学生自己拟定，进行角色扮演。

(4) 教师根据学生模拟庆典活动时程序的安排、场地的布置、资料工具的准备、礼仪规范等内容进行评比打分。

项目八

商务求职礼仪

【知识目标】

- 了解求职信息搜集渠道。
- 熟练掌握求职材料准备。
- 掌握求职面试礼仪和技巧。

【技能目标】

- 能够撰写求职信、设计制作个人简历。
- 能够进行求职形象设计。

【知识结构图】

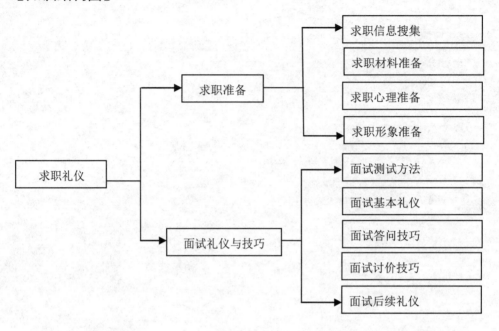

【情境导入】

三分钟"感谢"

秦辉商贸有限公司招聘办公室职员，许多大学生参加了角逐。公司的面试和笔试都十分烦琐，一轮轮淘汰下来，最后只剩下五位同学。这五个人均毕业于名牌大学，都具备较好的外表条件和学识。公司通知五人："最终聘用谁还得经过经理层会议讨论后决定，请回家耐心等待。"

几天后，五位同学中的一人李明收到了公司人事部发来的一封电子邮件，内容是："经过公司研究决定，你落聘了，但是我们欣赏你的学识、气质。因为名额有限，实是割爱之举。公司以后若有招聘名额，必会优先通知你。你所提交的资料录入电脑存档后，不日将邮寄返还于你。另外，为感谢你对本公司的信任，随寄去本公司产品的优惠券一份。祝你开心！"

李明阅读完邮件内容，知道自己落聘十分伤心，但又为外资公司的诚意所感动。两天后，他收到了公司邮寄的退换材料和一份优惠券。为了表示感动，李明顺手花了 3min 时间撰写了一封简短的感谢信回复公司。两个星期后，他接到公司人事经理的电话，说经过经理层会议讨论，他已被正式录用为该公司职员。后来，他才明白，这是公司最后的一道考题。

公司给其他四个人也发了同样的电子邮件，也赠送了优惠券，但是回信感谢的只有李明一人。李明的胜出，只不过因为多花了 3min 时间去感谢。

(资料来源：https://www.ruiwen.com/wenxue/gushihui/388770.html)

任务一　求 职 准 备

很多同学才华横溢、能力出众，在求职中往往自认为志在必得的工作，却被面试官拒之门外。追本溯源，有可能一个礼仪上的细节让自己与心仪的工作失之交臂。求职准备则是求职面试成功的基础，内容包括求职信息搜集、材料准备、心理准备和形象准备。

一、求职信息搜集

求职者可通过传播媒介、中介机构、人才交流会、专业协会及信息网络职业库等多方面搜集招聘信息。一旦选准企业就要通过各种渠道查找有关用人单位的信息，包括企业的主要产品、经营项目、管理方式，企业的生产经营情况、岗位需求情况、企业文化以及该行业发展情况等，以及他们期望职工在这个特定的岗位上应该具有的素质。搜集招聘信息的渠道主要有以下七个。

1. 招聘洽谈会

求职者可通过参加洽谈会了解用人单位信息，但应注意选择有一定规模、服务好的招聘洽谈会参加。招聘洽谈会的优点是供需直接见面，信息相对集中，个人的直接投入是门票与印制个人简历。缺点是由于洽谈会时间和地理位置的限制，导致求职成本和时间投入的增加。

2. 新闻媒介的招聘广告

从报纸、电视、广播电台经常刊登、播发的招聘广告上搜集招聘信息，这是一种省钱又省时间的搜集方法，信息量大、覆盖面广、选择机会多。缺点是广告篇幅有限，登广告的用人单位大多谢绝来访，只是要求求职者寄出个人简历和各种证明复印件，使求职者对招聘单位了解甚少。

3. 中介代理机构

有些用人单位会委托中介机构代理其进行招聘，所以中介拥有一定数量的人才供求信息。求职者可以通过中介代理机构了解人才需求情况。

4. 网络搜集

求职者通过互联网查询招聘信息时，可选择专业求职网站、用人单位自己的网站，或者通过新浪、搜狐、雅虎、中华网、21CN 等搜索引擎搜集招聘信息。

5. 拜访和观察

求职者直接到用人单位采访或写信给用人单位人事管理部门了解用人信息，这种方式的主动性强，但盲目性大，可能被回绝。

6. 通过亲友、邻居、校友

通过这种方式得到的信息，既准确迅速又真实可靠。

21世纪高职高专经管类专业立体化规划教材

7. 学校的职业指导部门

许多用人单位往往直接到职业学校招聘，不少职业学校也与用人单位建立了固定的联系。因此，通过这条渠道得到的招聘信息，既十分准确、可靠，又比较详细、全面。

二、求职材料准备

求职材料是求职过程中的通行证和敲门砖，是求职者的个人广告，内容充实而又富有个性的简历，将会在众多平庸又雷同的求职简历中脱颖而出，从而获得进一步的求职机会。

(一)求职材料构成

求职材料又叫自荐材料。用人单位出于节约人力和时间的考虑，大多数情况下，不采用直接面试的形式，而是要求求职者先寄送自荐材料，由他们进行比较、筛选，然后再通知求职者是否面试。

1. 封面

封面的制作一般要有特色，不要过于花哨。封面上要突出求职者的专业背景、学历层次、姓名、联系方式，也许有一张排版巧妙的个人生活照会更好，以便用人单位在收到简历的同时，对求职者有一个初步印象。

2. 推荐表

学校统一发放的毕业生就业推荐表必须附在求职材料中。

3. 求职信

求职信是针对特定的用人单位写的。用人单位根据毕业生的求职信来判断毕业生是否适合用人单位的要求，是否给你提供面试的机会。

4. 个人简历

简历就是概括介绍个人的基本情况，并对你所具备的技能、成绩、经验、受教育程度、求职意向作一个简单的总结。

5. 获奖证书复印件

这些材料的原件请务必妥善保管，在附复印件的同时，最好同时带上原件，以备查询。

6. 其他材料

这部分一般是指公开发表的文章、科研成果、设计作品等方面的材料。

随身课堂

简历

(二)求职信撰写

撰写求职信的目的在于让对方对自己感兴趣，一般来讲，求职信主要内容：有求职目标、求职理由、求职条件等。撰写求职信时要做到以下几点。

1. 字迹整洁、文字通顺

古人云："字如其人，文如其人。"工整的字体使人心情舒畅，潦草的字迹令人心厌。求职信应书写工整，让人一目了然，赏心悦目。

2. 立足对方、明确态度

求职者要揣摩用人者的具体要求及招聘员工时的心态。他们需要什么样的人？需要这些人具备怎样的素质？看了这封信会有什么样的感觉？这封信是否充分展示了自己的能力？自己能在哪些方面让招聘者受益？只有想到对方或站在对方的角度上考虑问题，才能牢牢吸引对方，并为日后的面试创造条件。

3. 立意新颖、风格独特

求职信书写，不拘泥于通俗，应立意新颖、语言独特、思维多元，给对方留下强烈的印象，引人注意并提起兴趣。

4. 内容简洁、清楚明了

求职信书写文字必须力求简练，避免冗词和陈词滥调，既要行文如流水、酣畅淋漓，又要言简意赅、言辞贴切。在动笔之前，清楚你想说些什么？如何表达才富有个性和新意，表现出良好的修养和较高的文化素质。

5. 以情动人、以诚感人

语言有情，会更有助于交流思想、传递信息、感动对方。怎样做到以"情"动人，关键在于摸透对方的心理并采取相应对策。如果求职单位在家乡，就可以充分表达为建设家乡而贡献聪明才智的志向；如果求职单位在贫困地区，就要充分表达为改变贫困地区面貌而奋斗的决心；如果是教学单位，就要充分表达献身教育事业的理想……总之，要设法引起对方的共鸣，或者得到对方的赞许，在注重以情动人的同时，还要以诚感人、以诚取信。

6. 重点突出、个性鲜明

求职信要突出那些能引起对方兴趣，有助于获得工作的内容，主要包括专业知识、工作经验、自身特长和个性特点。

7. 不断修正、以求完善

写求职信首先要打一个草稿，把自己所有要写的材料列出先后次序，并巧妙地将它们串联起来。切忌把第一份草稿寄出去。求职信写成后，要仔细推敲、反复修改，并根据用人单位的不同增减内容，有的甚至要重写，以求更加完美。

【范文 8.1】

求 职 信

尊敬的领导：

　　您好！

　　感谢您阅读我的求职信！我是一名即将毕业的本科生，现就读于××经济学院的会计系会计学专业，四年的大学生活中，我注重培养自己的思想，塑造自己的个性，提升自己的能力，总结为人处世的经验，吸取失败的教训，今天我感觉自己已经有能力投身社会，实现自己的价值。为了今天，也为将来在残酷的竞争中取胜，我做了充分的准备。

　　力求达到"一专多能"，在努力学好专业课的同时，广泛涉猎相关专业知识，如金融、贸易、法律、财务管理、税务等，使自己有一个完整的知识结构。我顺利通过英语四级和计算机二级，相信在年底能通过英语六级。对所学知识及时进行社会实践，以达到理论与实践相结合。我认真仔细，诚实勤恳，吃苦耐劳，做事讲求高效率、高质量，思维敏捷，有敏锐的判断力，适应性强。鉴于实习中的体会，我努力使自己更加认真、仔细，力求从生活中的每一件小事做起，做到让自己满意、让同学老师满意。所有这些都为我将来的工作打下了良好的基础。

　　希望您能给我一次机会，让我有幸和您一起实现我们的共同目标！最后祝您尽快找到最佳人选！祝贵单位事业蒸蒸日上！

　　此致

　　　敬礼！

求职人：×××

××××年××月××日

(资料来源: http://qiuzhixin.51joB.com/fanwen/1468.html)

(三)个人简历设计

1. 文章式简历

(1) 个人基本情况：姓名、性别、出生日期，最高学历(学位)、现工作单位及职务、电话、电子邮件等，可以在该部分内容的右侧粘贴或打印本人1寸或2寸照片一张。

(2) 教育和培训情况：对大学生来说，可以从中学开始填写，特别注意填写上各种培训经历。

(3) 工作经历：简明扼要地描述本人曾工作过的单位、职务以及从事的工作。

(4) 能力和经验：对本人的能力、经验分门别类地做一个简要的描述，针对应聘职务的不同，表述该部分内容时可以有所侧重。要站在招聘单位的角度来思考你打算应聘的那个职位的基本要求是什么。

(5) 个人兴趣和特长：企业可以从你列举的兴趣中对你的个性特征有所了解。

(6) 其他：包括论文、译著、获奖情况。

2. 表格式简历

表格式简历综述了多种资料，易于阅读。这种格式通常适用于年轻、缺乏工作经历的求职应聘者。资历浅的应聘者须准备各种不同的资料，如所学课程、课外活动、业余爱好、社会实践，如表 8-1 所示。

表 8-1　个人简历所需主要内容

构成简历的必备元素	用人单位为何想知道
基本信息 姓名 联系电话、邮箱 确保信息及时更新	如何联系到你？ 根据所在地点安排面试
教育背景 教育背景包含专业、排名、成绩(如果你希望透露)以及其他认证 无须追溯太久 比如中学以前阶段可以忽略	你受教育的程度和质量； 体现出你个人的能力和聪慧程度； 所学专业与职位的对口性； 比如计算机专业未必适合时尚营销方面的职位
工作经历 工作的职责与经历 所获得的成就 有所选择地罗列 比如大学家教的工作经历对于销售职位并没有增加多少筹码	你是否有过类似的工作经验？ 你在过去的工作/实习中获得的成就。 你是否能胜任这项工作？ 你承担过什么样的责任/压力？
获奖情况 突出在不同领域的成就 学术方面 体育方面 管理方面	你是否与众不同？ 你是否积极上进？
技能情况 语言能力——提供书面及表达能力 通过认证情况 计算机能力——突出语言及程序优势 其他证书、认证——微软认证、IBM 认证、驾照等	哪些技能可以证明你胜任这个职位，增强说服力； 如应聘美国外企、英语能力会更为重要
兴趣爱好 爱好、志愿者工作、其他项目	这个人有才华吗？ 只知道工作，不知道娱乐的人很难共事

3. 编写简历的注意事项

(1) 文字简明。简历一两页纸就够了，冗长的简历往往被招聘人员随手搁置一旁。因此，简历用词造句要简洁、恰当，并不过分强调文采，但一定要表达清楚、层次分明。

(2) 重点突出。要突出自己的能力、专长，切忌面面俱到，要突出重点，使用人单

21世纪高职高专经管类专业立体化规划教材

位在最短的时间里就能了解应聘者最主要的内容。所写的重点一定要与招聘职位的要求相一致。

（3）避免错误。简历要避免错字、别字和拼写错误，文体格式符合要求。如果附有英文简历，要特别注意不要出现低级语法错误。

（4）干净美观。个人简历要精心设计排版，做到清楚、整洁、美观。如果经济能力可以承受，可以将简历彩色打印。简历不要太花哨，如果是电子简历，不宜带任何图案的点缀，以免被单位的服务器当作病毒拒收。

【温馨贴士 8.1】

简历十不要

（1）不要长篇累牍：那种又厚又长的简历用人单位是不会看的。

（2）不要说自己无所不能：对自身能力的虚夸，会让用人单位对求职者产生不诚实的印象，实事求是是非常重要的。

（3）不要到处抒情：用人单位关注的是真才实学，而不是激情口才。

（4）不要使用劣质的纸张：要注意检查基本的拼写和排版问题。

（5）不要过分压缩字符和版面：用人单位不会仔细地分辨那些难以辨认的小字到底讲了什么。

（6）不要在填写工作经历时虚构日期和职位或者赘述频繁更换的工作。诚实是基本原则。

（7）不要简单抄袭别人的简历，最好把自己的长处写出来。

（8）不要在简历中带有成绩单、荣誉证书等附件。

（9）不要在简历里涉及薪水问题。

（10）不要陈述个人隐私和信息，如宗教信仰和爱好。

三、求职心理准备

求职者去面试，要做好心态的调整，要自我激励，充满自信。既不要妄自菲薄，过于自卑，也不要自高自大，过于自傲。自信的心态能使应聘者临场不慌，增强应变能力，获得满意的面试效果。

【案例评礼 8.1】

"没问题"与"也许可以"

某企业经过两轮的面试应聘，最后只剩下两位男士，在最后一轮面试中，主考官是个体育爱好者，他很随意地问道："会游泳吗?"A 君答："会。"B 君答："游得不好。"考官又问："如果给你一个月时间学习，可以学会打乒乓球吗?"A 君答："没问题"，B 君答："也许可以"。结果公司录用了 A 君。

自信是面试成功的关键，A 君对自己很自信，积极地肯定自己；而 B 君由于对自己的不肯定态度，使主考官认为他缺乏自信，无法胜任工作，从而被淘汰出局。

1. 应有的求职心理

（1）客观认识评价自己。每个人都有自己的闪光点和短板，要对自己的优、缺点有一个客观正确的认识，这是求职者应聘成功的前提条件。

（2）做出正确的职业选择。每个人的自身条件、所处环境以及兴趣、爱好、特长等都不尽相同，所以切忌在就业择业过程中盲目攀比追随大众，做出不切实际或者与社会需求不符的错误选择。

（3）转变求职观念。转变"一步到位"的观念，应该先就业再择业；转变依赖家人"拉关系""走后门"的错误观念。

（4）迎难而上的心理素质。当前就业形势是十分严峻的，求职过程不可能一帆风顺。所以在求职过程中遭受一些挫折和困难是难以避免的，这就需要求职者在求职之前心里有所准备，在求职时不怕困难迎难而上，最终取得成功。

【温馨贴士 8.2】

错误的求职心理

（1）好高骛远。调查发现，求职者在择业时急功近利，并且对职业的要求高，不仅要求最终职业和自己的专业、兴趣爱好相匹配，而且还要求工作稳定、就业环境舒适、薪金水平和福利待遇好、上升空间大。不愿意去边远地区和欠发达地区就业，只愿意待在大城市和大单位。

（2）急功近利。许多求职者在面对高报酬、高发展空间、高享受时舍弃了自己的特长、专长，放弃自身的理想和抱负而选择对自己来说"实惠"的职业。

（3）犹豫不决。在求职过程中，求职者对自己认识不够，不管什么就业岗位先占上一个，然后继续参加其他单位的面试招聘，面试上了又和原单位毁约签订新的劳动合同，然后如此循环下去。

（4）人云亦云。求职者在求职过程中喜欢选择热门职业，在招聘会上看见什么地方应聘者多就去什么地方应聘，而不视现实情况发挥自己所长。

（5）守株待兔。求职者中有一类人，他们不积极主动地为自己争取机会，而是待在家里等着父母、亲戚朋友给自己找工作，或者觉得自己有能力，等着猎头公司落实就业单位。

2. 求职心理调适

（1）矛盾。求职矛盾心理所表现的是对求职过程中的潜在挑战感觉到威胁的一种心理反应。导致求职者产生矛盾心理的主要原因有：担心自己的职业理想不能像预期一样；担心找不到适合自己专业特长的、有较好工作环境的单位；不知道是否应该与某家用人单位签约或违约；担心亲人对自己的选择不理解、不支持等。

要克服矛盾心理，就要客观地分析自己，合理地设计求职目标，不盲目与他人攀比，更不应有从众心理，尽量减少挫折，这样也会减缓心理矛盾的程度。此外，还可以采用合理的情绪宣泄和放松的方法来减轻内心矛盾。

（2）不自信。不自信是一种不能自助和软弱的复杂情感。求职者轻视自己，认为无法赶上别人，进而导致的主观情绪低落、悲伤等负面心理状态。在求职过程中易于自卑，遇到苦难时自怨自艾，觉得自己处处不如别人，从而十分悲伤沮丧。因此，要消除不自信心理，至关重要的是要能够正确地评价自己，纠正过低的自我评价。

21世纪高职高专经管类专业立体化规划教材

(3) 急躁受挫。求职者在求职过程中缺乏耐心，在面试过程中急躁，一旦受到挫折，往往就会产生挫折心理、心灰意冷、悲观失望、对未来失去心息，或者不思进取、消极等待。克服急躁受挫心理，从根本上说要冷静分析、认清自我，了解自己的价值观，弄清自己的条件(优势和劣势)，摆正自己的位置，脚踏实地，根据自己的实际情况重新进行职业匹配。

【案例评礼 8.2】

职场新人由于刚刚告别"象牙塔"，面临很大的转型压力。心理承受能力差、缺乏职场礼仪知识、好高骛远等职场"现象"成为职场新人的"通病"。

1. 想法好高骛远

小张是一所 211 院校毕业的研究生，在学校也是名人，但是到了单位后，他发现自己没有那么受重视了。工作近一个月，除了接电话、开会、收发传真等工作，小张没有得到任何展示自己才华的机会。小张认为，很多同事都是一般院校的本科生，论学历、才华都在自己之下，却身居要职，这让他十分苦恼。小张公司的领导则认为，刚进单位的所有新人必须从基层做起，一方面是让新人充分了解单位的运作情况，熟悉各项业务；另一方面单位也可以通过基层工作考察和锻炼新人。但现在很多新人自视甚高，一进单位就想身居要职，这种想法太好高骛远。

2. 心理承受能力差

某贸易公司人力资源部部长李先生表示，该单位对今年新入职的几位新员工很不满意，这批 90 后平时总是聚在一起叽叽喳喳，很会讨好领导，但对布置的工作没有时间观念，经常拖延。有两次被经理训斥，他们当场就委屈地大掉眼泪，怎么劝也劝不住。李先生表示，现在 90 后求职者虽然学习成绩不错，但由于过分恃宠而骄，心理承受能力差，对待工作的责任心也不强。

四、求职形象准备

男士首先要精心梳理好头发。注意不宜留长发，不能剃成阴阳头，也不要弄得满头卷发、乱作一团。其次，要认真修好边幅，如修剪鼻毛和胡须，使人显得面部光洁、神采奕奕；另外，一定要做到衣着整洁。若穿西装，最好系领带。注意把衬衫下摆扎进裤中，不要穿袖口或裤脚折边已磨损或开线的衣服。皮鞋要擦亮，鞋带要系紧。

女士面试前宜化淡妆，把头发盘起或梳扎好，不要浓妆艳抹，以免弄巧成拙；女士着装要得体大方，千万别穿超短裙，也不要穿极薄的透明或紧绷在身的衣服，可穿西装套裙。西装应稍短，以充分体现女性腰部、臀部的曲线美，如果配裤子，上装以稍长为宜。求职面试时，女士应避免佩戴过多的珠宝饰物。

【温馨贴士 8.3】

面试衣着打扮技巧

毕业季是应届毕业生四处实习、面试、找工作的时节，衣着打扮在此时显得尤其重要。想想看，面试官无时无刻不在打量你的一举一动，格外留意你的诸多细节，而这些细节可能正是求职面试中需要特别注意的"决胜点"。所以，奇百特给出一点小小的建议，希望即将挥别"象牙塔"的职场新人，千万不要因为着装不当而与成功擦肩而过。

很多人都认为正装是面试的首选，这个想法没错，正装的确让人显得成熟干练，但同时也让人看上去稍显呆板，况且也不是所有的单位都那么严肃，年轻有朝气的装扮可能更容易给人留下好印象。如同我们一直提倡的那样，着装要考虑时间、地点和场合，"见什么人穿什么衣服"。在面试装的选择上应当考虑所要面试的职业类型，不同类型的职业在面试装的款式选择、色彩搭配上也有所不同。

1. 严肃级别：★★★★★

类型：机关单位、国/外企、金融机构、银行、律师

到这些比较严谨的工作单位面试，着装应稳重大方，以简洁利落的套装为主，能给人以职业、干练、成熟、可信的印象。材质方面需要稍微考究一点，颜色以黑色、灰色、深蓝色以及求职单位的代表色为宜。当然套装不一定成套穿着，以免显得过于保守平庸，可以做同色系的深浅搭配或者相同颜色不同材质的搭配，打造与众不同的职业形象。建议女生把头发盘起来或扎成马尾，这样显得更为专业。

2. 严肃级别：★★★★

类型：IT、公关公司

这些职业相对低调严谨，着装不要过分张扬，沉稳的装扮会给人信任的感觉，不妨选择休闲味道的西装或具备知性气质的针织衫+裤装，柔软的质地与流畅的线条相结合，能给面试官以清爽新鲜的感觉。如果想要更加脱颖而出，可以用些精致的小型饰品来搭配，比如腕表、项链、丝巾等，让简单的服装也变得很有心思。

3. 严肃级别：★★★

类型：媒体、广告公司

奇百特提醒你：这些工作单位最需要看起来充满活力、积极勤奋，利落整齐的装扮可以显得你干劲十足，也可在最短时间内赢得面试官的充分信任。穿什么不重要，廓形很重要，修身造型会更加有竞争力，面料要有质感才更能衬托你的聪明能干，包括双排扣短款西装夹克、有细节装饰的白衬衫、简洁合体的裤装、大容量的有型手袋……短款西装夹克、有细节装饰的白衬衫、简洁合体的裤装。

4. 严肃级别：★★

类型：时尚行业、创意设计类

奇百特提醒你：此类职业工作环境相对轻松随意，但这并不代表面试时可以穿着随便。当然不一定穿得多么新潮前卫，但务必做到有心思、有品位，在搭配上要体现出自己对时尚的理解，整体装扮时尚而不轻浮。有设计感的连衣裙，粗棒针长毛衣、复古范儿的外套等都是不错的选择。如果你是搭配高手的话，不同风格的混搭能让你迅速成为众人的焦点。

任务二　面试礼仪与技巧

面试就是由用人单位组织的对应聘求职者所进行的面对面的考查与测试。一次面试的时间往往不会超过1h，其影响却可能很深远，因此，进行面谈时要注意一定的面试礼仪。

21世纪高职高专经管类专业立体化规划教材

随身课堂

面试的主要方式

一、面试测试的方法

1. 目测仪表

面试官会先目测一个应试者的衣着、外表、仪表及行为举止。

【案例评礼 8.3】

　　一家合资饭店招聘各类服务人员 350 名，700 多名男女青年怀着对这家企业的向往，很早就排起了"长龙"等候应聘。七点半，第一次目测在众多人的期待中开始了。一位应聘女郎，环佩叮当、浓妆艳抹，昂然来到面试官面前，话不过三句，面试官眉头轻皱，却彬彬有礼地连声说"谢谢"。女青年心下明白，这就是被淘汰了。一位男青年气宇轩昂，据说会两门外语，面试官以礼相待，连声说"请坐"，这位男青年如入无人之境，屁股落座，二郎腿一跷，浑身悠然自得地颠起来……

　　这天 700 多名应聘者，仅目测这一关就被"刷掉" 80%。人们或多或少地被震动了一下，尤其是那些自视才大志高的应聘者更是没想到，还没到大江大河中去施展才华，就在这小水沟里翻了船。

2. 考核口才

面试官通过提问和交谈对应试者的专业知识、口才、谈话技巧和反应灵敏度等，做整体性的考核。

【温馨贴士 8.4】

　　有时招聘者往往通过与你闲聊感受你的反应灵敏与否、专业知识扎实与否等，虽然他问的问题很随意，但却是在试探你、考察你。所以，要顺其自然，不要志在必得，造成不必要的紧张，从而影响正常发挥。因为有些问题本身没有标准答案，仁者见仁，智者见智。

3. 了解性格

面试官可能会从与你短暂的谈话中去了解你的性格、人际关系、情绪状况以及人格的成熟度。

4. 观察责任心

面试官会从面谈中观察应试者对工作的热忱度以及责任心，了解应试者对人生的理想、抱负及上进心。一个人的专业知识和技术水平是可以在工作中磨炼出来的，而有没有责任心和对工作是否热爱，决定了求职者是否具备"敬业精神"或"职业道德"，这也是求职者能否经受工作中各种困难考验的决定性因素。

二、面试基本礼仪

1. 面试时间礼仪

面试时一定不能迟到，由于交通状况无法掌握的，最好提早出门，比原定时间提前 5～10min 到达面试地点，如迟到，通常有 70%的概率不利于获得工作，有 50%的概率使你失掉工作。如果早到可先熟悉应聘单位附近的环境并整理仪容，如果早到 10min 以上，千万别在接待区走来走去，可在僻静处静候。

2. 面试仪态礼仪

在面试中，面试者应该特别注意自己的站姿、坐姿、走姿、握手和表情等(本书项目二职场形象设计已经涉及相关内容，此处不再赘述)。

3. 面试交谈礼仪

交谈是求职面试的核心。面试是与面试官交谈和回答问题的过程，在这个过程中要根据自我介绍和交谈内容控制音量的大小、语速的快慢、语调的委婉或坚定、声音的和缓或急促，在抑扬顿挫之中表现出求职者的坚定和自信。如果装腔作势，会给人一种华而不实、矫揉造作的感觉。

【温馨贴士 8.5】

面试交谈中应避免的话题

(1) 以前工作过的单位的产权性机密资料和商业秘密，此类话题会让面试官认为你这个人不值得信任。

(2) 内心的性别或种族偏见，职场里不容许性别和种族歧视存在。

(3) 政治和宗教话题，在求职面试时是不应涉及的，是很危险的。

(4) 为面试官取得某物或某种特殊商品的提议。例如，"我能为你买到批发价"或许是事实，换了个场景会表现出你待人的热忱，可是对于面试官则格格不入，而且会显得你有贿赂面试官的嫌疑。

(5) 面试中急于套近乎，不顾场合地说"我认识你们单位的××""我和××是同学，关系很不错"等。这种话面试官听了会反感。如果你说的那个人是他的顶头上司，面试官会觉得你在以势压人，如果面试官与你所说的那个人关系不怎么好，甚至有矛盾，那么你这样引出的结果很可能就是自我遭殃。报有熟人和攀龙附凤以自抬身价给他人造成你在吹嘘自己的印象，会适得其反。

(6) 将面试官赞美得天花乱坠，即使你诚心佩服他人，在这种情况下，你的赞美可能遭到误解。当然你可以这样说："与您面晤是一种愉悦，谢谢您。"

三、面试答问技巧

在面试时，当面试官提出问题时，切记要尊重其问题，面带微笑，紧紧围绕主题诚实

21世纪高职高专经管类专业立体化规划教材

中肯地回答。切忌撒谎和浮夸，不要答非所问。

1. 谈谈你自己

谈谈你自己是"展现自我"的大好时机，如果这道题回答得好，会令对方印象深刻，可能会在接下来的提问中顺利进行。

谈自己时不要谈无关紧要的事，围绕面试官的思绪进行叙述，并且重点突出。在谈自己时要向面试官清楚地介绍自己的姓名、年龄、毕业学校和所学专业，重点介绍自己的能力和成绩。讲优点和成绩时要实事求是，介绍内容要集中在与这一工作有关的能力上，简单明晰，介绍时间一般不超过 5min，太长会令面试官觉得冗长无趣，介绍说明越简洁、有力越好。

2. 谈谈优点或优势、缺点或不足

谈优点和优势时要自信，简洁并且合情合理。谈缺点或不足时，可坦诚地将缺点变成优点。

3. 谈谈你的人际关系如何

不要高谈阔论地说大话，可举实例证明，如"我和我的同学、老师相处得很好，并且成了好朋友"以此来证明自己有亲和力、容易相处等良好的人际关系。

4. 谈谈你为什么要辞职到我单位工作

不要单纯说是因为工资待遇高，这样会让面试官认为你是为了薪金而来，也会为了更高的薪金而离去。更不要指责要离开的单位，如果指责原公司，面试官就容易产生联想，"如果这位同学离开了，是不是也会在背后这样议论公司呢？"所以，这样的求职者用人单位是不敢要的。可以说是因为在原单位不能发挥自己的特长和才干、专业不对口之类的理由。

面试答问技巧

四、面试讨价技巧

1. 了解应聘单位的薪酬制度

求职者在应聘之前应事先了解所应聘单位的薪酬制度，在面试的过程中才会说话比较恰当，或者决定自己去不去参加面试等。

2. 选择适当的时机询问

"你们的待遇怎么样？""你们管吃住吗？电话费、车费报不报销？"有些应聘者一见面就急着问待遇问题，不但让对方反感，而且会让对方产生"工作还没干就先提条件，

何况我还没说录用你呢"这样不好的想法。谈论报酬待遇是你的权利，这无可厚非，关键是要看准时机。一般在双方已有初步聘用意向时，再委婉地提出来。应等到对方有意录用你，或问你要求的薪酬是多少时再谈这个问题。

3. 在最后的拍板过程中把握分寸

当应聘单位有意录用你时，要注意把握分寸，为自己和对方都留有余地。不纠缠在某个小数字上，因为许多单位的工资待遇是因人而异的。当你工作表现出色时，对方自然会提高薪酬待遇，不要给对方以威胁，如"少于多少就不干"；更不要反问面试官，"你们打算出多少？"这好像是在谈判，很容易引起面试官的不快和敌视，从而失去很多好的机会。商谈薪水的原则是坚定而灵活，如果达到或接近期望的目标就可以了。

4. 不要耻于谈薪酬

新踏上社会的大学生往往有一个误区，认为找工作时千万不能向用人单位谈待遇，谈薪酬待遇会给用人单位留下不好的印象。在应聘的过程中不要耻于向用人单位谈自己的薪酬待遇。

【案例评礼8.4】

商务英语专业的毕业生小刘，学业很好，在校期间参加过多次和专业相关的社会实践活动，与外商谈判、翻译等工作得心应手。她去某外贸公司应聘，人事经理问："你了解我们公司吗？"小刘答："了解"，"你来我们公司的目的是什么？想要多少报酬？"小刘自以为聪明地回答："我来应聘贵公司主要是想锻炼自己，施展自己的才华，工资并问题并不重要，只要能给个机会就行了。"然而，小刘最终却没有被录用。人事经理的理由是：我们公司不是培养新人的摇篮，每个人都有自己相应的工作，一个连工资都不敢报价的人，一方面说明她的意识落后，另一方面也说明对自己缺乏信心。

五、面试后续礼仪

当面试结束后，如果面谈非常顺利，彼此都感到满意，你一定会非常想知道结果如何，什么时候是询问结果的最佳时机，什么样的礼仪会使双方更愉快，无论录用与否，善始善终，良好的礼仪修养都会给他人留下深刻的印象。

1. 感谢面试官

感谢面试官的方式有多种，如打电话或发邮件，不仅体现出你对面试官的尊敬，还可以帮助面试官再决定录用何人时想到你，你的提醒会给对方留下深刻的印象。不要在感谢函中提及能否被录用的问题，因为感谢信的用意是感谢面试官在你的面试上花费了时间，而非增加对方的困扰。

2. 打电话询问

打电话询问时，若得知对方尚未决定，就说声"对不起，打扰您了"，然后询问一下对方什么时候可以再打电话。

21世纪高职高专经管类专业立体化规划教材

如果面试官曾告知有问题可以打电话询问，你就可以打电话询问面试结果，或是等到用人单位有回音时间会比较妥当一些。

3. 不要忽视被你拒绝的公司

当自己表现出色，被多家用人单位同时录用，并且每家都积极争取你的加入时，而此时你已决定接受其中一家用人单位的邀请，必须发出感谢函邮件给被你拒绝的单位，也许有一天你会换到那家单位工作，这份感谢函邮件将留给别人良好的印象。

给被你拒绝的单位发感谢函邮件，应直接署名给最后决定给你工作的人，邮件中只需要表达你的谢意，以及说明你已接受其他的工作，但不必解释你接受的工作及理由，也不必提及你将要工作的那家单位的名称。

【温馨贴士 8.6】

面试时，千万不要出现不礼貌的行为，因为一些小动作也会被面试官列作评判内容。以下举例说明需注意的细节。

(1) 应聘前不喝酒、不吃辛辣的食物。喝酒会使人的大脑反应迟钝，并且说话时带有酒味，会给面试官留下"酒鬼"的印象；吃辛辣的食物会带有很重的口气，如果有口臭，应聘前多喝几杯茶；注意吃好早餐，否则会因空腹产生胃气，妨碍口气清新。记住，清新自然的形象，有助于取得应聘成功。

(2) 应聘时不要带陪伴，带陪伴说明你缺乏自信。

(3) 随身除了带公文包或手提包外，不要带其他物品，自己随身带的物品，不可放置在面试官办公桌上。可将公文包、大型皮包放置于座位下右脚的旁边，小型皮包则放置在椅侧或背后，不可挂在椅背上。

(4) 应聘时不要抽烟，不可嚼口香糖，与人谈话时，口中吃东西也显得不尊重对方。

(5) 不可要求茶点，除非是咳嗽或需要一杯水来镇定自己。

(6) 不要随便乱动办公室的东西。

随身课堂

面试十招

强 化 演 练

一、单选题

1. 正确的求职心理是(　　)。
   A. 好高骛远　　　B. 犹豫不决　　　C. 客观评价　　　D. 人云亦云
2. 不属于面试的主要方式有(　　)。
   A. 结构性面试　　B. 非结构性面试　　C. 压力面试　　　D. 电话面试
3. 下列说法错误的是(　　)。

A. 面试时要了解应聘单位的薪酬制度

B. 面试时选择适当的时机提问

C. 面试时不可以谈论以前工作单位的商业秘密

D. 面试时可以将面试官赞美得天花乱坠

二、多选题

1. 获得求职信息的途径有(   )。

   A. 新闻媒介   B. 中介   C. 网络   D. 亲友

2. 求职材料包括(   )。

   A. 封面   B. 求职信   C. 简历   D. 获奖证书

3. 求职信撰写时要求(   )。

   A. 字迹工整   B. 风格独特   C. 复制雷同   D. 重点突出

4. 个人简历可分为(   )。

   A. 文章式   B. 表格式   C. 填空式   D. 段落式

5. 求职受挫时我们应该(   )。

   A. 心灰意冷   B. 悲观失望   C. 冷静分析   D. 认清自我

6. 面试的方法有(   )。

   A. 目测仪表   B. 考核口才   C. 了解性格   D. 观察责任心

三、判断题

1. 撰写简历时可以适当地对自身能力进行虚夸。   (   )

2. 招聘会上,什么地方应聘者多就去什么地方应聘。   (   )

3. 面试交谈时不应涉及政治和宗教话题。   (   )

4. 面试时不应该谈薪酬。   (   )

5. 应聘时为了壮胆可以喝点酒。   (   )

四、简答题

1. 面试前应该做哪些准备工作?

2. 个人简历和求职信有什么异同?写作时有哪些注意事项?

3. 面试者如何进行得体的自我介绍?

4. 面试结束时,应注意哪些礼仪?

四、案例分析

   美国著名教育家卡耐基先生的一位朋友就是靠着胆大心细,才得以进入一家知名的广播公司的。当时,有许多家公司请他"静候佳音",他觉得"守株待兔"不是办法,于是开始主动进攻。他用十分冷静的语气打电话询问一家大公司:"本人想询问一下贵公司是否还在招聘助理制作?"他前后共打了 10 次电话,每一次的答案都是:"对不起,我们部门没有招聘任何人员。"他还是不甘心,继续打,终于有人告诉他:"你可以跟特拉多先生或杜尔先生联络,我们已经开始进行面试了。"还有人回答说:"是的,我们正在招聘助理制作,你可以和崔斯基先生谈谈。"在面试的时候,主考官问他如何得知这个机会,因为公司并没有向外界透露消息,原打算由内部人员递补。他回答说,他打了多次电话查

21世纪高职高专经管类专业立体化规划教材

询，终于侥幸地得到消息。主考官点头笑着说："这种锲而不舍的精神真是令人可敬可佩！"

讨论与分析：

卡耐基先生的这位朋友为什么最终能得到这个工作？对你有什么启示？

求职并非易事，求职道路上并不总是求职者希望见到的一路绿灯。求职若被对方回绝，也不必沮丧。一定要注意，千万不要因为一次求职失败而丧失自信心，必须调整好自己的心情，积极地投身到下一场应聘中去。要始终记得这句格言：如果你为了没有看到太阳而哭泣，那么你也必将错失星星和月亮。

实 训 设 计

一、制作一份求职简历

1. 实训目的

培养学生对求职简历制作的能力。

2. 实训内容

学生针对自己的情况与特点，制作一份求职简历。

3. 实训要求

(1) 每人制作一份简历。

(2) 在全班先分小组展示，然后每组再推选出两篇在全班展示。

(3) 教师组织同学进行讨论与分析，指出问题，让同学们提出改进方案。

二、招聘会情景模拟

1. 实训目的

通过情景模拟，让学生们能够熟悉招聘流程，注意招聘细节，运用招聘礼仪。

2. 实训内容

在班级里开展招聘会情景模拟。双方注意整个流程的把握以及礼仪的运用，如果可以，最好找企业的招聘人员来进行指导。

3. 实训要求

(1) 全班每三人一个小组，六人一个大组，分别扮演招聘方与求职方。

(2) 双方积极查找一个与本专业密切结合的企业，以它为载体进行模拟。

(3) 设置招聘流程。

(4) 布置招聘环境。

(5) 进行招聘与应聘演示。

项目九

中外民俗礼仪

【知识目标】

- 了解中国主要节庆特点以及少数民族的风俗礼仪。
- 熟悉西方主要国家礼仪习俗。

【技能目标】

- 能够根据中国节庆特点和少数民族风俗特点进行企业活动设计。
- 能熟练运用国外礼仪知识指导企业涉外洽谈。

【知识结构图】

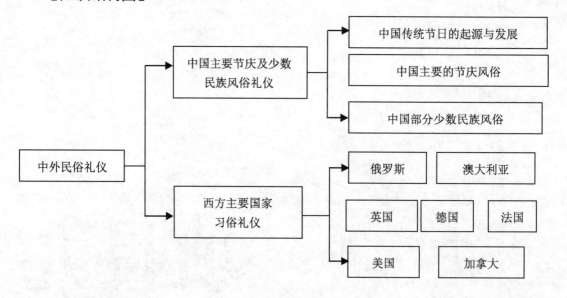

【情境导入】

　　王先生是国内一家大型外贸公司的总经理，为一批机械设备的出口事宜，携秘书韩小姐一行赴伊朗参加最后的商务洽谈，王先生一行在抵达伊朗的当天下午，就到交易方的公司进行拜访，然后正巧遇上了他们祷告时间，主人示意他们稍作等候再进行会谈，以办事效率高而闻名的王先生对这样的安排表示出不满。东道主为表示对王先生一行的欢迎，特意举行了欢迎晚会，秘书韩小姐希望以自己简洁脱俗的服饰向众人展示中国妇女的精明能干、美丽大方，她上穿白色无袖紧身上衣，下穿蓝色短裙，在众人略显异样的眼光中步入会场。为表示敬意，主人向每一位中国来宾递上饮料，当习惯使用左手的韩小姐很自然地伸出左手接饮料时，主人立刻改变了神色，并很不礼貌地将饮料放在了餐桌上，令王先生一行不解的是，在接下来的会谈中，一向很有合作诚意的东道主，没有再和他进行任何实质性的会谈。

　　黄先生和他的秘书这次会谈很不成功，是因为他们不了解伊朗的禁忌，伊朗信奉伊斯兰教，伊斯兰教教规要求每天做五次祷告，祷告时工作暂停，客人绝不可打断他们的祈祷或者表示不耐烦，王先生对推迟会晤表示不满，显然是不了解阿拉伯国家的这一商务习惯。

　　其次，伊朗的着装比较保守，特别是妇女，一般情况下会用一大块黑布将自己包裹得严严实实，只将双眼露在外面，即便是外国妇女也不可穿太暴露的服装。韩小姐的无袖紧身上衣和短裙，都是伊朗人所不能接受的。在伊朗左手被视为不洁之手，一般用于洁身之手，用左手递接物品或行李，被公认为是一种蓄意侮辱别人的行为。所以与其他国家、民族交往，一定要透彻了解对方的习俗、文化，避免出现尴尬和误解。

任务一　中国主要节庆及少数民族风俗礼仪

　　常言道："百里不同风，十里不同俗。"习俗礼仪是每个国家或民族在一定的自然环境和长期的社会生活实践、历史文化发展中逐渐形成并沿袭下来的相对统一、稳定且极富特色的风俗、习惯、礼节等的总称。

一、中国传统节日的起源与发展

中国的传统节日形式多样、内容丰富，是我们中华民族悠久历史文化的一个重要组成部分。节日的起源和发展是一个逐渐形成、潜移默化、逐步完善、慢慢渗入社会生活的过程。我国的节日大多和天文、历法、数学及节气有关。

节气为节日的产生提供了前提条件，大部分节日在先秦时期就已初露端倪，但是风俗内容的丰富与流传，还需要有一个漫长的发展过程。最早的风俗活动和原始崇拜、迷信禁忌有关。神话传奇故事、宗教、历史人物都融合凝聚在节日的内容里，使中国的节日有了深沉的历史感。

到汉代，我国主要的传统节日都已经定型。汉代是中国统一后第一个大发展时期，政治经济稳定，科学文化有了很大发展，这对节日的最后形成提供了良好的社会条件。

发展到唐代，节日已经从原始祭拜、禁忌神秘的气氛中解放出来，转为娱乐礼仪型，成为真正的佳节良辰。从此，节日变得欢快喜庆、丰富多彩，许多体育、享乐的活动内容出现，并很快成为一种时尚流行开来，这些风俗一直发展下来，经久不衰。

中国的节日有很强的内聚力和广泛的包容性，一到过节，举国同庆，这与我们民族源远流长的悠久历史是一脉相承的，是我们民族的一份宝贵的精神文化遗产。

二、中国主要的节庆风俗

(一)元旦

中国的元旦，据传说始于三皇五帝之一的颛顼，距今已有 3000 多年的历史。"元旦"，一词最早出现于《晋书》："颛帝以孟夏正月为元，其实正朔元旦之春"的诗中；汉代崔瑗《三子钗铭》中叫"元正"；晋代庾阐《扬都赋》中称为"元辰"；南北朝时，南朝萧子云的《介雅》诗中也有"四季新元旦，万寿初春朝"的记载；北齐时的一篇《元会大享歌皇夏辞》中呼为"元春"；唐德宗李适《元日退朝观军仗归营》诗中谓之"元朔"；宋代吴自牧《梦粱录》卷一"正月"条目："正月朔日，谓之元旦，俗呼为新年。一岁节序，此为之首。"

中国最早称农历正月初一为"元旦"，元是"初""始"的意思，旦指"日子"，元旦合称即是"初始的日子"，也就是一年的第一天。正月初一从哪日算起，在汉武帝以前也是很不统一的。因此，历代元旦的日期并不一致。夏朝的夏历以孟喜月(元月)为正月，商朝的殷历以腊月(十二月)为正月，周朝的周历以冬月(十一月)为正月。秦始皇统一中国后，又以亥月(十月)为岁首，即十月初一为元旦。从汉武帝起，太初元年时，才规定孟喜月(元月)为正月，把孟喜月的第一天(夏历的正月初一)称为元旦，一直沿用到清朝末年。但这是夏历，也就是农历或阴历，还不是我们今天所说的元旦。

公元 1911 年，孙中山领导的辛亥革命，推翻了清王朝的统治，建立了中华民国。为了"行夏正，所以顺农时；从西历，所以便统计"，民国元年决定使用公历(实际使用是 1912

年),并规定阳历(公历)一月一日为"新年",但并不叫"元旦"。

今天所说的"元旦",是新中国成立前夕的 1949 年 9 月 27 日,第一届中国人民政治协商会议,在决定建立中华人民共和国的同时,也决定采用世界通用的公元纪年法。即是我们所说的阳历。

在当代,元旦指公元纪年的第一天。为了区别农历和阳历两个新年,又鉴于农历二十四节气中的"立春"恰在农历新年的前后,因此便把农历正月初一改称为"春节",阳历 1 月 1 日定为新年的开始,称为"元旦",并列入了法定节假日,成为全国人民的欢乐节日。

(二)春节

春节,是农历正月初一,又叫阴历年,俗称过年。春节是我国民间最隆重、最热闹的一个传统节日。春节的历史很悠久,它起源于殷商时期年头岁尾的祭神祭祖活动。按照我国农历,正月初一古称元日、元辰、元正、元朔、元旦等,俗称年初一;到了民国时期,改用公历,公历的 1 月 1 日称为元旦,把农历的一月一日(即正月初一)叫作春节。

春节是我国一个较为古老的节日,也是全年最重要的一个节日,为了庆贺这个节日,我国人民在千百年的历史发展中形成了一些较为固定的风俗习惯。

1. 扫尘

"腊月二十四,掸尘扫房子"。据《吕氏春秋》记载,我国在尧舜时代就有春节扫尘的风俗。按民间的说法,因"尘"与"陈"谐音,新春扫尘有"除陈布新"的含义,其用意是要把一切穷运、晦气统统扫出门。扫尘这一习俗寄托着人们破旧立新的愿望和辞旧迎新的祈求。 每逢春节来临,家家户户都要打扫卫生,清洗各种器具,拆洗被褥窗帘,洒扫六闾庭院,掸拂尘垢蛛网,疏浚明渠暗沟。到处洋溢着欢欢喜喜搞卫生、干干净净迎新春的欢乐气氛。

2. 贴春联

春联也叫门对、春贴、对联、对子、桃符等,它以工整、对偶、简洁、精巧的文字描绘时代背景,抒发美好愿望,是我国特有的文学形式。每逢春节,无论城市还是农村,家家户户都要精选一幅大红春联贴于门上,为节日增加喜庆气氛。在贴春联的同时,一些人家要在屋门上、墙壁上、门楣上贴上大大小小的"福"字。"福"字指福气、福运。倒立的"福"字取意"福到(倒)",寄托了人们对幸福生活的向往。

3. 年画

春节挂贴年画在城乡也很普遍。年画是我国的一种古老的民间艺术,反映了人民朴素的风俗和信仰,寄托着他们对未来的希望。年画,也和春联一样,起源于"门神"。 随着木板印刷术的兴起,年画的内容已不仅限于门神之类单调的主题,变得丰富多彩。

4. 守岁

除夕守岁是最重要的年俗活动之一。除夕之夜,全家团聚在一起,吃过年夜饭,点起蜡烛或油灯,围坐炉旁闲聊,等着辞旧迎新的时刻,通宵守夜,象征着把一切邪瘟病疫照跑驱走,期待着新的一年吉祥如意。

5. 爆竹

在新的一年到来之际，家家户户开门的第一件事就是燃放爆竹，以爆竹声除旧迎新。放爆竹可以创造出喜庆、热闹的气氛，是节日的一种娱乐活动，可以给人们带来欢乐和吉祥。

6. 拜年

新年的初一，人们都早早起来，穿上最漂亮的衣服，打扮得整整齐齐，出门去走亲访友，相互拜年，恭祝来年大吉大利。春节拜年时，晚辈要先给长辈拜年，祝长辈人长寿安康，长辈可将事先准备好的压岁钱分给晚辈。据说压岁钱可以压住邪祟，因为"岁"与"祟"谐音，晚辈得到压岁钱就可以平平安安度过一岁。

7. 食俗

食俗主要有腌腊味、蒸年糕和吃饺子。

(1) 腌腊味。在古代，大约自腊月初八以后，家庭主妇们就要忙着张罗过年的食品了。因为腌制腊味所需的时间较长，所以必须尽早准备，我国许多省份都有腌腊味的习俗。

(2) 蒸年糕。年糕因为谐音"年高"，再加上有着变化多端的口味，几乎成了家家必备的应景食品。年糕的式样有方块状的黄、白年糕，象征着黄金、白银，寄寓新年发财。

(3) 吃饺子。新年的前一夜叫团圆夜，离家在外的游子都要不远千里万里赶回家来，全家人要围坐在一起包饺子过年。饺子的做法是先和面擀成饺子皮，再用皮包上馅，馅的内容是五花八门，各种肉、蛋、海鲜、时令蔬菜等都可入馅。因为和面的"和"字就是"合"的意思；饺子的"饺"和"交"谐音，"合"和"交"又有相聚之意，所以用饺子象征团聚合欢；又取更岁交子之意，非常吉利。此外，饺子因为形似元宝，过年时吃饺子，也带有"招财进宝"的吉祥含义。

(三)元宵节

正月是农历的元月，古人称夜为"宵"，所以称农历正月十五元宵节。正月十五日是一年中第一个月圆之夜，也是一元复始、大地回春的夜晚，人们对此加以庆祝，也是庆贺新春的延续。元宵节又称为"上元节"。

按中国民间的传统，在这天上皓月高悬的夜晚，人们要点起彩灯万盏，以示庆贺。出门赏月、燃灯放焰、喜猜灯谜、共吃元宵，合家团聚、同庆佳节，其乐融融。

元宵节也称灯节，元宵燃灯的风俗起自汉朝；到了唐代，赏灯活动更加兴盛，皇宫里、街道上处处挂灯，还要建立高大的灯轮、灯楼和灯树；宋代更重视元宵节，赏灯活动更加热闹，要赏五天，灯的样式也更丰富；明代要连续赏灯十天，这是中国最长的灯节了；清代赏灯活动虽然只有三天，但是赏灯活动规模很大，盛况空前，除燃灯之外，还放烟花助兴。

"猜灯谜"又叫"打灯谜"是元宵节后增的一项活动，出现在宋朝。南宋时，首都临安每逢元宵节时制谜，猜谜的人众多。开始时是好事者把谜语写在纸条上，贴在五光十色的彩灯上供人猜。因为谜语能启迪人的智慧又饶有兴趣，所以流传过程中深受社会各阶层的欢迎。

21世纪高职高专经管类专业立体化规划教材

民间过元宵节有吃元宵的习俗。元宵由糯米粉制成，或实心，或带馅。元宵的馅有豆沙、白糖、山楂、各类果料等，食用时煮、煎、蒸、炸皆可。起初，人们把元宵叫"浮圆子"，后来又叫"汤团"或"汤圆"，取团圆之意，象征全家人团团圆圆、和睦幸福。人们也以此怀念离别的亲人，寄托对未来生活的美好愿望。

随着时间的推移，元宵节的活动越来越多，不少地方节庆时增加了耍龙灯、耍狮子、踩高跷、划旱船、扭秧歌、打太平鼓等传统民俗表演，为节日增添了喜庆之色。

(四)清明节

我国传统的清明节大约始于周代，已有2500多年的历史。清明最开始是一个很重要的节气，清明一到，气温升高，正是春耕春种的大好时节，故有"清明前后，种瓜种豆"。"植树造林，莫过清明"的农谚。后来，由于清明与寒食的日子接近，而寒食是民间禁火扫墓的日子，渐渐地，寒食与清明就合二为一了，而寒食既成为清明的别称，也变成清明时节的一个习俗，清明之日不动烟火，只吃凉的食品。

清明节是我国传统节日，也是最重要的祭祀节日，是祭祖和扫墓的日子。扫墓俗称上坟，是祭祀死者的一种活动。汉族和一些少数民族大多都是在清明节扫墓。

清明节，又叫踏青节，按阳历来说，它是在每年的4月4—6日，正是春光明媚、草木吐绿的时节，也正是人们春游(古代叫踏青)的好时候，所以古人有清明踏青，并开展一系列体育活动的习俗。

(五)端午节

农历五月初五，是中国民间的传统节日——端午节。端午节也称端阳节，它是中华民族古老的传统节日之一。

关于端午节的由来，说法甚多，如纪念屈原说、纪念伍子胥说、纪念曹娥说、起于三代夏至节说、恶月恶日趋避说、吴越民族图腾祭说等。以上各说，各本其源，都有一定的依据。据学者闻一多先生的《端午考》和《端午的历史教育》列举的百余条古籍记载及专家考古证明，端午的起源是中国古代南方吴越民族举行图腾祭的节日，比屈原更早。但千百年来，屈原的爱国精神和感人诗词，已广泛深入人心，故人们"惜而哀之，世论其辞，以相传焉"。因此，端午源于纪念屈原之说，影响最广、最深。在民族文化领域，中国民众把端午节的龙舟竞渡和吃粽子等都与纪念屈原联系在一起。

由于地域广大，民族众多，过端午节，各地也有着不尽相同的习俗。其内容主要有女儿回娘家、挂钟馗像、迎鬼船、躲午、贴午叶符、悬挂菖蒲和艾草、游百病、佩香囊、备牲醴、赛龙舟、比武、击球、荡秋千、给小孩涂雄黄、饮用雄黄酒和菖蒲酒、吃五毒饼、咸蛋、粽子和时令鲜果等，除了有迷信色彩的活动渐已消失外，其余的习俗至今已流传至中国各地及邻近诸国。有些活动，如赛龙舟等，已得到新的发展，突破了时间、地域的界限，成为国际性的体育赛事。

(六)七夕节

在我国，每年的农历七月初七，就是人们俗称的七夕节，也有人称之为"乞巧节"或"女儿节"，七夕节是中国传统节日中最具浪漫色彩的一个节日，也是过去姑娘们最为重视的日子。

七夕节始于战国末期，汉代盛行。这个习俗跟牛郎织女的神话传说有关。相传，在每年的这个夜晚，织女与牛郎会在天河上的鹊桥相会。织女是一个美丽聪明、心灵手巧的仙女，凡间的妇女便在这一天晚上向她乞求智慧和巧艺，也少不了向她求赐美满姻缘。所以，女子在这个晚上，对着明月，摆上时令瓜果，朝天祭拜。

七夕节最普遍的习俗，就是妇女们在七月初七的夜晚进行的各种乞巧活动。乞巧的方式大多是姑娘们穿针引线验巧，做些小物品赛巧，摆上些瓜果乞巧，各个地区的乞巧方式不尽相同，各有趣味。七夕乞巧的应节食品，以巧果最为出名。

直到今日，七夕仍是一个富有浪漫色彩传统节日。但不少习俗活动已弱化或消失，唯有象征忠贞爱情的牛郎织女的传说，一直流传至今。

(七)中秋节

每年农历八月十五，是传统的中秋佳节，这时正是秋季的中期，所以被称为中秋。在中国的农历里，一年分为四季，每季又分为孟、仲、季三部分，因而中秋也称仲秋。八月十五的月亮比其他几个月的满月更圆、更明亮，所以又称为"月夕""八月节"。中秋之夜，人们仰望天空的郎朗明月，自然会期盼家人团聚。远在他乡的游子，也借此寄托自己对故乡和亲人的思念之情。所以，中秋节又称"团圆节"。

中秋的主要活动就是吃月饼、赏月。我国人民在古代就有"秋暮夕月"的习俗。夕月，即祭拜月神。到了周代，每逢中秋夜都要举行迎寒和祭月。设大香案，摆上月饼、西瓜、苹果、红枣、李子、葡萄等祭品，其中月饼和西瓜是绝对不能少的，西瓜还要切成莲花状。在月下，将月亮神像放在月亮的那个方向，红烛高燃，全家人依次祭拜月亮，然后由当家主妇切开团圆月饼。切的人预先算好全家共有多少人，在家的、在外地的都要算在一起，不能切多也不能切少，大小要一样。

如今，月下游玩的习俗已远没有旧时盛行。但设宴赏月仍很盛行，人们把酒问月，庆贺美好的生活，或祝远方的亲人健康快乐。

中秋节的习俗很多，形式也各不相同，但都寄托着人们对生活无限的热爱和对美好生活的向往。

(八)重阳节

农历九月初九，为传统的重阳节。因为古老的《易经》中把"六"定为阴数，把"九"定为阳数，九月九日，日月并阳，两九相重，故而叫重阳，也叫重九，古人认为是个值得庆贺的吉利日子，并且从很早就开始过此节日。

九九重阳，早在春秋战国时的《楚辞》中已提到；三国时魏文帝曹丕《九日与钟繇书》中，则已明确写出重阳的饮宴了；大概在魏晋时期，重阳日已有了饮酒、赏菊的做法。到了唐代重阳被正式定为民间节日。在明代，九月重阳，皇宫上下要一起吃花糕以庆贺，皇帝要亲自到万岁山登高，以畅秋志，此风俗一直流传到清代。

庆祝重阳节的活动多彩浪漫，一般包括出游赏景、登高远眺、观赏菊花、遍插茱萸、吃重阳糕、饮菊花酒等活动。

九九重阳，因为与"久久"同音，九在数字中又是最大数，有长久长寿的含义，况且秋季也是一年中收获的黄金季节，重阳佳节，寓意深远，人们对此节历来有着特殊的感情，唐诗宋词中有不少贺重阳、咏菊花的诗词佳作。

现在的重阳节，被赋予了新的含义。在 1989 年，我国把每年的九月九日定为老人节，传统与现代巧妙地结合，成为尊老、敬老、爱老、助老的老年人的节日。全国各机关、团体、街道，往往都在此时组织从工作岗位上退下来的老人们秋游赏景，或临水玩乐，或登山健体。不少家庭的晚辈也会搀扶着年老的长辈到郊外活动或为老人准备一些可口的饮食。

(九)冬至

冬至是我国农历中一个非常重要的节气，也是一个传统节日。至今仍有不少地方过冬至节。冬至俗称"冬节""长至节"等。早在 2500 多年前的春秋时代，我国已经能够用土圭观测太阳来测定冬至，它是我国二十四节气中最早制定出来的一个。冬至是在每年的阳历 12 月 22 日。冬至过节源于汉代，盛于唐宋，相沿至今。人们认为冬至是阴阳二气的自然转化，是上天赐予的福气。汉朝以冬至为"冬节"，官府要举行祝贺仪式，称为"贺冬"，例行放假；唐、宋时期，冬至是祭天、祭祖的日子，皇帝在这天要到郊外举行祭天大典，百姓在这一天向父母尊长祭拜。现在仍有一些地方在冬至这天过节庆贺。

冬至是北半球全年中白天最短、黑夜最长的一天，过了冬至，白天就会一天天变长。那么为什么叫冬至呢？古人认为：阴极之至，阳气始生，日南至，日短之至，日影长之至，故曰"冬至"。冬至过后，各地的气候都进入了一个最为寒冷的时期，也就是人们常说的"数九"或"进九"，故我国民间有"冷在三九，热在三伏"之说。

据现代天文科学测定，冬至日太阳直射南回归线，阳光对北半球最倾斜，北半球白天最短，黑夜最长，这天之后，太阳又逐渐北移。过了冬至，白昼一天比一天长，阳气回升，是一个节气循环的开始，也是一个吉祥之日，应该庆贺。

现在，一些地方还把冬至当作一个节日来过。北方地区有冬至宰羊、吃饺子、吃馄饨的习俗；南方地区在这一天则有吃冬至米团、冬至长线面的习惯。各个地区冬至这天还有祭天、祭祖的习俗。

三、中国部分少数民族风俗

汉族和各兄弟民族共同组成了中华民族大家庭。我国的少数民族广泛分布于国土面积一半以上的辽阔大地上，尤其以东北、西北、西南较为集中。虽然各少数民族和汉族交错杂居，不同程度上受到汉族文化习俗的影响，但他们在语言文化、风俗习惯、礼仪规范等方面仍然保留了各自鲜明的特点。下面就一些分布范围广、人口相对集中的少数民族的风俗习惯、民俗风情做一些简要介绍。

(一)满族风俗

满族主要分布在中国的东北三省，以辽宁省最多。另外，在内蒙古、河北、山东、新疆维吾尔自治区以及北京、成都、兰州、福州、银川、西安等大中城市均有少数满族散居。

满族历史悠久，可追溯到两千多年前的肃慎人，其后裔一直生活在长白山以北、黑龙江中上游、乌苏里江流域。1644 年清军入关，统一了中国，形成满汉长期杂居的局面。辛亥革命后，满洲族改称为满族。

满族有自己的语言、文字。满文创制于 16 世纪末，是借用蒙古文字母创制的。17 世纪 40 年代，满族大量入关后，开始习用汉语。

满族自古好歌舞，古代舞蹈多由狩猎、战斗的活动演化而来。历史上满族男子喜穿青蓝色的长袍马褂，头顶后部留发梳辫留于脑后，戴圆顶帽，下穿套裤；妇女则喜欢穿旗袍，梳京头或"盘髻儿"，戴耳环，腰间挂手帕。满族入关后，其服装与汉族服装趋于一致，但旗袍却以其独特的魅力流传下来，成为中国妇女的传统服装。

满族人孝敬长辈，注重礼节，在路上遇见长辈，要侧身微躬，垂手致敬，等长辈走过再行。不但晚辈见了长辈要施礼，在同辈人中年轻的见了年长的也要施礼问候。亲友相见，除握手互敬问候外，有的还行抱腰接面礼。过春节时要拜两次年，年三十晚上拜一次，为辞旧岁，年初一再拜一次，叫迎新春。

满族传统住房一般为西、中、东三间，大门朝南开，西间称西上屋，中间称堂屋，东间称东下屋。西上屋设南、西、北三面炕，西炕为贵，北炕为大，南炕为小，来客住西炕，长辈多住北炕，晚辈住南炕。满族青年男女结婚时，新娘必须先在南炕上坐帐，也有称"坐福"。直到晚上，才在地上放一张桌子，新娘、新郎要手挽手绕桌子三圈后对饮。室内西炕不得随意坐人和堆放杂物。另外，满族人忌打狗、杀狗和忌食狗肉，他们不戴狗皮帽、不铺狗皮褥，并且忌讳戴狗皮帽或狗皮套袖的客人。

满族民间主食多是小米和高粱米、粳米、干饭，喜在干饭中加小豆或粑豆，有的地区以玉米为主食，喜以玉米面发酵做成"酸汤子"。东北大部分地区的满族还有吃水饭的习惯，即在做好的高粱米饭和玉米碴子饭后用清水过一遍，再放入清水中泡，吃时捞出，盛入碗内，清凉可口。北方冬天天气寒冷，没有新鲜蔬菜，满族民间常以秋冬之际腌渍的大白菜(即酸菜)为主要蔬菜。酸菜炖白肉、粉条是满族人入冬以后常吃的菜肴。

满族许多节日均与汉族相同。逢年过节，都要杀猪，过年(春节)时每家要杀猪 2~3 头。农历腊月初八(腊八节)吃腊八粥，除夕吃饺子，此外还要吃手把肉和特有的点心"萨其马"。满族过去信仰萨满教，每年都要根据不同的节令祭天、祭神、祭祖先，以猪和猪头为主要祭品。过去，在庄稼成熟的季节，满族还有"荐新"祭祀的习惯，如今已被"上场豆腐下场糕"习俗所代替，即在五谷上场时用新豆子做豆腐吃，打场结束时用新谷做大黄米饭或豆面饽饽吃，以庆丰收。

(二)朝鲜族风俗

中国朝鲜族主要聚居在吉林延边朝鲜族自治州，长白朝鲜族自治县，其余分布在吉林其他地区及黑龙江、辽宁、内蒙古等省、自治区。

朝鲜族人民非常注重礼节，尤其崇尚尊老爱幼的传统美德。朝鲜族人非常尊重老人，晚辈不能在长辈面前喝酒、吸烟。吸烟时，年轻人不得向老人借火，更不能接火；否则便被认为是一种不敬的行为。与长者同路时，年轻者必须走在长者后面，若有急事非超前不可，须向长者恭敬地说明理由，途中遇见长者迎面走来，年轻人应恭敬地站立路旁向其问安并让路。晚辈对长辈说话必须用敬语，平辈之间初次相见也用敬语。

朝鲜族比较喜爱素白服装，民族传统服饰为韩服。妇女服装为短衣长裙，叫"则高利"和"契玛"。男子服装为短上衣，外加坎肩，裤腿宽大。外出时多穿斜襟以布带打结的长袍，现在改穿制服或西服。

21世纪高职高专经管类专业立体化规划教材

短衣长裙，是朝鲜族妇女服饰的一大特点。短衣有长长的白布带在右肩下方打蝴蝶结，长裙多有长皱褶。裙有缠裙、筒裙、长裙、短裙、围裙之分。短衣，朝鲜语叫"则高利"，是一种斜领、无扣、以带打结、只遮盖到胸部的衣服；长裙，朝鲜语叫"契玛"，腰间有细褶，宽松飘逸。这种衣服大多用丝绸缝制，色彩十分鲜艳。

年轻女子一般爱穿筒裙、短裙，老年妇女常穿缠裙、长裙。冬天，中老年妇女在上衣外加穿棉(皮)坎肩。

男装衣短，裤长肥大，加穿坎肩，也有人外穿道袍和朝鲜长袍。道袍是过去士大夫、儒生的常服，后成为男子出门时的礼服。长袍当大衣穿，有单、夹、棉之分。

朝鲜族的传统风味食品有很多，其中最重要的是打糕、冷面、泡菜。朝鲜族喜欢食米饭，擅长做米饭，各种用大米面做成的片糕、散状糕、发糕、打糕、冷面等也是朝鲜族的日常主食。朝鲜族喜食狗肉，但婚丧与佳节不杀狗、不食狗肉。餐桌上，匙箸、饭汤的放法都有固定的位置。例如，匙箸应摆在用餐者的右侧，饭摆在桌面的左侧，汤碗摆在右侧，带汤的菜肴摆在近处，不带汤的菜肴摆在其次的位置上，调味品摆在中心位置等。

朝鲜族人民具有悠久而优美的民族文化艺术传统，尤其是能歌善舞，节日或劳动之余，都喜欢用歌舞来表达自己的感情。

朝鲜族的体育活动也有特点。摔跤是他们古老的体育和娱乐活动；踢足球更是男子普遍爱好的体育活动，乡村一般都有自己的足球队；荡秋千和跳板是妇女最喜爱的娱乐和体育活动。

(三)蒙古族风俗

蒙古族自称"蒙古"。"蒙古"这一名称最早记载于《旧唐书》和《契丹国志》，其意为"永恒之火"。别称"马背民族"。蒙古族发祥于额尔古纳河流域，史称"蒙兀室韦""萌古"等。蒙古族主要分布在内蒙古，其余分布在新疆、青海、甘肃、辽宁、吉林、黑龙江等省区。

蒙古族人民主要从事畜牧业生产，也有一部分从事农业。在牧区，蒙古族多住圆形毡房，俗称"蒙古包"。蒙古包的门朝南，炉子设在毡房正天窗底下。在农牧区，蒙古族都住平房，室内有土炕。蒙古族人喜欢吃乳酪、奶干、奶皮子、奶油等奶制品，吃牛羊肉和面食，饮酸奶子、奶酒，也喜欢喝茶。马奶酒、手扒肉、烤羊肉是他们日常生活最喜欢的饮料食品和待客佳肴。农牧区的蒙古族主要吃各种粮食和蔬菜，喜喝米酒。

蒙古族的传统服饰很有特色。男女都喜欢穿镶边的蒙古袍子，腰扎红黄绿彩色缎带，脚穿皮靴和毡靴，头缠红蓝布。现在除老人外，平日一般都穿制服，只有在节日或喜宴时才穿蒙古袍。妇女不论冬夏都喜欢穿裙子或连衣裙，用各色头巾包头。

蒙古族人骑马、驾车接近蒙古包时忌重骑快行，以免惊动畜群；若门前有火堆或挂有红布条等记号，表示这家有病人或产妇，忌外人进入；客人不能坐西炕，因为西是供佛的方位；忌食自死动物的肉和驴肉、狗肉、白马肉；办丧事时忌红色和白色，办喜事时忌黑色和黄色；忌在火盆上烘烤脚、鞋、袜和裤子等；禁止在参观寺院经堂、供殿时吸烟、吐痰和乱摸法器、经典、佛像以及大声喧哗，也不得在寺院附近打猎。

蒙古族人热情好客。招待客人时，首先摆上奶酪、奶油，各种面制干粮和奶茶，喝完奶茶后还要敬酒。随后端上手抓羊肉，贵客则上整羊。主人把羊的荐骨连着尾巴放在盘子里，上面放上不带面颊的羊头，把小刀递给客人。客人把羊头的一块割下来，再切一块肉吃下，然后把刀还给主人，主人才动手切肉，请客人动手随便吃。为了表示对客人的尊敬和热情，主人要把自己酒杯里的酒，让在座的每个人都尝一尝。蒙古族特别尊敬长辈和教师。无论何时，对年长者都称"您"，进门、入座、喝茶、吃饭、敬酒等都让年长者领先，"巴格西"历来被作为贵客迎送招待。款待行路人(不论认识与否)是蒙古族的传统美德，但到蒙古族人家里做客必须尊重主人。进入蒙古包后，要盘腿围着炉灶坐在地毡上，但炉西面是主人的居处，主人不入座时不得随便坐。主人敬上的奶茶，客人通常是要喝的，不喝有失礼貌；主人请吃奶制品，客人不要拒绝；否则会伤主人的心。如不便多吃，吃一点也行。

献哈达是蒙古族的一项高贵礼节。献哈达时，献者躬身双手托着递给对方，受者也应躬身双手接过或躬身让献者将哈达挂在脖子上，并表示谢意。

蒙古族的节日有春节、端午节、火把节、中秋节等。传统节日有"百节"、祭敖包、那达慕、打鬃节等。蒙古族民间一年之中最大的节日相当于汉族春节的年节，称"白月"，传说与奶食的洁白有关，含有祝福、吉祥如意的意思。节日的时间与春节大概相符。除夕那天，家家都吃手扒肉，也要包饺子、烙饼；初一的早晨，晚辈要向长辈"敬辞酒"。"那达慕"在蒙语中有娱乐或游戏之意，每年夏秋牧闲时举行。那达慕大会的内容有摔跤、赛马、射箭、舞蹈以及物资交流等。此外，新中国成立后又增添了不少新内容，如田径、球类比赛、文艺演出等，成为蒙古族人民喜爱的盛会。

(四)回族风俗

回族是目前中国分布最广的少数民族。回族的通用语为汉语，第二语言为阿拉伯语，回民生活方式遵循伊斯兰教教规，在居住较集中的地方建有清真寺，又称礼拜寺。由阿訇主持宗教活动，经典主要是"古兰经"，信徒称"穆斯林"。

服饰方面，散居在城镇的回族穿着基本上和汉族相同。在回族聚居区，回族服饰有鲜明的民族特色，回族群众依然保持着传统穿衣打扮。一般中年以上的男子多戴小帽，穿白色衬衫，外套青色、棕色坎肩。青年妇女爱穿淳朴、素青的黑色大襟衫袄。已婚妇女一般要盘头，戴白色、青色布帽或头巾。未婚少女一般梳辫子，不戴头巾。中青年妇女有佩戴耳环、戒指等金银首饰的习惯。

回族分布较广，食俗也不完全一致。例如，宁夏回族偏爱面食，喜爱面条、面片，还喜食调和饭。甘肃、青海的回族则以小麦、玉米、青稞、马铃薯为日常主食。油香、馓子是各地回族喜爱的特殊食品，是节日馈赠亲友不可少的礼品。民间特色食品有酿皮、拉面、打卤面、肉炒面、豆腐脑、牛头杂碎、臊子面等。多数人家常年备有发酵面，供随时使用。城市的回族一年四季早餐习惯饮用奶茶，肉食以牛肉、羊肉为主。西北地区的回族民间还喜食腌菜。回族也喜饮茶和用茶待客，典型食品主要有清真万盛马糕点、羊筋菜、金凤扒鸡、翁子汤圆和绿豆皮等。

回族饮食较讲究，凡是不流的水、不洁净的水均不饮用。忌讳在人饮水源旁洗澡、洗衣服、倒污水。回族人民忌食猪肉、狗肉、马肉、驴肉和骡肉，不吃未经信仰伊斯兰教者宰杀的和自死的畜禽肉，不吃动物的血等。忌讳别人在自己家里吸烟、喝酒，禁用食物开玩笑，也不能用禁食的东西作比喻，如不得形容辣椒的颜色像血一样红等，禁止在人前祖

21世纪高职高专经管类专业立体化规划教材

胸露骨。凡供人饮用的水井、泉眼，一律不许牲畜饮水，也不许任何人在附近洗脸、洗衣服。取水前一定要洗手，盛水容器中的剩水不能倒回井里。回族的日常饮食很注意卫生，凡有条件的地方，饭前、饭后都要用流动的水洗手，多数回族不抽烟、不饮酒。就餐时，长辈要坐正席，晚辈不能同长辈同坐在炕上，须坐在炕沿或地上的凳子上。另外，舀水、舀饭均不得往外舀。

回族人信仰伊斯兰的生活方式。生活习俗固守回族传统，遵循教规。伊斯兰教在回族形成过程中曾起过重要作用。清真寺是回族穆斯林举行礼拜和宗教活动的场所，有的还负有传播宗教知识、培养宗教职业者的使命。

回族有三大节日，即开斋节(大尔迪)、宰牲节(小尔迪)、圣祭，所有节日都与其他穆斯林保持高度一致有着密切的联系。按伊斯兰教历，每年 12 月 10 日为古尔邦节。每年的这一天，形成了宰牲献祭的习俗并沿袭至今。另外，伊斯兰教教规，每年教历 9 月定为斋月。在斋月里要封斋，要求每个穆斯林在黎明前至落日后的时间里戒饮、戒食、戒房事，其目的是让人们在斋月里认真地反省自己的罪过，使富人体验饥饿的痛苦心态。到教历 10 月 1 日即斋戒期满，举行庆祝斋月完成的盛会，这一天就是开斋节。开斋节这天，人们早早起床、沐浴、燃香，衣冠整齐地到清真寺做礼拜，聆听教长讲经布道。然后去墓地"走坟"，缅怀"亡人"，以示不忘祖先。

(五)维吾尔族风俗

维吾尔是维吾尔族的自称，意为"联合"。维吾尔族主要聚居在新疆维吾尔自治区天山以南的喀什、和田一带和阿克苏、库尔勒地区，其余散居在天山以北的伊犁等地。

维吾尔族以农业为主，兼营牧业，有经商传统，同时传统手工业十分发达，而且具有较高的艺术水平。他们制作的地毯、刺绣、丝绸衣料、铜壶、小刀、民族乐器等，具有独特的民族风格。

男女老少均戴四棱小花帽，是维吾尔族的传统服装。男子普遍喜欢穿对襟"袷袢"(长袍)，内穿绣有花纹的短衫；女子喜穿连衣裙，外套黑色对襟背心，戴耳环、戒指、项链等装饰品，姑娘多梳小辫。现在城市居民一般穿时装。

维吾尔族人以面食为主，喜食牛羊肉。主食的种类有数十种，最常吃的有馕、羊肉抓饭、包子、面条等。维吾尔族喜欢饮茯茶、奶茶，夏季多伴食瓜果。

维吾尔族人待人讲究礼貌，家里来客都热情招待。在遇到尊长或朋友时，习惯于把右手按在前胸中央，然后身体前倾，连声问好。如果来客，要请客人坐在上席，摆上馕、各种糕点、冰糖等。夏天还要摆上一些瓜果，先给客人倒茶水或奶茶。如果用抓饭待客，饭前要提一壶水，请客人洗手。吃完饭后，由长者领作"都瓦"，待主人收拾完食具客人才能离席。吃饭时，客人不可随便拨弄盘中食物，不可随便到锅灶前去，一般不把食物剩在碗中，同时注意不让饭屑落地，如不慎落地，要拾起来放在自己跟前的"饭单"上。共盘吃抓饭时，不要将已抓起的饭粒再放进盘中。吃完饭后，如有长者领作"都瓦"，客人不能东张西望或立起。吃饭时长者坐在上席，全家共席而坐。饭前、饭后必须洗手，洗后只能用手帕或布擦干，忌讳顺手甩水，那样是不礼貌的。

维吾尔族是一个能歌善舞的民族。他们的舞蹈轻巧、优美，以旋转快速和多变著称，反映了维吾尔族人乐观开朗的性格。维吾尔族传统舞蹈有顶碗舞、大鼓舞、铁环舞、普塔舞等；维吾尔族民间舞蹈有赛乃姆、夏地亚纳；民间乐器有"达甫(手鼓)""都塔尔"和"热瓦甫"等。

维吾尔族信奉伊斯兰教。传统节日有肉孜节、古尔邦节、初雪节等。维吾尔族十分重视传统节日，尤其以过"古尔邦节"最为隆重。届时家家户户都要宰羊、煮肉、赶制各种糕点等。

(六)哈萨克族风俗

我国的哈萨克族主要分布于新疆维吾尔自治区伊犁哈萨克自治州、木垒哈萨克自治县和巴里坤哈萨克自治县，少数分布于甘肃省阿克赛哈萨克自治县和青海省西蒙古族哈萨克族自治州。

哈萨克族大部分从事畜牧业。在牧区，春、夏、秋三季的住房是可以拆卸携带的圆形毡房，冬天住平顶土房。

哈萨克族饮食很丰富，他们爱吃用牛、羊，山羊奶制成的奶皮子、酥油、奶酪、奶疙瘩、爱喝马奶、骆驼奶和酸奶、奶茶等。在牧区，牧民多食肉，夏季吃新鲜肉，冬季吃事先熏好的干羊肉，并喜欢吃马肠子。肉煮好后，把它削成片，混以面片、洋葱、大葱、胡椒，便成为哈萨克族最爱吃的"纳仁"。另外，哈萨克族人还吃用马油、小米、白糖混制的"杰尼提""包尔沙克"、抓饭等食物。

在牧区，哈萨克男子冬天普遍穿羊皮、狐皮、狼皮大氅和用驼毛絮里的大衣；裤子多用牛皮缝制，名曰"夏里巴尔"。妇女喜欢穿红色和其他颜色的连衣裙，天冷时外罩对襟棉大衣，也穿羊羔皮、狐皮、狼皮大衣。姑娘们穿各种绣花衣服，在花帽上以猫头鹰羽毛作帽缨。阿勒泰地区的哈萨克族牧民，夏天戴白毡帽，妇女戴白布披巾，天冷时戴绒头巾；伊犁地区的哈萨克族则戴圆形皮帽。哈萨克族牧民都穿长筒皮靴，冬天穿用毡子缝制的长袜，外穿皮靴。

哈萨克族尊敬老人，喝茶、吃饭要先敬老人，一般在进餐时习惯长辈先坐，其他人依次围着餐布屈腿或跪坐在毡子上。在用餐过程中，要把最好的肉让给老人。

哈萨克族热情好客，招待来客要拿出家里最好的食物，并宰羊。进餐时，主人先将带有羊头的一盘肉献在客人面前，客人将盘中的羊头拿起后，割下羊头右面颊上的一片肉自己吃，再割羊耳给主人家年幼者，然后将羊头送还主人。

哈萨克族有许多禁忌，年轻人不准当着老人的面饮酒，不准用手乱摸食物；绝对不准跨越或踏过餐布，不准坐在装有食物的箱子或其他用具上；忌讳当面数人家的牲畜；不能跨过拴牲畜的绳子，也不能骑马进入羊群；忌讳别人当面赞美自己的孩子，尤其不能说"胖"，认为这样会给孩子带来不幸；忌客人在家门口下马和骑快马到家门口下马；忌食猪肉、狗肉、驴肉、骡肉和自死的畜禽肉及动物的血。

哈萨克族男女都善骑术。青年男子喜欢摔跤和叼羊，每逢节日和喜庆，牧民都要举行各种骑术表演和比赛；"姑娘追"是青年们最喜爱的娱乐项目。

(七)藏族风俗

藏族分布在西藏自治区以及青海、甘肃、四川、云南等省。藏族信仰佛教，佛教寺庙遍及西藏各地，著名的寺庙有甘丹寺、哲蚌寺、色拉寺、扎什伦布寺和布达拉宫。

藏族主要从事畜牧业，兼营农业。以青稞等制作的糌粑和酥油、青稞酒是农牧民的主

21世纪高职高专经管类专业立体化规划教材

要食品。藏族人禁吃驴肉、马肉和狗肉，有些地区也不吃鱼肉。

藏族最具代表性的民居是碉房。因外观很像碉堡，故称之。碉房多为石木结构，外形端庄稳固，风格古朴粗犷。外墙向上收缩，依山而建的碉房，内坡仍为垂直。碉房一般分两层，以柱计算房间数。底层为牧畜圈和储藏室，层高较低，上层为居住层，大间作堂屋、卧室、厨房，小间为储藏室或楼梯间。若有第三层，则多作经堂和晒台之用。

藏族服装的特点是长袖、宽腰、大襟。妇女冬穿长袖长袍，夏穿无袖长袍，内穿各种颜色与花纹的衬衣，腰前系一块彩色花纹的围裙。

藏族同胞特别喜爱"哈达"，把它看作是最珍贵的礼物。献哈达是藏族待客中最高的一种礼仪，表示对客人热烈的欢迎和诚挚的敬意。哈达是藏语，即纱巾或绸巾。它以白色为主，也有浅蓝色或淡黄色的，一般长 1.5～2m，宽约 20cm。最好的是蓝、黄、白、绿、红五彩哈达。五彩哈达用于最高、最隆重的仪式，如佛事等。

接待客人时，无论是行走还是言谈，总是让客人或长者为先，并使用敬语。如在名字后面加"啦"字，以示尊敬和亲切，忌讳直呼其名。迎送客人，要躬腰屈膝，面带笑容。室内就座，要盘腿端坐，不能双腿伸直，脚底朝人，不能东张西望。接受礼品，要双手去接。赠送礼品，要躬腰双手高举过头。敬茶、酒、烟时，要双手奉上，手指不能放进碗口。敬酒时，客人须先用无名指蘸一点酒弹向空中，连续三次，以示祭天、祭地和祭祖先。接着轻轻呷一口，主人会及时添满，再喝一口再添满，连喝三口，至第四次添满时，必须一饮而尽。吃饭时要食不满口、咬不出声、喝不出响。喝酥油茶时，主人倒茶，客人要待主人双手捧到面前时才能接过来喝。用羊肉待客，以羊脊骨下部带尾巴的一块肉为贵，要敬给最尊敬的客人。制作羊肉时还要在尾巴肉上留一绺白毛，表示吉祥。禁忌在别人后背吐唾沫，拍手掌。行路遇到寺院、玛尼堆、佛塔等宗教设施，必须从左往右绕行。不得跨越法器、火盆。经筒、经轮不得逆转。忌讳别人用手触摸头顶。

藏族人民热情开朗、豪爽奔放。他们以歌舞为伴，自由地生活。藏族民歌抑扬顿挫，合辙贴韵，悦耳动听。唱时还伴以各种舞蹈，舞姿优美，节奏明快。其中踢踏舞、锅庄舞、弦子舞流传最为广泛。

(八)彝族风俗

彝族是古羌人的后裔，大致分布在今天的云南、四川、贵州三省腹心地带和广西一带。彝族的房屋结构有的地区和周围汉族相同，凉山彝族居民住房多用板顶、土墙；广西和云南东部彝族居住区有形似"干栏"的住宅。

彝族生活中的主要食物，大部分地区是玉米，其次为荞麦、大米、土豆、小麦和燕麦等。肉食主要有牛肉、猪肉、羊肉、鸡肉等，喜欢切成大块(拳头大小)煮食，汉族称之为"砣砣肉"。大、小凉山的大部分彝族禁食狗肉，不食马肉及蛙蛇之类的肉。彝族喜爱酸、辣，嗜酒，有以酒待客的礼节。酒为解决各类纠纷、结交朋友、婚丧嫁娶等各种场合中必不可少之物。

彝族服饰，各地不尽相同。凉山、黔西一带，男子通常穿黑色窄袖右斜襟上衣和多褶宽裤脚长裤，有的地区穿小裤脚长裤，并在头前部正中蓄小绺长发头帕，右方扎一钳形结；妇女较多地保留民族特点，通常头上缠包头，有围腰和腰带，一些地方的妇女有穿长裙的习惯。男女外出时身披擦尔瓦，首饰有耳坠、手镯、戒指、领排花等，多用金银及玉石做成。

彝族的风俗习惯独特，比如"爬花房"是为了表达彝族男女的婚恋；跳菜，即舞蹈着上菜，他是云南无量山、哀牢山彝族民间一种独特的上菜形式和宴宾时的最高礼仪，是舞蹈、音乐与杂技完美结合的历史悠久的传统饮食文化。

彝族人民能歌善舞。彝族民间有各种各样的传统曲调，如爬山调、进门调、迎客调、娶亲调、哭丧调等。彝族舞也颇具特色，分集体舞和独舞两类，集体舞较多，如"跳歌""跳乐""跳月""打歌舞"等。

(九)白族风俗

白族是我国西南边疆一个具有悠久历史文化的少数民族，主要分布在云南省大理白族自治州、丽江、碧江、保山、南华、元江、昆明、安宁等地，贵州毕节、四川凉山、湖南桑植县等地也有分布。

白族住屋形式，坝区多为"长三间"，衬以厨房、畜厩和有场院的茅草房，或"一正两耳""三方一照壁""四合五天井"的瓦房，卧室、厨房、畜厩俱各分开。山区多为上楼下厩的草房、"闪片"房、篾笆房或"木垛房"，炊爨和睡觉的地方常连在一起。

大理白族地区的日常饮食，随当地物产不同而有所差异。平坝地区的百姓以稻米、小麦为主食，山区则以玉米、麦子为主食。

白族服饰各地略有不同。大理地区男子头缠白色或蓝色的包头，身着白色对襟衣和黑领褂，下穿白色长裤，肩挂绣着美丽图案的挂包。大理地区妇女多穿白色上衣、外套，紫色丝绒领褂，下着蓝色宽裤，腰系缀有绣花飘带的短围裙，足穿绣花的"百节鞋"，臂环扭丝银镯，指戴珐琅戒指，耳坠银饰，上衣右衽佩着银制的"三须""五须"。已婚者挽髻，未婚者垂辫于脑后或盘辫于头，都缠以绣花、印花或彩色毛巾的包头。

白族热情好客，先客后主是白族待客的礼节。家中来了客人，以酒、茶相待。著名的"三道茶"就是白族的待客礼。白族人倒茶一般只倒半杯，倒酒则需满杯，他们认为酒满敬人，茶满欺人。受到白族人热情的款待，应说声"挪卫你"(谢谢)来表示你的谢意和感激之情。

尊敬长辈是白族的传统美德。见到老人要主动打招呼、问候、让道、让座、端茶、递烟；起床后的第一杯早茶要先敬给老人；吃饭时要让老人坐上席，由老人先动筷子；在老人面前不说脏话，不准跷二郎腿。一些山区的白族，家庭成员各有比较固定的座位，一般男性长辈坐左上方，女性长辈坐右上方，客人和晚辈坐下方。

白族人家的火塘是个神圣的地方，忌讳向火塘内吐口水，禁止从火塘上跨过。白族人家的门槛也忌讳坐人。男人所用的工具，忌妇女从上面跨过。家庭内忌讳戴着孝帕的人进入，认为这样会给家庭带来不吉利。

(十)苗族风俗

苗族主要分布在贵州、湖南、云南、湖北、海南、广西等。苗族以大米为主食。油炸食品以油炸粑粑最为常见。四川、云南等地的苗族喜吃狗肉，有"苗族的狗，彝族的酒"之说。苗族人口味以酸、辣为主，尤其喜爱辣椒。

喜戴银饰是苗族姑娘的天性，她们挽发髻于头顶，戴上高约20cm、制作精美的银花冠，花冠前方插有六根高低不齐的银翘翘，上面大都打制着"二龙戏珠"图案；前胸戴银锁和

21世纪高职高专经管类专业立体化规划教材

银压领，胸前、背后戴的是银披风，下垂许多小银铃。耳环、手镯都是银制品。只有两只衣袖才呈现出以火红色为主基调的刺绣，但袖口还镶嵌着一圈较宽的银饰。苗家姑娘盛装的服饰常常有数千克重，有的是几代人积累继承下来的。素有"花衣银装赛天仙"的美称。苗族姑娘的裙子叫百褶裙，但实际上一条裙子上的褶有 500 多个，而且层数很多，有的多达三四十层。

苗族的音乐舞蹈历史悠久，群众喜爱的芦笙舞，技艺很高。苗族的挑花、刺绣、织锦、蜡染、首饰制作等工艺美术，瑰丽多彩，在国际上享有盛名。苗族节日较多，较隆重的节日有"过苗年""四月八""龙船节"等。

(十一)侗族风俗

侗族主要分布在贵州省的黎平、从江、榕江、天柱、锦屏、三穗、镇远、剑河、玉屏，湖南省的新晃、靖县、通道，广西壮族自治区的三江、龙胜、融水以及湖北恩施、宣恩、咸丰等县。侗族主要从事农业，兼营林木。林业以产杉木著称。以生产鱼粳稻为主，善用稻田养鱼。有自己的民间戏曲——侗戏。鼓楼、风雨桥、风雨亭是侗族的主要标志。

侗族人民大都穿自纺、自织、自染的侗布，喜青、紫、白、蓝色。男子装束，近城镇者与汉族无异。边远山区略有差别，穿右衽无领短衣，穿管裤，围大头帕，有的头留顶发。妇女装束各地互有差别，有着管裤、衣镶托肩、钉银珠大扣、结辫盘头者；有衣长齐膝、襟边袖口裤脚有滚边或花边、挽盘发者；有着大襟衣、大裤管、束腰带、包头帕、挽头髻者；有着对襟衣、衬胸布、围褶裙、系围腰、穿脚套或裹绑腿、髻插银椎者；有宽袖大襟、衣滚绣有龙凤花卉、长裙过膝，梳盘发者；也有着汉装者。侗族妇女一般喜欢戴银饰。

侗族户内供奉祖先的神龛，为最神圣之处。一切凶器，刀、剑、戟、戈、矛、弓、弩，都不准放置在神龛上；否则，即认为是对神的大不敬，会招致惩罚。寨内举行祭礼活动期间，禁忌外人入寨。用斑茅草打四个结，结成十字，悬于寨口处是禁忌的标志。

侗族的文化艺术丰富多彩，有"诗的家乡，歌的海洋"之美誉。

(十二)壮族风俗

壮族是中国少数民族中人口最多的一个民族，主要聚居于广西壮族自治区、云南省文山壮族苗族自治州，少数人分布在广东、湖南、贵州、四川等省。

壮族人民主要从事农业生产，以种植水稻、玉米为主。居住在坝区和城镇附近的壮族，其房屋多为砖木结构，外墙粉刷白灰，屋檐绘有装饰图案。居住在边远山区的壮族，其村落房舍则多数是土木结构的瓦房或草房。

在壮族聚居的农村，特别是在比较偏僻的壮族山区，服饰仍保持本民族的特色。男子多穿青布对襟上衣，有的还以布帕缠头。壮族妇女多穿无领斜襟绣花滚边的上衣，下身穿绣花滚边宽脚的裤子或青蜡染的褶裙，腰束绣花围腰，脚穿绣花鞋，有的头上还缠着各式方巾，喜欢戴银首饰。壮族妇女擅长织布和刺绣，所织壮布壮锦，花样新颖，为服饰增添了不少色彩。

大米、玉米是壮族地区盛产的粮食，也是他们的主食。壮族对任何禽畜肉都不禁吃，喜爱猎食烹调野味、昆虫，对食疗颇有研究。壮族自家还酿制米酒、红薯酒和木薯酒，但度数都不太高。

尊老爱幼是壮族的传统美德。路遇老人要主动打招呼、让路，在老人面前不跷二郎腿，不说污言秽语，不从老人面前跨来跨去；杀鸡时，鸡头、鸡翅必须敬给老人；路遇老人，男的要称"公公"，女的则称"奶奶"或"老太太"；若与负重的长者同行，要主动帮助并送到分手处。

壮族是个好客的民族，过去到壮族村寨中任何一家做客的客人都被认为是全寨的客人，往往几家轮流请吃饭。平时即有相互做客的习惯。招待客人务必备酒，方显隆重。敬酒的习俗为"喝交杯"，其实并不用酒杯，而是用白瓷汤匙。客人到家时，必在力所能及的情况下给客人以最好的食宿，对客人中的长者和新客尤其热情。

壮族人民忌讳农历正月初一这天杀生；有的地区的青年妇女忌食牛肉和狗肉；妇女生孩子后的前三天(有的是前七天)忌讳外人入内；忌讳生孩子尚未满月的妇女到家里串门。登上壮族人家的竹楼，一般要脱鞋。壮族忌讳戴着斗笠和扛着锄头或其他农具的人进入自己家中，所以到了壮族人家门外要放下农具，摘掉斗笠、帽子。火塘、灶塘是壮族家庭中最神圣的地方，禁止用脚踩踏火塘上的三脚架以及灶台。壮族青年结婚，忌讳怀孕妇女参加，怀孕妇女尤其不能看新娘。特别是孕妇不能进入产妇家。家有产妇，要在门上悬挂柚子枝条或插一把刀，以示禁忌。不慎闯入产妇家者，必须给婴儿取一个名字，送婴儿一套衣服，一只鸡或相应的礼物，做孩子的干爹、干妈。壮族是稻作民族，十分爱护青蛙，有的地方的壮族有专门的"敬蛙仪"，所以到壮族地区，严禁捕杀青蛙、吃蛙肉。每逢水灾或其他重大灾害时，壮族都要举行安龙祭祖活动，乞求神龙赈灾。仪式结束后，于寨口立碑，谢绝外人进寨。

壮族人民爱唱歌，有不定期举行的歌会，也有定期举行的唱山歌会，赞誉为"歌的海洋"。

(十三)土家族风俗

土家族主要分布在湖南省西北部，湖北省的恩施土家族苗族自治州、宜昌的五峰土家族自治县、长阳土家族自治县、贵州的沿河土家族自治县、德江县、印江县以及重庆的石柱、秀山、酉阳、黔江等县，与汉、苗等民族杂居。

土家族主要从事农业，手工业方面的刺绣、编织比较有名，土花铺盖尤为著名。在经济、文化的发展上受汉族影响较多，但也保留有自己的特点。湘西的"金色桐油"、鄂西的"坝漆"，都是享誉中外的名产。土家族的织锦以其色彩斑斓、织工精巧闻名于世。

土家族爱群居，爱住吊脚木楼。土家族平均每日三餐，闲时一般吃两餐，春夏农忙、劳动强度较大时吃四餐。如插秧季节，早晨一家一顿"过早"，"过早"大都是糯米做的汤圆或绿豆粉一类的小吃。

土家族女装为短衣大袖，左衽开襟，滚镶2～3层花边，镶边筒裤或八幅罗裙，喜欢佩戴各种金、银、玉质饰物；男装为对襟短衫，缠青丝头帕。"过赶年"，即提前1～2天过年，是其重要节日。

土家族男女多经对歌相爱结婚。女子出嫁前，有"哭嫁"的风俗，并且把是否善于哭嫁作为衡量女子才德的标准。土家族丧葬由道士主持，死者亲属披麻戴孝，跟随道士行丧礼，还请人唱孝歌，以哀吊亡人。在修房造屋时祭鲁班，祭品除酒肉外，还有一只大公鸡。

21世纪高职高专经管类专业立体化规划教材

(十四)瑶族风俗

瑶族主要分布在广西壮族自治区和湖南、云南、广东、贵州等省。瑶族分布的特点是大分散、小聚居，主要居住在山区。瑶族住房有竹舍、木屋、茅房和小部分泥墙瓦屋。房屋一般是一栋三间，中为厅堂，两侧房前部为炉灶或火塘，后部为卧室，屋前屋后分设洗澡棚或猪牛栏。

瑶族主要从事山地农业。瑶族居民的主食以玉米、大米、红薯等为主。日常菜肴有黄豆、饭豆、南瓜、辣椒和家禽家畜等。

瑶族男女服装主要用青、蓝，用土布制作。男子喜穿对襟无领的短衫，下着长裤或过膝短裤。瑶族妇女的头饰式样繁多，喜爱以银簪、银花、银串珠、弧形银板等配以色彩丝带做头饰，风格别致。

瑶族一般不与外族通婚，招赘习俗较为普遍。男女青年婚前恋爱较为自由，利用节日、集会和农闲串村走寨的机会，通过唱歌形式，寻找配偶，双方合意，即互相赠送信物，"各自配合，不由父母"；也有的地方需征求父母同意，请媒说合，方可结婚。在日常生活中，瑶族人有许多礼仪禁忌：路途相遇，不论相识与否，都要热情打招呼；否则被视为不懂礼貌。平日里洗脸盆不能拿来洗脚，用餐时忌讳互用碗筷，忌讳衣裤当户晒，忌讳在屋内乱吐痰，猪日不杀猪，鸡日不杀鸡，牛马日不买卖牛马。有客人到家，客人先要与主妇打招呼，主人才高兴；否则被认为傲慢无礼。

瑶族的节日较多，有大节日、小节日之分。大节日有盘王节、春节、达努节、中元节、社王节、清明节等，小节日比较多，几乎每月都有。

(十五)黎族风俗

黎族是我国岭南民族之一，主要聚居在海南省中南部的琼中县、白沙县、昌江县、东方市、乐东县、陵水县、保亭县、通什市、三亚市等县市内，其余散居在海南省的万宁、屯昌、琼海、澄迈、儋州市、定安等。

中华人民共和国成立前，黎族以农业为主，种植稻、薯、玉米等作物；手工业、渔猎、饲养家畜家禽、采集野生植物是重要的家庭副业，商品生产和贸易不发达。1988年，海南岛被批准为我国最大的经济特区以后，黎族地区的经济建设日新月异，人民生活水平得到了很大的提高。

黎族住屋多为金字形茅屋，泥糊竹笪为墙，在白沙县偏僻山区和合亩地区还保留屋顶似船篷，地板架空离地的船形屋。黎族饮食比较简朴，以大米、番薯、玉米为主食，多以狩猎、采集所得为副食，只种少量蔬菜，妇女爱嚼槟榔。

黎族妇女束髻于脑后，插以箭猪毛或金属、牛骨制成的发簪，披绣花头巾。上衣对襟开襟无扣，喜欢青色，下穿无褶织绣花纹的筒裙，盛装时戴项圈、手镯、脚环、耳环等。有些地方妇女的耳环多且重，耳根下垂至肩，史称"儋耳"。部分地区居民仍保留古代称为"雕题"的文面、文身风俗，特别是妇女。妇女文身一般从十二三岁开始至婚前陆续完成，个别有婚后完成的。文身工具是植物刺针、小竹木棒和植物染料。文身的部位主要是脸、颈、胸和四肢等处。不同地区，文身图案也不尽相同。男子结鬃缠头，上衣无领对襟，下穿前后两幅布的吊檐。这些衣服都以棉、麻为料，自纺自织自染自缝而成。

黎族盛行婚后不落夫家的习俗。非婚生子女不受歧视。离婚和寡妇再嫁比较自由。丧葬仪式各地不同，接近汉区的有停棺打醮、看风水择地起坟的风俗。合亩地区死者葬在氏族的公共墓地，以独木棺土葬，不筑坟立碑，葬后不再祭扫。黎族信鬼，特别是祖先鬼，祭祖先是黎族的重要宗教活动，以求祖先保家人平安。

任务二　西方主要国家习俗礼仪

西方国家在商务交往中有一些共同的特点，如以右为尊、注重隐私等，但不同的国家又有不同的特点。在与其他国家、民族的人们交往时，人们有必要全面了解并充分尊重其礼仪。这不仅能够使人们全面认识世界、扩大视野、丰富学识，也有助于消除彼此之间的隔阂，避免误会，加深彼此之间的了解、交往和合作，促进经济发展。

一、俄罗斯习俗礼仪

在欧亚大陆北部，有一个地跨欧亚两大洲的国家——俄罗斯联邦，这是世界上面积最大的国家，国土约占世界陆地总面积的1/8。俄罗斯疆域辽阔，地广人稀。莫斯科是俄罗斯联邦的首都，是全国政治、经济、文化和交通中心。俄罗斯是一个重礼好客、豪爽大方的多民族国家，其礼俗兼有东西方礼仪的特点。

1. 商务礼俗

俄罗斯人整体文化素质很高，许多家庭都有极丰富的藏书。俄罗斯人特别爱整洁，随便乱扔东西会受到众人的鄙视。他们的"见面礼"是亲吻与拥抱，即使在商务活动中也是如此，特别是亲人和好友，要在面颊上连吻三下：左右左。通常情况下，俄罗斯人在寒暄、交谈时，对人的外表、装束、身段和风度都可以夸奖，但对人的身体状况不能恭维，比如，"你身体真好""你真健康"等，因为在俄罗斯人的习惯中，这类话是不准说的，人们觉得说了就会产生相反的效果。俄罗斯人做生意比较谨慎，在谈判桌上，他们从不吝惜时间，擅长讨价还价，在生意场上显得有些拖沓。

送礼和收礼都极有讲究。俄罗斯人忌讳别人送钱，认为送钱是一种对人格的侮辱。但他们很爱外国货，外国的糖果、烟、酒、服饰都是很好的礼物。俄罗斯人酷爱鲜花，无论生日、节日还是平常做客，都离不开鲜花，赠送鲜花，少则一枝，多则几枝，但是必须是单数，双数是不吉利的。

2. 礼仪禁忌

颜色上，俄罗斯人喜红、忌黑。对数字，他们和西方人一样忌讳"13"。俄罗斯人也不喜欢"666"这个数字，认为它是魔鬼。但对"7"这个数字却情有独钟，可能与东正教有关，因为"7"得到上帝的宠爱，上帝用六天时间创造了世界，一天休息，这就是一周的来历。在俄语里，"7"经常被用来形容好的事情。例如，中国人说"三思而后行"，俄罗斯人却说："七次量体，一次裁衣"；中国人说"九重天"，俄罗斯人却说，他高兴得好像在"七重天"。俄罗斯人喜欢向日葵商标图案，忌讳以历史上的某些有争议的领袖人物及当前的改革等作为话题。忌食狗肉，也忌讳黑猫、兔子，如果黑猫、兔子从自己面前跑过，认为是不祥之兆；也忌讳打翻盐罐或盐撒在地上，认为这是家庭不和的预兆。

21世纪高职高专经管类专业立体化规划教材

二、澳大利亚习俗礼仪

澳大利亚主要由欧洲移民组成，有 85%左右的居民信仰天主教或基督教。澳大利亚农牧业发达，有"骑在羊背上的国家"之称，农牧业产品的生产和出口在国民经济中占有重要位置，是世界上最大的羊毛和牛肉出口国。

1. 商务礼俗

澳大利亚人追求享乐，他们经商的信条就是：赚钱为了享受。因此，与他们进行商务交往时，应多进行一些娱乐或享受型的活动。

澳大利亚人谦恭随和，遵时守约，他们时间观念强，对约会讲究信义，因此，商务往来中务必准时赴约，切忌迟到。澳大利亚因地广人稀，在商务活动中极讲究效率。

澳大利亚对妇女极为尊重，有"女士优先"的良好社会风气。如在适当的场合赞赏女士的长相、才气、风度、气质等方面，对方无论男女都会感到很高兴。澳大利亚人视此为一种有教养的表现。

澳大利亚人奉行"人人平等"，被称为"崇尚平等"的民族。因此，在商务交往中，以平等的身份参与竞争是澳大利亚商人的一种鲜明作风。因此，与他们做生意时注重平等交往，并对每个人都一视同仁，不能分等级。与澳大利亚人交谈时，切忌说"自谦"的客套话，他们认为这是虚伪、无能或瞧不起自己的表现。澳大利亚商人成见很深，与他们打交道，给他们的第一印象必须良好。

由于母国国籍不同，澳大利亚商人之间存在不同的商谈风格。例如，如果和英裔商人进餐时提起生意，他们不会予以理睬；与美裔商人就可以边吃边谈生意，而且还会谈得很起劲。因此，应尽量有针对性地开展商务洽谈活动。

2. 礼仪禁忌

对澳大利亚人，忌送菊花、杜鹃花、石竹花和黄颜色的花。切忌对他们国内事务发表评论，即使是善意的评论也不要说。他们对于外人提出的劝告和评论，几乎普遍感到不悦。澳大利亚人忌讳兔子，喜爱袋鼠，偏爱琴鸟。

三、英国习俗礼仪

英国全称为大不列颠及北爱尔兰联合王国，位于欧洲大陆西北海岸以西，大西洋中的不列颠群岛上。基督教是英国的传统宗教，北爱尔兰地区部分居民信天主教。英国是世界工业最早发展的国家之一，目前工业仍在国民经济中占主导地位。工业发达，航空、电子、化工、电器等工业部门在世界上处于领先地位。农业以畜牧业为主，机械化程度高。英国历史悠久，风景优美，有多处旅游胜地。

1. 商务礼俗

英国人崇尚"绅士风度"和"淑女风范"，讲究"女士优先"。英国人说话、办事都喜欢讲传统、重程序，对于商务伙伴的身份、风度和修养，他们看得很重。在日常生活中，英国人注意仪表，讲究穿着，凡外出进行社交活动，都要穿深色的西服，但忌戴条纹的领带，女士穿西式套裙或连衣裙。英国人的见面礼是握手礼，戴着帽子的男士在与英国人握手时，往往先摘下帽子再向对方示敬。与英国人交谈时，应注视着对方的头部，并不时与之交换眼神。与人交往时，注重用敬语"请""谢谢""对不起"等。

英国人奉行"不问他人是非"的信条，也不愿接纳别人进入自己的私人生活领域，把家当成"私人城堡"，不经邀请谁也不能进入。但若受到对方的邀请，则应欣然前往，这无疑可理解为对方在发出商务合作可能顺利实现的信号。在访问时，不要忘记给女士带上一束鲜花或巧克力。非工作时间即为"私人时间"，一般不进行公事活动，所以最好不要涉及商务，若在就餐时谈及公事更是犯大忌而使人生厌。日常生活绝对按事先安排的日程进行，时间观念极强。

2．礼仪禁忌

对英国人避免使用"English"(英格兰人)这个称呼，而要用"British"(不列颠人)这个称呼。不要以英国皇室的隐私作为谈资，因为英女王被视为其国家的象征。英国人忌讳"13"和"星期五"。 西方人普遍认为"13"这个数字是凶险或不吉利的，甚至门牌号、楼层号、宴会桌号、车队的编号等都不用"13"这个数，常以"14(A)"或"12(B)"代替，西方人最忌讳的还是"13"人同桌共餐。对"星期五"和"3"这个数字，也为很多西方人所忌。如果某日是"13"日，又是星期五，更认为是"凶日"，被称为"黑色的星期五"。因为这一日是耶稣的受难日，一般不举行任何活动。另外，英国人还忌"3"，特别是点烟时，忌用一根火柴或打火机连续点燃三支烟，忌讳别人询问他们个人隐私，忌下班后在餐桌上谈论工作，忌讳墨绿色，忌讳黑猫，尤其忌讳黑猫在他们面前穿过。不喜欢大象及其图案，认为大象笨拙，忌用人像作为商品的装潢。给女士送鲜花时，宜送单数，不要送双数和"13"枝，不要送英国人认为象征死亡的菊花和百合花。英国人最忌讳打喷嚏，他们一向将流感视为一种大病。

四、德国习俗礼仪

德国是工业高度发达、经济高度发展的资本主义国家。德国位于欧洲中部，居民主要信奉罗马天主教和基督教。1990 年 10 月 3 日，原德意志民主共和国正式加入联邦德国，统一后的德国国名为德意志联邦共和国。

1．商务礼俗

德国人勤勉矜持，讲究效率，遵守纪律，照章办事，讲究卫生，崇尚理性思维，时间观念强，非常守时。

在商务往来中，德国商人不仅讲效率，而且准备周详，喜欢在商谈前即准确地做好谈判议程安排；在谈判中他们倔强好胜，表现得较为固执，因而交易中很少让步。但他们重合同，讲信誉，对合同条文研究得极为仔细与透彻，执行合同也十分严格。

在商务活动中，德国商人讲究穿着打扮。一般男士穿深色的三件套西装，打领带，并穿深色的鞋袜。女士穿长过膝盖的套裙或连衣裙，并配以高筒袜，化淡妆。

德国人在交谈中很讲究礼貌，他们比较看重身份，特别是看重法官、律师、医生、博士、教授一类有社会地位的头衔。对于一般的德国人，应多以"先生""小姐""夫人"等称呼相称。

德国人爱吃油腻食品，且口味偏重，香肠、火腿、土豆是他们最爱吃的东西。他们还爱饮啤酒，但在吃饭、穿衣、待客方面都崇尚节俭。

2. 礼俗禁忌

给德国人赠送礼品，应尽量选择有民族特色、有文化品位的东西。不要送刀、剪和餐刀、餐叉等西餐餐具，有"断交"之嫌。德国人忌讳茶色、黑色、红色和深蓝色，忌讳"13"和"星期五"，忌讳蔷薇和菊花，认为这些花是悼念死者用的。不喜欢听恭维话，忌讳在公共场合窃窃私语。

随身课堂

守时的德国人

五、法国习俗礼仪

法国位于欧洲大陆西部，官方语言为法语，是世界第一旅游大国，是欧洲浪漫的中心，它的悠久历史、具有丰富文化内涵的名胜古迹，以及乡野风光吸引着世界各地的旅游者。法国经济发达，是世界上最大的贸易国之一。

1. 商务礼俗

与英国人和德国人相比，法国人在待人接物上表现是大不相同的。法国人爱好社交，善于交际，诙谐幽默，天性浪漫。他们在人际交往中大都爽朗热情，善于雄辩，高谈阔论，好开玩笑，讨厌不爱讲话的人。受传统文化的影响，法国人不仅爱冒险，而且喜欢浪漫的经历。渴求自由，纪律较差，"自由、平等、博爱"不仅被法国宪法定为本国的国家箴言，而且在国徽上明文写出。法国的时装、美食和艺术是世人有口皆碑的，在此影响之下，法国人拥有极强的民族自尊心和民族自豪感，在他们看来，世间的一切都是法国最棒。在商务活动中，喜欢使用法语交谈。

法国人讲究骑士风度，尊重妇女。在与法国人的社交中，称呼对方时宜称其姓，并冠以"先生""小姐""夫人"等尊称。唯有区别同姓之人时，方可姓与名兼称。熟人、同事之间，才直呼其名。在人际交往中法国人所采取的礼节主要有握手礼、拥抱礼和吻面礼。法国人使用的亲吻礼，主要是相互之间亲面颊或贴面颊；至于吻手礼，则主要限于男士在室内象征性地吻一下已婚妇女的手背，但少女的手不能吻。

无论是在社交活动中还是在商务活动中，法国人都特别注重"面子"，在与之进行商务交往时，如有政府官员出面，会使他们认为有"面子"而更加通情达理，有利于促进商务活动的进行。在商务往来中，法国商人对双方提交的各方面材料十分重视。他们通常对对方要求较高，而对自己却极少"求全责备"。合同在法国客商眼里极富有"弹性"，所以他们经常会在合同签订后，还一再要求修改它。

法国商人很擅长交际，家庭宴会是最隆重的款待。但法国商人无论是以家庭宴会还是以午餐招待，都不能看作是交易的延伸，在宴请招待时忌讳谈生意。

【范例9.1】

洗手指的水

法国某公司的经理招待日本商人到自己家做客，在宴席上，日本商人一时疏忽把碗中洗手指用的水喝掉了。主人看到这个情形，马上就向同座的孩子们递了眼神，两个孩子不声不响地喝下了洗手指碗中的水，顾全了对方的面子。

法国人非常喜爱举行沙龙，在沙龙中相聚交谈，他们把这种彼此间的交谈视为艺术，认为静静聆听别人幽雅的谈吐、幽默的对话以及谈话中丰富的思想是一种高雅的享受，他们往往在这种享受中做成生意。

2. 服饰餐饮

法国人对于衣饰的讲究，在世界有名。他们很注重穿着，在他们看来，衣着代表一个人的修养和身份。在正式场合，法国人一般穿西装、套裙或连衣裙，颜色多为蓝色、灰色或黑色，质地则多为纯毛。出席庆典仪式时，一般穿礼服。男士所穿的多为配以蝴蝶结的燕尾服，或是黑色西装套装；女士所穿的则多为连衣裙式的单色大礼服或小礼服。对于穿着打扮，法国人认为重在搭配是否得法。在选择发型、手袋、帽子、鞋子、手表、眼镜时，都十分强调跟自己着装的协调一致性。

作为举世皆知的世界三大烹饪王国之一，法国人十分讲究饮食。在西餐中，法国菜可以说是最讲究的。法国人爱吃面食，面包的种类很多，他们大都爱吃奶酪。在肉食方面，他们爱吃牛肉、猪肉、鸡肉、鱼子酱、鹅肝，不吃肥肉、宠物、肝脏之外的动物内脏、无鳞鱼和带刺骨的鱼。法国人特别善饮，他们几乎餐餐必喝，而且讲究在餐桌上要以不同品种的酒水搭配不同的菜肴。除酒水之外，法国人平时还爱喝生水和咖啡。法国人用餐时，两手允许放在餐桌上，但却不许将两肘支在桌子上。

3. 习俗禁忌

法国的国鸟是公鸡，他们认为它是勇敢、顽强的化身。野鸭商标图案也很受法国人喜爱。但他们讨厌孔雀、仙鹤，认为孔雀是淫鸟、祸鸟，并把仙鹤当作蠢汉等的代称。法国的国石是珍珠。法国人大多喜爱蓝色、白色与红色，他们所忌讳的色彩主要是黄色与墨绿色，认为黄色象征着不忠诚，而纳粹军服是墨绿色，忌黑桃图案，视之为不吉利；法国人所忌讳的数字是"13"与"星期五"。法国人喜欢有文化和美学素养的礼品，唱片、磁带、艺术画册等是法国人最欣赏的礼品。他们非常喜欢名人传记、回忆录、历史书籍，对于鲜花和外国工艺品也颇有兴趣，讨厌刀、剑、剪、餐具或是带有明显的广告标志的物品。在人际交往中，在接受礼品时应该当着送礼者的面打开其包装；否则便是一种无礼的表现。忌讳别人打听他们的政治倾向、工资及个人私事。女子忌讳询问他们的年龄，忌讳称老年妇女为"老太太"，认为是侮辱性语言。

六、美国习俗礼仪

美国通称美利坚合众国，是一个位于北美洲的联邦共和制国家。美国是世界上历史最

21世纪高职高专经管类专业立体化规划教材

为悠久的共和立宪制国家。当今美国在全世界的经济、政治、军事等众多领域的庞大影响力都是遥遥领先的。

1. 商务礼俗

美国的特殊发展历史，形成了美国商人一般具有性格外露、热情坦率和办事利索的性格特征。美国由于其独特的文化背景以及重要的经济地位，使其商务风格很有特点，在世界很有影响。美国人自信直率，甚至有些自傲；讲究实际、注重利益；注重个人能力，自我表现欲强；重合同，法律观念强；注重时间效率。他们性格开朗、为人诚挚。

美国商界一般以握手为礼，他们习惯于手要握得紧，眼要正视对方、微弯身，认为这样才算是礼貌的举止。一般也不爱用先生、太太、小姐、女士之类的称呼，而认为对关系较深的人直呼其名是一种亲切友好的表示，从不以行政职务去称呼别人。美国人在进行商务谈判时，喜欢开门见山，在谈判中谈锋甚健，不断地发表自己的见解和看法，商务谈判前准备充分，且其参与者各司其职，分工明确，一旦认为条件适合即迅速做出是否合作的决定，通常在很短的时间内就可以做成一大笔生意。

2. 礼仪禁忌

美国人在饮食上忌食各种动物的五趾和内脏，不吃蒜，不吃过辣食品，不爱吃肥肉，不喜欢清蒸和红绘菜肴。喜清淡，以微带甜味为适，对苏菜、粤菜、川菜十分推崇。他们不喜欢有人在自己的餐碟里剩食物，认为这是不礼貌的。

在业务交往中，彼此关系不熟悉时不要送礼，宴请和送礼宜在双方关系融洽和谈判成功之后，在谈业务时不要送礼，谈判结束后气氛轻松下来时再送。送礼品要打包装，忌讳向妇女送香水、衣物、化妆品，但可送头巾和手帕。

到美国人家里做客，忌空手而去，宜送糖果、巧克力和白兰地，也可以送鲜花和花束。但数目不能是"13"，忌讳送带有公司标志的礼物，因为有做广告之嫌。在美国送礼，礼品一般以中档的中小件礼品为主，美国人对礼品装潢十分讲究。

美国人忌讳黑色，黑色是丧葬用色。美国人一般也不喜欢红色，因红色表示赤字或人在发怒时的脸色。美国人喜好鲜明的色彩，他们喜爱白色，认为白色是纯洁的象征；偏爱黄色，认为黄色体现了和谐；喜爱蓝色，认为蓝色包含着吉祥如意。

美国人忌讳蝙蝠图案，认为这是凶神的象征。也不喜欢我国的山水图案和仕女图案，而喜欢圣经故事中的人物作为物品上的图案。

交谈中忌过分的谦虚和客套，美国人认为这是一种无能的表现。交谈时忌谈话的双方距离太近，一般以50cm左右间距为好。忌询问年龄、个人收入和政治倾向，也忌别人问买东西的价钱，他们认为这些都属于个人私事。忌在见面时说"你长胖了！"美国人认为这句话有贬义，因为他们习惯上认为"瘦富胖穷"。美国人忌讳"13"和"星期五"。老人上楼、爬山不要去搀扶。忌同性人跳舞，因为有同性恋之嫌。

【范例9.2】

小王曾接待了一位82岁高龄的美国加州老太太，她是来华旅游并参加短期汉语学习班的，前面是小王对老太太说您这么大年纪了，还到外国旅游学习可真不容易啊，这话让同样高龄的中国老太太听了一定高兴一番，可是这位美国老太太一听脸色立刻晴转多云，冷冷地应了一句，"哦，是吗？你认为老人出国旅游是奇怪的事情吗？"弄得小王十分尴尬，小王的本意是表示礼貌，尊重效果却事与愿违，原因在于西方人对年龄比较忌讳，在外国，人们最不希望他人了解自己的年龄，所以有这样一种说法：一位真正的绅士应当永远记住女士的生日，忘却女士的年龄。

七、加拿大习俗礼仪

加拿大是和美国相邻的一个大国，经济发达，资源丰富，是世界最大的粮食出口国。多是英国和法国移民后裔，居民多信仰天主教和基督教新教。

1．商务礼俗

与加拿大人进行商务交往时，应注意赴约时要求准时，切忌失约。加拿大人喜欢枫叶，国旗上就印有五个叶瓣的枫叶，有"枫叶之国"之称。加拿大是冰雪运动大国，人们讨论的话题多与滑雪、滑冰、冰雕、冰球等有关。应邀做客时可带上一束较高价值的鲜花或蓝色包装的礼品。

2．礼仪禁忌

日常生活中忌白色的百合花，白色的百合花只在开追悼会时才使用。切勿将加拿大与美国相比较，这是加拿大人的一大忌讳，听到加拿大人自己把加拿大分为讲英语和讲法语的两部分人时，切勿发表意见，因为这是加拿大国内民族关系的一个敏感问题。他们忌讳"13"这个数字以及"星期五"，宴请活动不宜安排在这天。他们忌讳黑色，喜欢蓝色，偏爱白色。

【范例9.3】

意大利某公司前往中国某知名企业进行商务访谈，期间中国企业安排客人游览苏杭美景后，赠给客人带有地方特色的、绣着菊花图案的丝绸手帕，不料一番好意却惹怒了客人，原本兴致勃勃的意大利访问团变得情绪恼怒。原来，意大利人忌讳菊花，因为菊花是用于葬礼上的花，故人们把它视为"丧花""妖花"，他们也不喜欢把手帕作为礼品送人，因为手帕是擦眼泪专用，容易让人进入一种悲伤的氛围。所以与其他国家、民族交往，一定要透彻了解对方的习俗文化，避免出现尴尬和误解。

随身课堂

中西方礼仪的融合

强 化 演 练

一、单选题

1．与日本、韩国等东方国家的友人见面时最常见的礼节仪式是(　　)。

21世纪高职高专经管类专业立体化规划教材

A. 行鞠躬礼致意   B. 点头打招呼

  C. 合十礼   D. 拥抱

2. 在德国与德国客户共进一餐后，如果事先没有声明谁做东，那么餐费的结算应该是( )。

  A. 各付各的   B. 主人付款   C. 客人付款   D. 约定付款

3. 下列饮食禁忌中不正确的是( )。

  A. 穆斯林不吃猪肉，并且不喝酒   B. 满族人忌吃狗肉，藏族人忌吃马、驴肉

  C. 胆固醇高的人要多喝鸡汤   D. 驾驶员工作期间不得喝酒

4. 国际交往中，涉及位置的排列，原则上都讲究( )。

  A. 左尊右卑   B. 右尊左卑   C. 左右一样   D. 不同场合不同尊卑

二、多选题

1. 您认为中西方饮食文化有( )方面的差异。

  A. 风格   B. 菜式   C. 餐桌礼仪   D. 用餐习惯

2. 中西方用餐的座次安排有( )差异。

  A. 中方以左为尊   B. 西方以右为尊

  C. 女士优先原则   D. 尊重长者，长幼有序

三、判断题

1. 天主教人士交往时，见到主教、神父、修女可以询问他(她们)"有几个子女""爱人在哪里工作"等问题。   ( )

2. 穆斯林严禁饮用一切含酒精的饮料。   ( )

3. 在信奉佛教的国家里，忌讳别人提着物品从头上掠过。   ( )

4. 日本人认为绿色是不吉利的。   ( )

5. 信仰印度教(如印度、尼泊尔等国)的教徒，他们不吃牛肉，而且也忌讳用牛皮制成的皮鞋、皮带。   ( )

6. 赠送外宾鲜花时，花枝的数量以单数为宜，但忌"13"枝。   ( )

7. 对外宾可以敬酒，不宜劝酒，尤其是不能劝女宾干杯。   ( )

8. 穆斯林可以用左手给人传递物品。   ( )

9. 李女士盛装参加英国人的一个正式宴会，可以迟到了十分钟。 ( )

10. 巴西人以棕黄色为凶丧之色。   ( )

11. 欧美国家以黑色为丧礼的颜色。   ( )

12. 叙利亚人将黄色视为死亡之色。   ( )

13. 比利时人忌蓝色。   ( )

14. 土耳其人认为花色是凶兆，布置房间时不用花色。   ( )

15. 埃及人认为蓝色是恶魔的象征。   ( )

四、简答题

1. 纵观国内外习俗礼仪，你认为具有哪些特征?

2. 试述外国民间的三个传统节日。

五、案例分析

　　泰国某政府机构为泰国一项庞大的建筑工程向美国工程公司招标。经过筛选，最后剩下四家候选公司。泰国人派遣代表团到美国亲自去各家公司商谈，代表团到达芝加哥时，那家工程公司由于忙乱中出了差错，又没有仔细复核飞机到达时间，未去机场迎接泰国客人。但是泰国代表团尽管初来乍到不熟悉芝加哥，还是自己找到了芝加哥商业中心的一家旅馆。他们打电话给那位局促不安的美国经理，在听了他的道歉后，泰国人同意在第二天十一时在经理办公室会面。第二天美国经理按时到达办公室等候，直到下午三四点才接到客人的电话说："我们一直在旅馆等候，始终没有人前来接我们。我们对这样的接待实在不习惯，我们已订了下午的机票飞赴下一目的地，再见吧！"

　　讨论与分析：

　　请指出文中不符合商务礼仪的地方？

　　1.　芝加哥工程公司应提前了解并核实泰国政府来访人员飞机的确切抵达时间，并派人到机场迎接，并为对方安排好住宿。

　　2.　第二天应派车到泰国政府来访人员下榻的宾馆将其接到本公司来谈判。因为泰国政府来访人员不知道怎样到芝加哥工程公司所在的地址。

实 训 设 计

一、跨国洽谈训练

　　1. 培训目的

　　培养学生对不同国家礼仪知识的掌握与运用能力。

　　2. 培训内容

　　以所学专业知识背景为前提，进行一次跨国商务洽谈的情景模拟训练。

　　3. 实训要求

　　要求同学们提前了解并掌握各国不同的交往特点与礼仪要求，并在服装与举止语气上尽量模拟出不同国家的特点，要求同学模拟神态自然、礼仪运用得当。情景设置内容丰富，情节真实。

　　4. 实训步骤

　　(1)　全班分组，每3～4人一个小组，然后分小组抽签，分别扮演不同国家的商务人员。

　　(2)　小组内部进行角色分工。

　　(3)　查找资料，设置洽谈内容。

　　(4)　进行洽谈模拟。

　　(5)　全班同学讨论，教师点评。

二、对外接待训练

　　1. 实训目的

　　培养学生对东西方文化差异的理解，以及对不同国家礼仪的运用。

　　2. 实训内容

　　上海嘉瑞是当地知名的电器公司，其产品畅销海内外。公司接待办的小李今天接到总经理的电话，告知 5 月 6 日将有三名阿拉伯国家的客商到访，考察公司的情况。请以上述资料为背景，撰写涉外商务接待情景剧的剧本，模拟整个接待过程，要注意双方文化背景的差异。

3. 实训要求

要求各组提前了解并掌握阿拉伯国家的文化差异及交往特点，进行情景设置。

4. 实训步骤

(1) 全班分组，每 3～4 人为一个小组，然后分小组抽签，进行角色扮演。

(2) 设置具体情节进行模拟演练。

(3) 模拟完后全班同学点评，教师点评。

名 言 警 句

1. 我们如果想获得别人的好感，最明显、最简单、最重要的方法，就是记住人家的名字。

——美国交际学家戴尔·卡耐基

2. 你要看见朋友之间用得着不自然的礼貌的时候，就可以知道他们的感情已经衰落。

——莎士比亚

3. 握手对双方的接触来说虽然只有几秒，却很清晰地传递出你是否理解了商业礼仪背后的含义，即相互尊重。

——英国华人形象设计师英格丽·张

4. 一个人必须知道该说什么，必须知道什么时候说，必须知道对谁说，必须知道怎么说。

——美国现代管理学之父德鲁克

5. 如果希望成为一个善于谈话的人，那就先做一个致意倾听的人。

——美国交际学家戴尔·卡耐基

6. 太阳能比风更快地脱下你的大衣；仁厚、友善的方式比任何暴力更容易改变别人的心意。

——美国交际学家戴尔·卡耐基

7. 你用什么语言也无法表达你没有的内容。

——美国诗人爱默生

8. 恰当的用字极具威力，每当我们用对了字眼……我们的精神和肉体都会有很大的转变，就如电光火之间。

——美国作家马克·吐温

9. 语言是赐予人类表达思想的工具。

——莫里哀

10. 礼貌会使有礼貌的人喜悦，也使那些受人以礼貌相待的人喜悦。

——法国启蒙思想家孟德斯鸠

11. 每个人的天性中都有某种不便公开的成分，假如公之于众，必将冒犯别人。

——歌德

12. 礼貌不一定总是智慧的标志，可是不礼貌总使人怀疑其愚蠢。

——英国诗人瓦尔特·塞维吉·兰道尔

13. 人际关系是人与人之间的沟通，是用现代方式表达出圣经中"欲人施于己者，必先施于人"的金科玉律。

——美国交际学家戴尔·卡耐基

14. 无礼是无知的私生子。

——爱尔兰诗人巴特勒

15. 礼貌和礼节是一封通向四方的推荐信。

——英国女王伊丽莎白

16. 在与人交往中，礼仪越周到越保险。

——英国著名文学家托马斯·卡莱尔

17. 自尊在礼节中是最微不足道的，彬彬有礼是有教养和友好的表示，也是对他人的权利、安逸和情感的尊重。

——爱·马丁

18. 礼貌建筑在双重基础上：既要表现出对别人的尊重，也不要把自己的意见强加于人。

——霍夫曼斯塔尔

19. 车让人，让出一分文明；人让车，让出一分安全；车让车，让出一分秩序。

参 考 文 献

[1] 张华，杨国寿，兰炜. 职业形象与商务礼仪[M]. 北京：北京交通大学出版社，2012.

[2] 杨丽. 商务礼仪[M]. 北京：清华大学出版社，2010.

[3] 甄珍. 商务礼仪教程[M]. 北京：中国传媒大学出版社，2010.

[4] 颜伟，杭挥天. 商务礼仪[M]. 成都：四川大学出版社，2012.

[5] 张华，杨国寿，兰炜. 职业形象与商务礼仪训练教程[M]. 北京：北京交通大学出版社，2012.

[6] 谷静敏. 商务沟通与礼仪[M]. 北京：中国石油大学出版社，2016.

[7] 孙虹乔. 现代礼仪教程[M]. 长沙：中南大学出版社，2016.

[8] 韩富军. 现代实用礼仪[M]. 沈阳：东北大学出版社，2015.

[9] 储克森，职业. 就业指导及创业教育[M]. 北京：机械工业出版社，2012.

[10] 邵良杉. 大学生职业发展与就业创业指导[M]. 沈阳：东北大学出版社，2015.

[11] 肖宪龙. 大学生就业指导[M]. 北京：北京邮电大学出版社，2012.

[12] 刘莹. 大学生职业发展指导与创新创业教育[M]. 沈阳：东北大学出版社，2016.

[13] 河北省高校就业指导统编教材编写组. 大学生职业发展与就业指导[M]. 郑州：河南大学出版社，2016.

[14] 马天威. 大学生职业生涯发展指导[M]. 沈阳：东北大学出版社，2017.